清末民初文獻叢刊

復庵遺集

（上册）

［清］許玨 撰

朝華出版社
BLOSSOM PRESS

圖書在版編目（CIP）數據

復庵遺集 : 全2册 / (清) 許玨撰. -- 北京 : 朝華出版社, 2018.4
（清末民初文獻叢刊）
ISBN 978-7-5054-4242-9

Ⅰ. ①復… Ⅱ. ①許… Ⅲ. ①許玨（1843-1916）—文集 Ⅳ. ①Z425.2

中國版本圖書館CIP數據核字(2018)第052459號

復庵遺集（全二册）

作　　者　[清]許　玨

選題策劃　楊麗麗　尚論聰
責任編輯　樓淑敏
特約編輯　齊　芳
責任印制　張文東　陸競贏
封面設計　劉敬偉

出版發行　朝華出版社
社　　址　北京市西城區百萬莊大街24號　　郵政編碼　100037
訂購電話　（010）68996618　68996050
傳　　真　（010）88415258（發行部）
聯系版權　j-yn@163.com
網　　址　http://zhcb.cipg.org.cn
印　　刷　藝堂印刷（天津）有限公司
經　　銷　全國新華書店
開　　本　880mm×1230mm　1/32　　字　　數　312千字
印　　張　30
版　　次　2018年4月第1版　2018年4月第1次印刷
裝　　別　精
書　　號　ISBN 978-7-5054-4242-9
定　　價　210.00元（全二册）

出版前言

中國自一八四〇年鴉片戰争以來，傳統的農業文明在西方的堅船利炮轟擊之下徹底被顛覆，有擔當的知識分子苦苦追尋，思索社會改革的途徑。從最初的『師夷長技以制夷』到『民主制度，天下之公理』（梁啓超語），他們發現要『强國富民』，首先要『開啓民智』，祇有民衆擁有了獨立思想和批判精神，國家纔能實現真正的强大。在此後一百年的時間裏（一八四〇—一九四九），思想者們從社會變革深入到國民性的改造，用每一部作品見證着中國近代化的遞變歷程。這是一個極其重要的時代，《清末民初文獻叢刊》正是收録了這一時期的作品，大部分書籍都是早期版本，有着極高的文獻研究價值。

清末的中國經歷了『三千年來未有之大變局』（李鴻章語），大清王朝面對西方列强的艦炮，表現得驚慌失措。尤其是鴉片戰争，使『天朝帝國萬世長存的迷信受到了致命的打擊，野蠻的、閉關自守的、與文明世界隔絶的狀態被打破了』（《馬克思恩格斯選集》）。一批士大夫知識分子，尤其是在歐美諸國擔任使臣或者游歷的知識分子最先覺醒，着眼于對西方國家的考察，進而反省本國政治制度的劣勢，可以視作『啓蒙』的端倪。如曾擔任駐英公使（兼任駐法公使）的郭嵩燾在《使西紀程》中以日記的形式記録了自己對歐西諸國的觀感，他在考察了英國的政治制度之後，發現英國政府官員收入超過三百磅者與普通老百姓一樣同等納税，他説：『此法誠善，然非民主之國，則勢有所不行。西洋所以享國長久，君民兼主國政故也。』他明確提出了『民主』，在國家的管理問題上，人民也有參與的權利。他在該書中所披露的西方政治、經濟、文化等領域優于大清帝國這一事實觸動了保守派的神經，立刻遭到保守派群起而攻之，進士何金壽彈劾他『有二心于英國，欲中國臣事之』，他家鄉湖南的民衆對他更是痛加詆毁，以至于滿城揭帖，誣蔑他『溝通洋人』，在這種群情洶洶的情况下，朝廷最後下旨將《使西紀程》毁版，從而使該書成了禁書。然而，書雖被毁版，却不能堵死民衆的傳播與閲讀的途徑，上海的《萬國公報》依舊連載該書，張佩綸曾説：『朝廷禁其書，而新聞紙接續刊刻，中外傳播如故也。』從某種意義上來説，啓蒙是時代的需要，盡管清政府發諭旨禁了該書，民衆乃至一些朝廷大員却依舊在私下閱讀，以便瞭解外部的世界。進步的社會是開放性的，任何企圖『閉關鎖國』的努力都意味着歷史的倒退，衹有開放，與整個世界文明保持同等的步伐，纔能實現真正的强國之夢。當大批知識分子走出閉鎖的國門，親歷了文明的洗禮之後，也就把啓蒙的智識帶回了中華大地。容閎的《西學東漸記》，梁啓超的《新大陸游記》，崔國因的《出使美日秘日記》等一大批作品介紹了海外諸國的政治、經濟、軍事、外交、文化。雖然這些作品在認識上仍然帶有時代的局限性，然而却是那時最爲珍貴的聲音。

另一方面，在學術上，中國文化母體内『經世致用』思想與資産階級思想相結合，也喚起了變革，以康有爲、梁啓超爲首的改良派試圖通過自上而下的革新以實現變革。康有爲的《新學僞經考》《孔子改制考》就是借經學之表論資産階級學説之裏的著作，康有爲的弟子梁啓超更是通過《新民説》一書提出國民性改造。與早期啓蒙者『師夷長技』的器物文明引進不同，梁啓超上升到形而上的精神領域，從文化心理上更加徹底地進行變革。梁氏是清朝末年到民國初年一個橋梁式的人物，被譽爲『輿論之驕子，天縱之文豪』，其影響力不但在學術領域，同時還在文學領域，他所倡導的『詩界革命』得到了譚嗣同、黄遵憲、丘逢甲等人的響應，黄遵憲的《日本雜事詩》，丘逢甲的《嶺雲海日樓詩鈔》都體現了這種主張。這一主張要求反映新的時代和新的思想，用『我手寫我口』（黄遵憲語）的方式直抒胸臆，對長期占詩壇主流的擬古主義、形式主義產生了巨大的衝擊，解放了寫作者的心靈和頭腦。

與社會變革同步的是早期對西方思想著作的翻譯，這裏面影響最大的是嚴復，他翻譯的《天演論》《社會通詮》等書直接孕育了民國一代的知識階層。魯迅、胡適等人在文章中都曾提到《天演論》對他們思想所產生的震撼。與嚴復略有不同的另一位翻譯家是林紓，他的譯作雖然參差不齊，但却在更細膩的心靈層次對讀者產生影響，許壽裳曾回憶，他和魯迅都熱衷于林譯的小説，如《巴黎茶花女遺事》《黑奴籲天録》《迦茵小傳》等作品。

辛亥革命之後，進步社會思潮成爲主流，比之清末思想啓蒙者『求存』的追求，民國以來的知識階層深入到了更加細微的肌理，一方面呼喚社會變革，另一方面進行點滴的建設，革命并不能使所有的一切一蹴而就，在更加深廣的領域，事物的改變是由微觀而宏觀。通俗地説，比之于革命，建設的意義更大。如《中國商業史》《中國教育史》《中國倫理學史》《中國哲學史大綱》《中國小説史略》等一大批作品都是進行系統的梳理與建設的理論作品。其中，以胡適和魯迅二人的影響最大，他們的作品一紙風靡，從而成爲新文化運動的主力人物。

《清末民初文獻叢刊》收録的文獻大致上可以分爲三個階段，其中龔自珍、張之洞、魏源、郭嵩燾、薛福成等人的作品可視爲『早期啓蒙』，康有爲、梁啓超、黃遵憲、嚴復、林紓等人的作品可視爲『中期啓蒙』，胡適、魯迅、蔡元培等人的作品可視爲『晚期啓蒙』。當然，這種劃分并非嚴格意義上的，大部分啓蒙思想者隨着時代的變化，其思想在不斷進步。縱觀整個近現代史，可以發現，要求變革不是在某一個領域，由某一類人發起和完成的，而是全社會的要求。

變革，已經成爲全社會的共識。

從清末民初的文獻中，我們能够發現一種豐富性。這些作品涉及政治、經濟、軍事、教育、外交、宗教、心理、情感等方方面面，從内而外地净化着中國兩千年以來的封建積習。它不祇是對社會的改造，更是對人心靈的重塑；它首重國家社會之建設，同時亦重靈魂心智之喚醒；它是宏大的，也是微觀的；它是嚴肅莊重的，也是活潑靈動的；這些作品結構精巧，思想内容深刻，擁有濃厚的人文主義色彩，對推動社會主義建設，實現中國夢有重大意義，是近現代中國一百年來最宏富的智識與情感的寶藏。因此，整理這些文獻作品，無論是出于資料保存的目的，還是爲圖書館提供資料副本，都有不可估量的意義。

特定時代下的文獻，當它一旦形成（既指草擬，創作的完成，也指其成爲一個載體），就不可再複製了，也就意味着它將面對消亡。對于文獻資料而言，越接近歷史事件發生的時代記録，越具有研究價值。文獻本身具有不可再生性，它衹會消亡，而不會增多。盡管文獻本身的文字可以保留下來，并進行傳播，却失去了當時的時代氣息。當時的作品可能在技巧上，文字的成熟度上不及當代，但它所負載的信息，創作者的情感都反映了當時的歷史，也就是説，它具有不可替代的歷史意義。

影印的版本有三個特點，第一是擁有文獻的『原始性』；第二個特點是『未經改動的』；第三個特點是『歷史的原貌』。所謂『原始性』，也就是説，它是第一手資料，而非轉述的，回憶形成的；『未經改動的』，是指未被篡改、删節、挖補的；『歷史的原貌』是指在影印製作過程中，完全依照文獻的原來模樣……這樣製作出版的作品，無异延續了文獻的壽命。

近現代思想史上的一個最重大的思潮就是『開放』，從林則徐的『開眼看世界』到蔡元培的『兼容并包』，都是在倡導一種開放式的胸襟。而《清末民初文獻叢刊》最有魅力的部分就是『開放』這一主題，衹有融入到世界文明發展的進程中，中華文明纔能歷久彌新。

《清末民初文獻叢刊》編委會

二〇一七年四月十四日

凡例

一、《清末民初文獻叢刊》（以下簡稱『叢刊』）爲影印本，舉凡所用之底本，均爲該書之早期版本。有清末刊本，亦有民國印本。

二、《叢刊》均依底本影印，未予删改，僅代表作者個人觀點，不代表官方立場；原刊本有誤，不予校改，以保留文獻之原貌。

三、《叢刊》所用之底本，因時日久遠存在漫漶的情況，均進行了修復；底本闕文、印刷不清，均保留原貌。

四、爲讀者閱讀之便，《叢刊》中之舊底本目録未標記頁碼者，編了目次；原底本有頁碼和目録，未予重複編目。

五、爲保持文獻的原始風貌，影印本保留了原書書影（原書爲多册，則保留第一册書影）、扉頁等信息。所用底本無相應信息者，則不予妄添，以免錯訛。

目録

上册

復盦續集

序

壬戌五月文伯昆仲編次其尊人復庵遺集既竟數以序文爲請且曰吾父之友零落殆盡知吾父者宜莫如子子不可以不言嗟乎敦世固總角識先生者也先生爲叔兄潛叔至友河聲嶽色迴出儕輩童子獨心好之先生來輒嬉戲於其側去則模放其聲音笑貌以爲樂敦世稍長而先生頻歲出游丁文誠撫東督川風釆動海内先生實左右之迨自蜀歸而叔兄卒先生哭之慟推其愛以及敦世其所以勖之者甚至言近而恉遠知爲魁閎丈夫也甲申以後外患日亟益研究中外得失之故名籍籍公卿間方正如閻文介忠鯁如鹿文端皆一見驚爲國士嘗薦充使美隨員又歷充英美參贊一任出使義國大臣環游九萬里前後十餘載鄒衍談瀛之作先生獨唾棄之其所得固有大於此者當光緒初葉英俄德法皆鷹瞵虎視以我爲俎上肉美頗憤列强之不平於中國

顧僻處一洲不邉遠略以李文忠之洞悉外情亦有重歐輕美之論先生於丙戌上許恭慎書獨昌言聯美殆無不笑其迂者乃越三十六年而太平洋會議告成中國恃以不亡者在此其覘國之識雖古之膚使何以加焉居恒太息於陸宣公范文正李忠定之不再見爲吾吳之吪皇皇畢生而不求一日安者其志固有所在也晚歲睹貪夫之敗類新政之禍民練兵之自殺已有岌岌不可終日之勢大命忽傾奸人盜國綱常名教掃地以盡孤憤塡膺而不能自已有時賓朋酬酢縱論所及輒奮髯裂眦聲震四座客或逡巡引去不之顧也卒之紫色鼃聲天厭厥德及汝偕亡千夫所指而先生亦遂一瞑不視尤可哀已烏虖先生亦知今日之颺言於簡端者固昔日隅坐讀書之童子乎獨念先生與叔兄皆潛心高顧之學卓然爲東林之後起使一旦得行其志何難以昌明正學揚一代之光乃一奪其年一厄其遇此則世運爲之固宜有當

之者也然厄其遇者不能厄其言觀禁煙立憲興學諸疏慷慨指
陳動關國本正人心而息邪說尤能言人所不敢言雖言不必聽
而望重天下名在國史以視叔兄之藴而不發爲幸多矣敦世無
狀力不能不死吾兄又何足以辱先生而義不容辭固不自知其
言之嗚咽也同里秦敦世序

故出使義國大臣許君像贊

於穆許君謀國遠圖揆度淂失獻納計謨曰師周官行人之掌五物辨異為書以上天地閉華時晦道亡蘭蕕無並

陵阿是藏悽：碩人扶世翼

敎志欝貌豐惟忠惟孝

閩縣陳寳琛敬題

清故出使義國大臣許公墓誌銘

桐城馬其昶譔

外患亟而使職重有清中葉海禁大開迄乎季年有出使大臣之命其尤知名者郭公嵩燾最先究通外情不顧罵譏黎公庶昌以篤古顯曾公紀澤爭伊犁薛公福成善著述並號爲通才然皆不獲與聞朝廷革新之政若夫名亞於諸公獨後死而其言乃不幸而中如許公者其所遭尤足慨也公諱珏字靜山其先歙人康熙時始著籍無錫公少卓犖有志操丁文誠公撫山東求士用薛公弟福保言辟置幕府從至蜀辭不屑薦光緒八年舉於鄉大學士閻文介公深器之嘗宴坐相與喟歎時事敗壞問今正士亦有善外交其人者乎文介曰焉有正士而屑爲此曰不然惟無正士故至此文介瞿然謝之越二年薦隨張公蔭桓奉使美日秘國曰今副子言以成子之志差滿薛公使英法義比調充參贊聞母憂即

日行薛公敬其孝不以喪歸減貲敘由同知保充知府加鹽運使銜甲午更參贊楊公儒使美洲中日釁起以論事切直見疑忌自引去三隨使節至是凡十年多所匡益其在英聞英議院不直印度種煙爲鄰害則大喜以謂中國自強之機在此矣擬禁煙章條甚具時不能用也既乃設戒煙局無錫欲以一縣爲海內倡會拳禍作兩宮西狩馳詣行在鹿文端公在樞府屬草國書抵俄皇俄皇得書爲感動如約退兵詔以道員發廣東尋賞四品卿銜出使義國大臣加二品頂戴變法之議興也諸奉使臣皆上言立憲使公獨謂中外立國根本異宜慎所擇逮還朝復上疏切論之大恉主於維綱紀慎改作寬民力係人心疏入議者洶洶謂撓憲政公又奏陳學務宜正本原防末流之失詆訾盈道至目爲風狂或謂公盍少默乎曰他人不言故言之若心知其非而漫和之用貽後患吾不忍爲也當是時考察憲政大臣于式枚亦頗斷斷致辨西

國政俗得失可從不可從皆爲時論所抑無幾何而革命事起天下大亂生民塗炭以迄於今茲無所控訴嗟乎吾國之不振未可盡咎法制之不善也古有不自振而亡國者矣未有圖强而反速其亡若今日者甚矣國論之不可不審也公之言舉世皆能知之知之而莫肯言者何也奪於衆多之口懼其身之不容於時也苟以便其身圖禍乃至於滔天而不救易曰小人剥廬廬剥矣其身究安所容乎哉公既與時忤使義返仍以道員發廣東逾年遂告歸生平服膺高子遺書忠憲生日必陳遺書拜之爲輯要若干卷國變後聞崇陵奉安卒耆老於是日北望行禮皆感歎泣下丙辰九月卒年七十有四配華氏封夫人後公三年卒子四同范副貢生爲外交官同藺奉天知縣同萊同華女四均適士族孫九人曾孫一人公卒之逾月葬無錫開原鄉青龍山未及銘越五年辛酉四月十二日同范等謹啟公兆奉夫人柩祔焉來請銘其辭曰

絕海觀風澱淪新知訏謨入告匪異匪奇雖曰匪奇揆時則宜民
恫是達皇極是持皇之極矣民豈不夷羣士大駴駊騀蚩蚩傾側
擾攘曷有旣期嗚呼我公其永瘞斯

復庵遺集總目

同萊

男 同范 謹編

同蘭

同華

姪 同莘 謹校

復庵遺集卷一

奏議一

無錫許　珏

請慎外交飭內治摺光緒二十四年十月二十四日

奏爲時局日艱請慎外交以弭隱患飭內治以裕本圖恭摺具陳

仰祈

聖鑒事竊臣於本月初三日蒙

恩召見仰荷

皇太后垂詢海外各國情形草茅下士初覲

闕廷瞻仰

天威不無震懾詞不別白未能舉要夙夜籌思殊自惴惴茲謹爲

皇太后

皇上詳晰陳之竊維方今環球各國俄英最强德法日本次之美

爲最富第其間與我恩怨損益之數各殊故離合嚮背之情亦異

若不熟思詳審先定宗旨則交鄰既失結援之義即禦侮安有制勝之方自昔列邦並峙玉帛敦槃雖同時四出而緩急之際必有互相依倚之國或同憂共患或排難解紛然後外侮可得而禦鄰好可得而久也臣於光緒十六年隨出使大臣薛福成至英駐倫敦者三年頗知英與俄相忌之故英以印度爲外府自俄人拓境益南與印度相接印兵雖經英人教練然生長炎方惷愚惰弱不任戰事設一旦俄人長驅南下印度必不能支非調英倫三島之兵不能言戰而中間必經蘇彝士河儻爲他國所阻則印度之亡翹足可待又百年以來東方商務英人獨攬利權自俄人議造西伯利亞鐵路英人慮汽車一行異日歐洲來華之人必舍舟而陸輪船之利將爲所奪緣此二端英意不欲中俄交合每思挑動中俄之衅以冀俄人先疲兵力於東方稍緩印度之禍又知中國兵力不能敵俄屆時如求助於英既可乘機取利即我或不求助而

藉口不甘讓俄俄得尺亦尺得寸亦寸今春旅順威海之事即其明證此英謀國之素志非倉猝出此也今議者或謂俄有覬我土地之心英僅圖商務之利夫英人不貪土地何以緬甸之役不崇朝而滅人之國且據土地而有之則其地之商務又將焉往欺人之論不辯自明竊謂自海上通商以來英人於我結怨最先受侮亦最甚道光咸豐兩朝受侮之事歷年稍久姑置弗論光緒甲午秋間倭衅始作英人於我則袖手旁觀於倭則暗中接濟陽託公法陰助詭謀迨至馬關立約之後俄法德代我索還遼東已失之地中俄交合許借東三省地築造鐵路英始自悔失計因而徧播謠言謂俄意叵測中國墮其術中屢載於英國新聞報我中國時務報從而繙譯之一時士大夫之不明外交者爲其所愚遂有聯英防俄之說又値德人膠州之事中國應付未合機宜今春復因借英款一事致觸俄忌於是無識之徒始倡聯英之說者繼則幷

欲聯倭但務棄惡崇好之說絕無明耻復仇之心本年夏秋之間
皇上勵精圖治採用西法凡開辦學堂等事羣議奉倭人爲圭臬
馴至康有爲之逆謀因此而起所謂涓涓不絕將爲江河履霜堅
冰良可畏也今逆謀敗露羣小四散咸以英倭爲逋逃淵藪是則
英倭之不可親暱計亦在
聖明洞鑒之中然臣猶覼縷言之者冀
朝廷察已往之迹爲未來之防毋蹈一誤再誤之弊也俄人與我
二百年來尚無衅隙東西北三面疆土毗連幾及二萬里俄自知
爲英所忌俄尤不欲中國爲英所愚中國如果處置得宜推誠相
待臣料俄斷不先英發難且今日東三省已允築路旅順已允作
租界既予俄以莫大之利而又輕信局外挑衅之說致啟猜嫌是
以利予俄而仍不得俄之助謀國之道豈宜進退無據若此至於
倭之與俄已成不能兩立之勢倭人志驕氣盈冀圖一逞度俄亦

不能久忍不過待時而動耳是則俄之與我固同憂共患之國也美國獨處一洲當中美立約之始明言他國如欺藐不公美願爲之居間和解載在簡書即如中倭搆兵之時臣充駐美參贊親見美外部葛禮山極意關切頗多忠告惜其時中國急於言和未能聽從然和議之成美亦有力方今外侮環生各國乘間要挾惟美仍恪守約章從不多事又富甲地球諸國近數年來我於俄英德法皆有借款獨未及美實則美國用心公平迥在諸國之上是則美之於我固可資以排難解紛者也法與我前雖有衅第今日俄法之交方密我與俄合即法亦當捐棄小嫌以待之德人反覆於英俄之間嚮背不常其君尤少年喜事臣昔在英曾見其人粗疏而好言用兵膠州之役已覩一斑然於吾華實不能爲大患是故就此數國論之英與倭皆包藏禍心我當陽爲結好陰爲隄防者也法與德當虛與委蛇權宜應付者也俄與美當誠信相結患難

相倚者也不此之辨而泛泛焉視同一例則侮我者紛至沓來隱患方深總理衙門且日不暇給能辨乎此則宗旨已定應付裕如期年之後外侮必日減且我旣區畫得宜又安知英倭不私心折服轉而變計乎大抵中俄果無纖芥之隙則英倭決不敢輕爲嘗試但使五年之內能無兵事自可從容講求內治若兵端一開無論勝敗難知前車可鑒即使不蹈甲午故轍而當事者方議餉議兵之不暇何暇言內治乎臣之所謂愼外交以弭隱患者此也若夫內治之本在乎修明政教激勵人才其事固非一端而必以富民爲先務恭讀本月初三日

皇太后懿旨泰西各國風俗政令與中國雖有不同而兵農工商諸務類能力致富强確有明效苟能擇善而從次第舉辦自可日起有功總之興利除弊責在疆臣指陳得失責在言路凡有益於

國計民生者切實陳奏以備採擇施行等因欽此仰見

皇太后如天之度未嘗無採用西法因勢利導之心與
皇上振興庶務變化自强之意初無二致臣先後在海外八年審
知外國富强之故不外興利除弊一言而察其用意所先則爲民
興利之心尤不如爲民除弊之亟蓋能去大弊即利民之最大者
也中國數十年來致今日貧弱之弊者其咎安在蓋在民間吸食
鴉片煙而已今
皇太后垂念兵農工商諸務思次第舉辦第鴉片之害不除則諸
務皆無從辦起查近年海關貿易册洋藥進口每年尚五萬餘擔
價值銀三千餘萬兩而民間完納稅釐加以販運水脚及至煎膏
吸食視原來之價約加一倍是洋藥一項每年民間已耗銀六千
萬兩矣然洋藥流毒祇在東南沿海數省今內地自山陝隴蜀以
至滇黔徧種土藥議者妄謂藉此可以抵制洋藥乃外洋販運如
故而內地種植益繁查上年戶部奏稱據總稅務司赫德摺開各

省所產土藥之數每年計三十三萬四千擔而奉天黑龍江熱河新疆湖南湖北廣東廣西江西各省尚不在內臣初聞而疑之以爲未必若是之多及今春到山西親見連畦接畛偏種罌粟親光緒初年增多且將十倍而山西民人吸食之衆至婦孺徧受其毒爲各省所未有然後知赫德所言殆非誣也土藥價值雖較洋藥僅及其半然出產之數視洋藥多至六倍有餘則其價值之銀計倘不止三倍雖稅釐較輕販運水脚較少然至煎食之時亦必視原價加十之五是土藥一項每年民間耗銀一萬四五千萬兩矣總計洋藥土藥兩項民間所耗之銀每年當在二萬萬兩以外頃者倭人之55賠款二萬萬兩天下痛心孰知民間爲鴉片所耗之銀歲歲不啻一償倭之數循此不改貧者益貧弱者益弱人心日壞風俗日漓未來之事殆不忍言

朝廷卽欲振興兵農工商諸務其可得乎恭繹

懿旨擇善而從次第舉辦之訓臣思西法之最善者莫如禁吸鴉片一事鴉片出自印度雖地屬英國而英人嚴禁吸食無一犯者他國更不待言日本事事仿行西法自割我臺灣之後已禁臺灣之民不准吸食矣豈日本能禁中國獨不能禁乎然而今日內外臣工無敢以此說進者一則洋藥稅釐海關歲入之銀不下六百萬兩各省土藥稅釐徵收亦幾及三百萬兩有此九百餘萬之入款驟欲議禁司農必至仰屋無策一則道光年間因禁煙事與英人搆兵至今動色相戒恐我即欲議禁英國未必肯從而不知此皆不達今昔時勢及中外事宜之言也臣前在英國時曾與彼國禁煙會紳一再晤談其言深以印度損人利己貽毒中國為恥光緒十七年英下議院紳一百六十餘人連名請英廷禁止印度勿再種販時英政府答覆議紳謂中國如因保護民生起見欲禁止鴉片入華或再加抽重稅但須十二箇月前知照英國決不因此

起衅其禁煙會紳即以此言來告中國駐英使臣謂此時係中國絕好禁煙機會且呈遞說帖請轉達中國政府當時出使大臣薛福成曾將詳細情形函達總理衙門此光緒十八年五六月間事計總理衙門必有檔案可查是則謂我即議禁而英國未必從者可弗慮也惟戶部當庫款支絀之時驟減此九百萬之入款實無從設法補苴然戶部所收者九百萬兩耳民間所耗者乃在二萬萬兩外上得其一而下所失者且不止二十倍揆之

朝廷損上益下惠愛斯民之心豈願出此且使此二十倍者不耗於鴉片以之築造鐵路以之籌開五金等鑛藏富於民爲利甚溥數年之後戶部所徵權者又豈止每歲九百萬而已乎此不能不亟思變計者也竊謂洋藥稅釐六百萬兩如能改定海關通商稅則仿照各國現行章程加重進口貨稅計每年所增不止六百萬兩以抵洋藥稅釐所入之數必有盈無絀土藥稅釐視洋藥本不

及半但使改植五穀或察土性所宜兼植茶桑懍遵
諭旨講求農務究於戶部所損有限於農民所益實多總之民間
每歲能免耗銀二萬萬兩數歲之後自必家給人足百廢俱興凡
築路開礦等事民力皆能自辦縱或暫借洋款而清償亦自無難
若及今再不杜此漏巵則民財日涸生計彌艱不但農工商務之
利無自而興卽中國築路開鑛等事勢將盡爲洋人攘奪後患殆
無已時
諭旨謂内外臣工畏難苟安不知振作今若舍此不圖誠無逃於
畏難苟安之責矣惟鴉片流毒積重已久議禁之始當酌予期限
亦不必操之過蹙擬請
飭下各省將軍督撫自奉
旨日起予限一年内地一律不准栽種罌粟並删除土藥地畝等
稅以杜出產之源

飭下各省海關予限一年凡外國船隻不得再販洋藥來華如有
裝載到埠者一律不准起駁以絕販運之路仍先期由總理衙門
電知出使各國大臣照會各國外部並請
召見總稅務司赫德
諭以在中國効力已久必當殫竭忠悃除此積弊以昭兩國睦誼
如慮外交之道尚有未周則請
簡派公忠剛正不畏強禦之大臣專使英國告以中國爲保護民
生之故土藥既禁自應并禁洋藥入華竊料英廷顧惜體面礙難
不允儻慮別有要求臣願隨同前往相機折辯必當得請而返決
不徒託空言如此則既杜土藥出產之源又絕洋藥販運之路一
年之後民間即欲吸食何從購取仍請
飭下各省將軍督撫通飭地方官自奉
旨日起廣設戒煙醫局凡吸食鴉片之人務令於一年之內速行

戒絕並曉諭地方善堂紳董輾轉推廣同心勸導俾積弊一律廓
清此則不待刑禁勢迫而小民感激
皇仁從此革面洗心各圖生計民力日勤風俗日美貧弱之積患
既除富强之實效自見雖內治政教固非一端而除弊之大莫先
於此臣之所謂飭內治以裕本圖者此也雖然臣以上所陳皆今
日號爲通達時務之人所不肯言不屑言者也凡言洋務者必游
移兩可不著邊際謂各國均難深信怨我德我皆不可恃貌爲審
慎以示慮事之周實則依違以求藏身之固今臣請先定宗旨爲
擇交之準則近於戇此其不肯言者也又必鋪張西法不量中國
之能辦與否或議練民兵以備戰或籌開商會以裕財課其實則
惝恍而難憑聽其言則新奇而可喜今臣請先去積弊爲內治之
要則近於迂此其不屑言者也然而臣顧以此爲言者臣賦性至
愚自幼讀書稍知古人事君勿欺之義及隨使外洋審思各國致

盛之道而推究中國積衰之由耿耿於心已非一日茲幸仰承
恩命入覲
天顏若揣摩風氣瑣屑上陳不獨負
詔書四方旁求之意亦非臣千里赴
闕之心用是積思累旬不憚芻蕘之獻抑臣聞古人有言雖有智
慧不如乘勢雖有鎡基不如待時今
皇上銳意求治方思改圖百度
皇太后訓政以來
懿旨諄諄破除成見力戒因循以自強爲念夫天下之振作與否
存乎
朝廷之一念耳回溯同治初元四方糜爛粵捻各匪及關隴叛回
蔓延且徧天下仰賴
皇太后知人善任親賢並用內則恭忠親王文祥倭仁等竭誠翊

贊外則僧格林沁曾國藩駱秉章左宗棠曾國荃彭玉麐鮑超等
宣力馳驅數年之間削平大難天下晏然俾小民出水火而登衽
席今雖强鄰環伺較之同治初年巨寇未平海宇虛耗之時難易
固自有間
皇太后聖仁文武智周六合旣能撥亂反正於前必能化危爲安
於後
皇上孝思純篤恪承
慈訓遵照同治初年
成憲委任親賢則一世之才自足以供一世之用
懿旨所謂宏濟艱難補救時局者將於是乎在臣疏逖微員本無
言事之責第念猥蒙
天恩召見並恭讀
懿旨殷殷求治之訓用敢不揣冒昧貢其芹曝之忱惓惓愚忠不

勝惶悚顧臣意所欲言者十猶未及其一如蒙
聖恩採擇以爲可行當敬謹續陳伏乞
皇太后
皇上聖鑒訓示謹
奏

請修改稅則片光緒二十四年十月二十四日

再查外洋各國通商稅則隨時加減本係自主之權其進口貨稅之重莫過於美國或值百抽十或值百抽二十至五十其最重至值百抽百而他國不以爲言者以其保全本國出產及工作之利非外國所能干預也中國通商之初未明此義凡外國進口之貨概以值百抽五爲斷又將稅則附入約章如議加稅必先改約然約章每屆期滿原可議改而中國逢期滿之年從未提及者蓋恐改約之時外人另生枝節遂至坐失鉅款已數十年現查自咸豐

十年換約後計至光緒二十六年又屆修約之期擬請
旨飭下出使俄英德法美日本等國大臣將各國現行進口稅則
令使署繙譯就近譯出逐項價値若干抽稅若干詳晰注明限三
箇月內咨呈總理衙門飭總稅務司按照各國進口稅則謹遵
懿旨擇善而從距修約之期六箇月前由總理衙門先行知照各
國酌量更改此爲公法自有之權毋庸先與外國商議亦決不因
此致與外國啟衅即或有商務較大之邦意在梗阻然通商既非
一國其中豈無居心正大立論公平者出而助我但得數國允行
即無慮一國從中作阻並請
諭知赫德此事能辦理就緒當優加獎勵大抵今日外交之事有
必不能因循者自當恪遵
懿旨次第舉辦用再附片陳明伏乞
聖鑒謹

奏

請試辦國債並加洋藥稅釐呈請代奏摺 光緒二十七年四月二十六日

呈爲和議已成賠款無著擬就通商口岸試辦國債並據洋藥條約加徵稅釐即籌款之中植自强之本謹陳大略懇乞代奏事竊維自古國家制治之要不外上下一心記曰未有上好仁而下不好義者也又曰未有義而後其君者也欽維

本朝

列聖貽訓諄諄以勤恤民隱爲言我

皇太后

皇上仁育萬物至今遵循勿失竊聞近日疆臣中因籌償賠款有

議開丁捐之奏

朝廷以事類加賦有違

祖訓迄未准行 職 竊感歎即此

聖心仁民一念中興之機可以理決中外大臣不能奉宣
德意俾薄海臣民急公慕義同心集款上紓
宵旰之憂是謂上好仁而下不好義亦中國士大夫之恥也近年士人好談新學者往往以仿行西法爲言然大都僅見西法之膚末而不達西法之本原即如此項賠款自應仿照西法辦理儻非借資民力公家安所得此鉅帑但非出於民之自願公家亦豈能强令一心職昔年隨使歐美兩洲稔知海外各國國債所由來大抵皆因用兵而起事定之後其民視國如家爭先出借偶或本國不足而借諸異國者不外即由民間清償仍歸國債蓋匪獨民情好義亦因歲輸之息日積月累不欲令外人得擅其利也往者中國亦嘗籌計及此矣甲午之秋戶部請息借商款戊戌春間奏辦昭信股票初意亦欲仿西人國債之法冀試行於中國旋因地方官辦理不善奏請停止其後息借之款甫屆還期東南數省爲疆

臣移作別用昭信股票經臣工奏請報効因而民間股票亦未悉照原奏辦理兩次失信於民今若再議及此似屬萬難然職聞甲午年之息借由各省藩司給票者不盡歸還由各海關稅務司簽字者屆期本利償清無絲毫蒂欠是息借一款我雖失信於內地之商民尚未失信於通商口岸之商民昭信股票聞當時各口岸認領者本少尤無所謂失信也上年拳教肇起各省督撫保護口岸不遺餘力沿海各埠除天津牛莊外均未稍有傷損中國殷富紳商向皆寓居各口岸值此時艱宜如何感激圖報稍紓公家之難查瀕江沿海通商繁盛之區不下二十處但得一埠按年籌借三四十萬合計卽可得七八百萬而上海漢口廣州等埠所得必且倍蓰通盤核算每年約可得一千萬之數儻謂華商外强中乾力或未逮卽各口岸洋商亦許認購此票緣西例所謂國債但遇歲息稍優各國富人均爭先購股不盡拘定本國商民也職現擬

辦法先就通商口岸設局其股票由局蓋印外仍經稅務司簽字則華洋各商自必深信不疑俟數年之後風氣既開內地富商見此項國債有利無害自可逐漸推廣行之既久儻有顧念大局者不願息銀外溢或鳩合一府一縣之人承認鉅款俾今日之洋債悉變爲他日之國債亦未可定所云歲息稍優者查外洋各國國債俄英法均合通年四釐行息德與日本五釐行息美國則祇三釐行息現中國試辦國債擬以通年六釐行息則人情必異常踴躍二十年內祇給息不還本二十年後逐年還本限二十年還訖通計前後以四十年爲度借國債爲賠款之用在司農既不虞支絀於前以稅務司爲出納之人在商民亦不慮見紿於後此先就通商口岸試辦國債之大略也自甲午倭人一役喪師賠費之後中國度支日絀凡籌國用者皆以海關加稅爲言或擬改爲值百抽十或擬照鎊價加增迄今尙無成議竊謂此時需款方迫冀爭

執於條約之外其效甚遲能引伸於條約之中其事至易查光緒十一年出使英國大臣曾紀澤與外部所訂洋藥稅釐幷征之約內第五條明云洋藥於內地拆包零賣後仍可抽釐該大臣又於密陳辦理情形摺內聲明內地並未全免稅捐將來若於土藥加重稅釐則洋藥亦可相較均算加重又專條首段載明行銷洋藥之事須有限制約束之意該大臣摺云加入此語所以聲明此次議約加稅之指而暗伏將來修約議加之根職於光緒十六年隨出使大臣薛福成駐英暇時翻閱舊卷見此摺極有關繫曾手錄稿存諸行篋然訂約至今已有十七年籌國用者從未議及洋藥加稅一事己亥冬間在都曾與總署章京言及此約而章京不信以告總署大臣而大臣不知因出手錄之稿示之該大臣始則憮然不語繼又喟然太息謂國勢衰弱至此縱有條約亦何足據竊謂洋人於我恫喝要求即條約所本無者輒攘而有之我於洋人

畏葸却顧舉條約所已允者尙委而棄之即此一端以觀中國應得之利遺失於冥昧之中者何可勝數職之愚見目前亟應按照此約第五條拆包零賣仍可抽釐一層實力整頓查近年海關洋藥進口每歲尙五萬數千擔計征稅釐銀六百萬兩之譜今擬於海關收過此項之後無論運至何地拆包零售時每洋藥十六兩另征賠償兵費稅釐銀一兩一錢合之每擔又得銀一百十兩如照五萬數千擔進口核算是又添洋藥稅釐銀六百萬兩也惟條約所載明言土藥加稅之時洋藥亦可相較均算加重似其注意尤在土藥則土藥加征萬不可緩庶免洋人藉口查光緒二十三年總稅務司赫德單開內地出產土藥之數較洋藥進口之數多至六倍有餘而統核各省所收土藥稅釐不及三百萬職初疑赫德單開之數未確及後客游山西兩載詳訪彼處種煙情形始悉向來此項稅釐民間隱匿者十之三官吏侵漁者十之五其解歸

公家者祇十之二而已山西一省如此他省可知現因籌償賠款洋藥稅釐既擬加征一倍則土藥稅釐亦必加征一倍其隱匿侵漁之弊必應澈底清查蓋隱匿在民者情尚可恕侵漁在官者法實難容果能責令涓滴歸公除加征一倍應得銀三百萬兩外此項化私爲公之款計尚不止三百萬是土藥亦共增稅釐銀六百萬兩也合洋藥土藥兩項計之每歲增收銀一千二百萬本與民除害之心爲憂國奉公之用在海關按照條約辦事既不予外人挾制之端在戶部不論洋藥土藥一概加征尤可杜外人嘵瀆之隙再三籌思似無窒礙此據洋藥條約加征稅釐之大略也國債在中華爲創局宜以紓徐之道行之迨優游積漸人人知赴公家之急則禮義之心油然自生而尊君親上之情摯鴉片在中國爲痼疾宜以峻厲之法繩之必約束堅明人人知染嗜好無益則廉耻之心憬然自覺而悔過遷善之念誠管子曰禮義廉耻是謂四

維四維既張其國自强今中國人才凋敝風俗敗壞國弱極矣振興之道惟養其禮義廉恥可期速效茲擬試辦國債加征洋土藥稅釐二宗歲可收銀二千二百萬於賠款已十得其八而命意所在又可培成自强之基雖設施之後功效多寡尚難懸擬然相機應付自在臨時辦理之人職積思累旬耿耿莫釋昨自太原馳抵
行在恭聞
朝廷不允疆臣籌辦丁捐之請
聖恩周浹感激涕零芹曝之忱不容自已因念外洋君民同體乃彼國致盛之由果能中華上下一心尤今日保邦之要用敢竭其管蠡之見敬謹上陳伏乞代奏恭祈
皇太后
皇上聖鑒謹呈

辦理國債請從廣東試行片 光緒二十七年四月二十六日

再從來理財之道宜鎮靜不宜張皇貴從容不貴操切現擬就通商口岸試辦國債而各口岸之民情不一風氣各殊各省大吏見解不同議論亦異若通飭各口岸一律試辦轉恐胥動浮言無裨實事今就通商繁盛之埠言之自以上海漢口廣州三處為最然上海自丙申秋間開設時務報館之後詖詞邪說陷溺人心浮浪之徒披猖日甚士大夫宦成後競營三窟於此為娛老計悅錙銖之小利昧中外之大防漢口夙稱雄鎮近亦沾染上海惡習民氣囂張商利匱乏此二埠者揆之目前中外交涉機宜似應稍緩開辦廣州地大物博負山瀕海自唐以來即與海外各國通市得風氣之最先其民人亦好學多聞能知體要自康有為梁啟超逞其游詞鼓煽一世各省士人為其蒙蔽者不少獨粵中除康逆門徒外絕無一人上年

鑾輅西巡海內士民非無瞻雲就日之心終以道遠莫至惟廣東

紳士航海踰嶺不憚數千里親賫貢獻來朝
闕廷以表忠愛之忱即此數端而論在通商口岸中獨能顧惜名
教不為奇衺所惑兩廣督臣陶模學識純正志存匡濟無畏難苟
安之習現擬試辦國債似宜先從廣東辦起俟半年數月之後確
有成效然後以廣東試辦章程通飭各口岸一律設局開辦則舉
事既有次第浮議無自而興擬請
旨密詢兩廣督撫臣察度辦理管見所及合再附陳伏乞代奏仰
祈
聖鑒謹呈

復庵遺集卷一

復庵遺集卷二

奏議二　　無錫許珏

謝　恩請覲摺 光緒二十八年五月　日

奏爲叩謝

天恩籲請

陛見仰祈

聖鑒事竊臣承准兩廣總督臣陶模咨稱光緒二十八年四月十三日准外務部電傳十二日奉

旨候選道許珏著充出使義國大臣欽此十三日奉

旨許珏著賞給四品卿銜欽此聞

命自

天悚惶無地伏念臣一介庸愚三隨奉使乘槎宿海粗窺歐米之山川珥筆神州未效涓埃於歲月剡章濫列喜覲

龍光封事上陳恭承
鳳敕甫抵穗垣而捧檄每瞻
楓陛以懷
恩茲復渥荷
聖慈優加
甄擢卿貳愧濤班之玷庶僚膺
特簡之榮俾銜
命於大秦慰嚮風於中夏伏查義大利地居溫帶士贍藝能自利
瑪竇始入中華奉天主教以爲宗旨曩昔梯航遠涉志不在於通
商今茲路鑛要求術頗工於牟利矧復乘時而動屢以索埠爲言
雖聯絡固貴多方而折衝慮非易事如臣檮昧深懼弗勝惟有趨
叩
闕廷籲求

訓誨膽雲就

日體

九重柔遠之忱纚雨櫛風貢千一竭愚之慮所有微臣感激下忱

謹叩謝

天恩兼籲請

陛見緣由理合恭摺具陳伏乞

皇太后

皇上聖鑒再此摺係借用廣東布政使印信拜發合併聲明謹

奏

恭報出洋日期摺 光緒十八年九月 日

奏爲恭報出洋日期仰祈

聖鑒事竊臣欽承

簡命出使義國本年六月由粵入覲

天顏渥荷
慈恩
召見三次
陛辭之日
訓誨周詳自顧疏庸莫名欽感臣於八月初出京過天津見北洋大臣袁世凱詢悉近日洋人在津情形抵上海後部署行裝摒擋各事一月以來粗已完畢隨帶人員亦陸續到齊現准於九月二十四日乘坐德國公司漢布克輪船放洋伏念臣賦性迂愚未嫻遠畧自隨槎屢出粗知域外之觀迨世變日深益悟本原之計大抵忠信篤敬雖異族亦能感孚而詢度諏謀必周諮乃能肆應義大利在歐洲雖居次等之國而地當衝要異時商務必漸振興其士人夙號多才嚮慕中華尤非一日在我迎機而導勿以交淺而存疏忽之思擇善而從勿以國小而存菲薄之見能綢繆於未雨

自收效於無形臣到義之後凡有應行規畫事宜當次第上陳並
咨呈外務部以求折衷盡善上紓
朝廷宵旰之廑茲當戒途伊始理合將微臣出洋日期恭摺具陳
伏乞
皇太后
皇上聖鑒謹
奏
恭報呈遞國書情形摺光緒二十八年十一月　日
奏爲微臣行抵義國呈遞
國書禮成恭摺具陳仰祈
聖鑒事竊臣於本年九月二十四日在上海起程放洋經恭摺陳
明在案自起程後在途月餘風和浪息十月二十九日行抵義國
南境之拏波利海口登岸即日乘火車馳抵義國羅馬都城十一

月初二日與義外部尙書裴納悌會晤請轉達義君訂期接見值
義君宮中有事至十七日始准來文訂十九日午刻延見屆期有
禮官帶同衛士四人備雙馬朝車來使館接迓臣恭賫
國書率同繙譯翟青松隨員趙詒璹前詣義宮宮尹迦拏底導入
內殿義君出見臣行三鞠躬禮恭捧
國書敬謹遞送義君免冠肅立躬親接受臣按照義國向章不用
頌詞但口宣
朝廷修好睦鄰之意義主答詞致謝延臣共坐問答良久大旨以
中國設使常駐羅馬爲幸又詳詢臣官階職任及出洋歲月繼又
詢此來擬辦何事臣答以中西遣使雖已有年第彼此政俗不同
至今尙有未盡融洽之處我
大皇帝遣使之意如義國在華商務等事中國自當竭力相助使
之興旺而中國在西洋交涉之事亦有應設法改令妥善之處深

望大君主同心幫助使中外均受其益義君聞無似甚欣悅謂此語深愜所望我亦甚盼能爲中國効力此外問答之詞尚多言甚關係最後問

國書用黃色何故臣答以

御用諸物色均尚黃我

大皇帝與大君主係用平行之禮故以此示敬義君復欣然致謝以上皆由繙譯傳述義君復與繙譯隨員問訊各十數語畢起立臣辭出義君握手送數步禮成而退禮官率衞士仍以朝車送回使館當日卽電達外務部在案査義國向章使臣見國王後須請見王太后王后此爲歐美各國所無現方函致義外部訂期尚未接覆文竊念到義已屆兩旬現恭遞

國書事竣亟應上聞以慰

聖廑除咨呈外務部外所有微臣行抵義國呈遞

國書情形理合恭摺具陳伏乞

皇太后

皇上聖鑒謹

奏

考察義國政俗及外交情形摺光緒二十九年三月　日

奏爲微臣到洋數月考察義國政俗及近日外交情形恭摺仰祈

聖鑒事竊臣上年十一月十九日謁見義主呈遞

國書業經恭摺奏報在案嗣於十二月十八日謁見義后二十三日謁見義太后皆殷勤款接深以中國專使常駐爲榮歲杪請赴王宮讌會一次本年正月又疊請入宮聽樂觀舞因係年例舉行之事第隨時函告外務部未敢瀆陳臣自抵任以來瞬經四月察看此邦人情尚無泰西諸國藐視中華習氣其國全境東西南三面距海羅馬都城水土清淑氣候和平其人物聰穎韶秀性亦馴

良較他國偏於鷙悍者不同徒以千餘年來地歸教王管轄舍刑政而言禍福不生聚而事誅求卒至民貧國弱奄奄不振同治九年義大利君主振旅入羅馬驅廹教王但理教務凡教中舊管地方悉歸義國經理從此勵精圖治氣象一新又三世相承君無失德用能上下輯睦轉弱為強就目前而論其軍政財政頗為歐洲各大國推重而財政尤日見精進臣去冬向其戶部取到稅則一冊財政彙攷一冊屬使署譯員攷查大畧其歲入之款較中國多至五倍即歲出之款亦多四倍有餘按該國幅員廣袤不及中國十分之一苛歛若此而人民熙熙樂利且急公奉上絕無剖克之嗟頗不可解因將冊中所載逐項譯出臣尋繹數四見其殫心經畫條分縷析總核精詳一洗吾華官場籠統粉飾之弊乃悟其上下感孚之故仍不外誠信二字現擬俟此二冊譯竣咨送外務部戶部此後凡該國政事可採之書仍陸續譯送以資借鏡此攷察

該國政俗之大略也上年十二月准外務部電以各國賠款不允用銀擬改關稅用金屬臣切商義外部時該外部以俟各國政府商妥爲言上月臣晤署外部穆林告以美國已允收銀義何不援美爲例結歡中國該外部云義非美比美國魄力雄厚可獨出主見毋庸瞻徇各國義係新造之邦力量尚小未便與各國兩歧臣詰以中國專使常駐原欲彼此互相援助凡有利益亦可互相酬報若僅隨人作計分取均霑之利則於中國既不顯眞心和好之據即於義國亦無獨得利益之時此中得失似宜權度該外部瞿然心動謂深感厚意當代達政府旋接該外部手函言關稅用金政府已允惟仍申明不便與向來同好各國歧異俟各國允後再用公文奉復並云已知照駐華義使等語臣思該國本係積弱之邦振興未久與美國局勢誠屬不侔察核所言尚係實情彼既告我以誠我亦不強所未便相機應付或異日總有收效之時此又

攷察該國近日外交之情形也伏念中國現當財匱力殫之時遣
使四出耗費不貲誠得折衝樽俎斡旋時局上尊
國體下益民生庶幾不負使職而臣備員海外無補時艱夙夜籌
思徒深悚惶惟有矢勤矢慎就職分所應爲識慮所能及者隨時
咨商外務部其關係重要者則據實上陳固不敢緘默以求容亦
不敢鋪張以取戾所有到洋以後考察義國政俗及外交情形理
合恭摺具陳伏乞
皇太后
皇上聖鑒謹
奏
請仿義國稅則加徵煙稅摺光緒二十九年八月　日
奏爲籌款日艱擬請仿義國稅則加徵煙稅並查照煙臺條約續
訂專條辦理以裕國用而廣

皇仁恭摺仰祈
聖鑒事竊臣閲邸抄恭讀三月十五日
諭旨欽奉
皇太后懿旨現在時局艱難民情困苦宮廷時深廑念前因疆臣
奏請試辦印花税事屬創行恐滋擾累著從緩辦理其餘苛細雜
捐即行停止等因欽此仰見
皇太后
皇上惠保小民思深慮遠薄海內外凡有血氣之倫同深欽感竊
查自光緒二十七年以後每歲驟增各國賠款二千一百餘萬各
省攤派數鉅期迫因而籌款之方紛歧不一羅掘既窮往往議仿
行西法然中西政俗既殊辦理亦殊不易西國上下情通凡取民
之制政府籌定後必交議院核覆議員僉允民自樂從上年外務
部戶部會同議奏試行印花税亦謂今日民情尚隔元氣未紓撲

度情形祇可覩爲籌款之一端不能期以豐財之速效是今日即舉辦印花稅所收亦屬無幾而頭緒煩瑣舉辦之初稍有不慎民怨易叢玆蒙

聖恩暫緩辦理誠爲生靈之福第慮各省因賠款急迫無術補苴所有業經開辦苛細各捐終不得免必能籌大宗款項使目前償款有著庶此後民力常紓臣前因考求義國財政向其戶部取到稅則一册財政彙攷一册飭使署譯員譯就華文以資考鏡業於本年五月七月先後譯竣咨呈外務部戶部在案查閱義國稅則內煙稅項下載雪茄煙每基羅進口稅三十五呂耳各種煙進口稅二十呂耳以中國斤兩及近日銀價計之一基羅合中國官秤二十六兩有奇一呂耳合庫平銀三錢三分有奇核計每雪茄煙一兩徵銀四錢四分每各種煙一兩徵銀二錢六分六釐良以煙之爲物無益民生故多取之而不爲虐因思中國煙稅向來徵收

極輕惟鴉片一項有以徵爲禁之議故徵稅較重然自洋藥稅釐并徵訂立專條之後每洋藥一百斤徵銀不得過一百十兩至內地土藥向章每一百斤僅徵銀六十兩若按照外洋稅則分析計之是洋藥一兩徵銀不及七分土藥一兩徵銀不及四分前年戶部因籌賠款議於土藥照現抽釐金數目酌加三成而洋藥則因稅釐并徵已有專條不復議加其後各省籌抽膏捐辦法不一收數亦微惟廣東商人按照專條第五條稟請設立膏引公司每年認承賠款一百二十萬爲數較鉅臣於上年七月曾奏明在案乃開辦甫及兩月經廣州英領事及駐京英使出而阻撓粵省大吏並未詳究約章與外人駁辨即將公司撤銷現議辦膏牌仍係零星攢聚無裨度支伏念鴉片一物流毒已久今日國弱民貧禍本皆由於此而中國之抽洋藥稅視義國之抽雪茄煙稅所徵銀數尚未及其十分之二此次統籌賠款內而部臣外而疆吏豈無見

及於此而未聞一言涉及加徵洋藥稅者誠恐有礙稅釐幷徵專條也臣查前出使大臣曾紀澤密陳續訂專條辦理情形摺內有云專條首段加入於行銷洋藥之事須有限制約束之意一語以聲明此次議約加稅之指而暗伏將來修約議加之根是該大臣定約之時實已預爲後日加稅地步故於專條第七條載明章程議定照行四年蓋謂四年以後即可修約議加也原摺又云此次所訂條約除第二條稅釐幷徵數目議得一百一十兩外又於第五條議得洋藥於內地拆包零賣後仍可抽釐是內地幷未全免稅捐將來若於土煙加重稅釐則洋藥亦可相較均算另加稅釐是該大臣定約之時即預言明如遇土煙加稅則洋藥亦當一律計價加稅也以上陳奏各節用意甚深惟當時既係密陳自未便咨行各省督撫故至今各省官吏尚未盡知此專條命意所在臣於光緒十六年隨出使大臣薛福成駐英暇時翻閱案卷得見此

摺即錄置行篋故知之較詳又查光緒十一年訂立專條之時洋藥價值每箱計銀僅三百數十兩現每箱價值將及九百兩而稅釐如故且土藥稅釐現已一再加抽而洋藥稅釐仍如故亦失事理之平是目前必應修約議加毫無疑義臣之愚見擬請旨飭外務部查照專條第七條辦理先期十二箇月預爲聲明在此期內妥議章程如按目前洋藥價值比較光緒十一年洋藥價值定數應每箱加足銀三百兩查近年海關貿易册洋藥每年進口五六萬箱不等如照加足三百兩計算此項洋藥每年可徵稅釐銀一千六七百萬兩較之目前收數所增約在千萬以外至土藥一項查光緒二十二年總稅務司赫德摺開之數每年已有三十四萬擔現洋藥每箱既議加至三百兩土藥稅釐亦應按價加增果能照洋藥辦法剔除中飽涓滴歸公計所增當不止千萬此則目前籌款之大者比較印花稅之所得不可同日語矣惟洋藥

每箱驟加至三百兩必有疑其所加太多勢不能行者然分析計之每洋藥一兩徵銀仍不及二錢較義國之徵雪茄煙稅尚未及半西人聞之不至驚異是在任議約之責者堅定不搖以蕆厥功耳臣維中國今日財政兵力事事不如西人獨二百數十年來
朝廷深仁厚澤固結民心實非外邦可及茲恭讀
諭旨飭停印花稅臣雖在海外怦然感動因思義國重徵煙稅事可仿行而洋藥稅釐幷徵專條用意臣又知之較詳用敢不避煩瀆詳細上陳除義國稅則前已咨呈外務部查考外所有擬請查照專條修約加稅緣由謹恭摺具陳伏乞
皇太后
皇上聖鑒訓示謹
奏

議加煙稅請在英商辦片 光緒二十九年八月　日

再查煙臺條約定於光緒二年而稅釐并徵一事延宕累年迄未議就九年正月始交出使大臣曾紀澤辦理至十一年六月方與英廷畫押定議是外人於加稅一端有心延宕往事昭然今欲修約議加必先於十二箇月前聲明儻英人用其故智屆期尚未定議則現行之專條已廢轉致無可依據不能不預為計慮臣熟籌再四此事如由外務部與英使開議則辦理不易之處約有數端一則部中與各國交涉事繁不能專心注意於此一則英使託詞咨報本國候覆難以剋期一則洋商立意阻撓漢奸從中播弄且恐枝節橫生如遣使赴英與英外部開議則無此慮或即仿照昔年辦法就近交駐英使臣辦理亦差易奏功緣泰西各國重徵煙稅既屬通例而鴉片一項如能聯絡倫敦禁煙會紳藉其正言莊論隱相扶助則英外部亦畏清議不能過於堅持較易就範也管見所及謹以附陳伏乞

聖鑒謹

奏

陳明煙臺條約專條與新定商約無礙片光緒二十九年八月　日

再本年七月二十二日承准外務部咨到中英續訂通商行船條約內開所有該約第八款內載各節應俟加稅免釐各國全允再行舉辦等因查閱第八款內第四節載洋藥現在并徵之稅釐仍照現行各約章所載辦理以後應將該釐金作爲加稅又第十五款載此次新定稅則日後彼此兩國若欲修改以十年爲限因思曾紀澤續訂專條第七條祇云章程照行四年四年之後雖未明言修改而既有隨時廢棄之文則隱寓修約加稅之意不言可喻今新定商約以十年爲限方可修改是則照現行之專條目前可議加徵如照新定之商約目前未便即議加徵臣初閱此約極爲躊躇幸第八款第十五節載明儻各國在西歷一千九百零四年

正月初一日以前尙未允按英國所許各節辦理須俟各國允許照辦始可將此款舉行是則新約第八款尙未舉行以前洋藥一項自必如第四節所云仍照現行各約章所載辦理無疑也臣今請按照專條第七條預先聲明此即照現行約章所載辦理與新定通商條約毫無窒礙第恐外人意存嘗試藉新定商約爲詞深閉固拒或臣工持重謂商約甫定未便與外人聲明修約致滋紛擾用再將專條與新約不容牽混之處剖析明白以釋羣疑幷陳明乘此各國商約尙未議定之日及早妥籌辦理俾外人無所藉口愚昧之見不勝惓惓謹再附陳伏祈

聖鑒謹

奏

續陳義國榷煙大畧請先就土藥整頓試辦摺 光緒三十年四月　日

奏爲續陳義國榷煙大略擬請先就土藥整頓試辦以紓民困而

收利權恭摺仰祈
聖鑒事竊臣上年八月因籌款日艱奏請加徵煙稅近承准外務部來文已會同戶部覆奏仰蒙
俞允鈔稿咨行到臣查摺中所稱洋藥加稅即由外務部咨行出使英國大臣張德彝與英國外部設法開議至土藥加稅俟洋藥議成再行核辦等因備見王大臣等審愼周詳之意第思目前練兵籌餉及舉行新政需款孔多今洋藥加稅甫與英外部開議諒非旦夕所能就緒若土藥必俟洋藥議成核辦則爲時尚遠於目前財政殊少裨益竊維事涉外交必當審量彼已往復磋商若僅屬內政似可審時緩急以爲操縱查土藥一項光緒二十二年據總稅務司赫德摺開每年各省所產已有三十四萬擔二十八年二月外務部戶部會議覆奏閩省請辦膏捐摺稱合計內地所產土藥有五十萬擔是各省種植土藥蔓延日廣較之洋藥進口已

多至十倍之數土藥稅釐每擔徵銀六十兩如以五十萬擔計應歲徵銀三千萬兩今各省所收土藥稅釐合計不過銀三百萬兩左右僅得十分之一即云官吏侵漁關卡偷漏斷無相懸如此之甚是土藥之亟應整頓清理勢難再緩臣上年奏請加征煙稅原因譯編義國稅則思仿照辦理擬洋土藥同時加徵並無偏重洋藥之意近又查攷義國權煙大畧知其入款之鉅不在抽收外國之稅而在暢銷本國之煙蓋義國之煙係公家專利官收官賣民閒不得私自種販據使館洋員畢梯蓬鈔呈清單內如辛丑一年徵外國稅僅十五萬二千五百呂耳合中國庫平銀不及五萬兩是年本國煙利所入計二百七十七兆三十六萬五千呂耳合庫平銀八千九百八十六萬兩有奇除去成本及販運各費獲利近五千萬兩又查上年所譯義國財政彙攷壬寅年該國通計各項進款一千七百零五兆五十六萬呂耳內煙利所入二百零八兆

二十萬呂耳居全國進款百分之十二竊思義國幅員不及中國十分之一所收煙利如是之鉅不知其辦法若何復致書義戶部取到該部辦煙章程悉心攷究飭員譯錄由栽種之始以及製造轉運發賣等事逐項探討删繁擇要編成義大利權煙志略二卷觀其綜核之精鈐制之密洵爲理財善政業於本年二月閒咨呈外務部在案查歐洲各國煙皆重稅至歸公家專利由官收賣則創自法蘭西始於中國嘉慶年閒至同治元年義大利仿而行之其章程之完備尤勝於法上年日本將與俄開衅預籌餉需先至義國查攷此項章程聞現已仿行竊思雪茄紙煙之類非若洋土藥之有妨民生各國尚且設法限制懸爲禁令而公家轉得挹注以裕國帑今中國所產土藥既有五十萬擔之多乃稅釐隱漏侵蝕十失其九如使整頓之後能十得三四則所增之數已及一千萬兩況洋藥現議加稅土藥必一律加徵是所增尚不止千萬此

第就舊章整頓言之也中國之地十倍於義如仿義國權煙之法官收官賣將來歲入之利即照義國得半之數亦當有二千五百萬兩此擬就新法試辦言之也兩利相衡則擇其重者竊見頻歲各省籌解外洋賠款數鉅期迫竭蹶萬分在官府苟求集事遑恤其他而小民苦於百方掊克怨讟繁興計自壬寅解款以來僅及三年拮据之情巨難終日若能就洋土藥兩項每歲增收銀二三千萬兩從此償款有著民困自紓又不僅月前籌餉練兵有裨財政已也土藥既辦理得宜洋藥來源自必日漸減少洋商志在求售則洋藥加稅一層更易就範此尤一舉兩得之道利權在我所謂致人而不致於人也反覆籌思目前理財之策似無踰於此者近閱邸鈔上年十一月戶部覆奏籌款練兵事宜內有變通四川土藥稅釐辦法一條擬由官籌款設局收買轉銷及招商集股設立公司總收分售是土藥須改章辦理戶部已早經議及臣前此

陳奏時尙未查明義國權煙由官收賣茲再續陳大略擬請
飭下戶部妥議章程通行向產土藥省分各將軍督撫及早籌辦
冀紓民困而收利權除所譯義國權煙志略前已咨呈外務部備
查外所有擬請先就土藥整頓試辦緣由謹恭摺具陳伏乞
皇太后
皇上聖鑒訓示謹
奏
敬陳管見摺光緒三十年十月　日
奏爲日俄搆兵不解東省受禍益深亟應預籌歸宿以存主權敬
陳管見恭摺仰祈
聖鑒事竊維自上年日俄開釁以來瞬將匝歲中國雖嚴守局外
中立之例惟以我疆土供人塗炭傳聞日人圍攻遼陽一役本地
居民死於礮火者不下數千人至於自春徂冬喪失貲產流離轉

徙者殆以億萬計因鄰國之釁而局外之國慘遭荼毒若此言之可爲痛哭就目前事勢預測將來竊慮異日兩國罷兵之後我之主權將一失而不可復振近聞俄波羅的海軍艦全隊東行計明春水陸兩軍戰事更烈且恐日久變生我亦有難於中立之勢竊意宜乘此天寒地凍之際商請兩國暫時停戰以策轉圜推原戰事之起由日俄協商激成而協商之初則因中國委棄其主權所致目前轉圜之道惟有力認主權正告兩國喻之以理聯之以情衡之以勢無論若何强國諒不能舍此理情勢三者别有要求用敢竭其千慮一得之愚條陳次第辦法伏候

聖明采擇

一請

特頒國書以明息爭宗旨自開戰至今俄軍屢挫死傷之數已踰十萬日兵雖勝而旅順一隅攻堅未下亡失亦多古之仁人萬不

忍以土地之故逞小忿而殘民命

國家講信修睦於中外人民本無歧視今宜聲明此意愷惻勸喻

兩國政府及早戢兵各務遠猷以釋近釁

興京

盛京

列祖肇基之地

陵寢所在頃以烽火迫近日被震驚彼兩國之君各有祖宗使其

設身處地亦當愀然不安矧

皇上孝治天下豈能須臾忘懷且兵連禍結東省之民既遭蹂躪

而工商失業內地各省亦爲牽動奸宄竊發在在可虞兩國如惠

顧前好不當使中國受禍日深如此詳切布告俟兩國復書到日

答詞如何再當相機應付

一請

召見兩國使臣以申忠告情誼
國書所言爲中外安全計祇能舉其大略至於兩國現在所處境
地勝負不同形勢亦異俄人勞師遠涉耗喪軍貲十倍日本今且
悉銳而東國內空虛民滋怨讟實犯兵家之忌日本士氣雖奮而
民力巨竭頃所喪亡皆其精銳局外代籌均屬得不償失在我雖
有關切之忱然
國書中既不能明言若
召見使臣從容詢問並乘機勸諷囑其電告政府自無不達之情
度彼國君臣如能默體
朝廷推誠無間之懷亦必慨然以情相告
一另議東省約款以戢兩國兵端溯查俄人歷年不肯撤兵之故
總以保守東省鐵路爲言日之仇俄則以乙未年俄代中國索還
旅順而旋即自佔其地故怨毒之心固結不解今兩國尋仇中國

亦受兂妄之災欲戢兵端必探其本竊謂除光緒二十二年允准借道黑吉兩省建造之悉畢利鐵路毋庸更議外其光緒二十四年以後接造南境枝路應由中俄兩國另議約款備價購回惟此路南端現爲日本所據應俟兵事定後兩國各派全權大臣開議至旅順一口此次俄將固守經年日本以十萬銳師畢命相爭將來無論歸日歸俄此地總爲戰爭機括兵事定後似宜由中國另指相當之地向據有此地之國互易收回開作公埠此又永息兵端之一道也

一商請美國調停以全中立主義日俄與中國均無宿怨現擬商請停戰在我開誠布公諒彼亦不應深閉固拒惟揆度事勢俄則屢敗之後非得一二勝仗不肯議和日則恃勝而驕氣矜方隆更難降心相就但兩國相持不下東省之禍更無已時我之中立因應益難惟有婉商兩國請其移師離開東省境內俄軍可移往海

叅歲日軍可移往高麗北境無論戰爭久暫俾我中國得完全守局外中立之例查中國與各國所訂約章惟美約第一款載明他國有不公輕藐之事一經知照必須從中善爲調處之語此次日俄戰事中國按局外中立之例辦理亦美國首先承認現因兩國不肯停戰始請移師離開東省境內在我並無不合似可電商美國政府懇其居間力任此議事定之後酌量酬報

以上四條皆就轉圜之中力認主權以爲異時歸宿之地所謂喩之以理聯之以情衡之以勢也前二條如蒙

朝廷采納即可見諸施行第三條須待停戰之後從容磋商惟第四條不允停戰即請移師以中國積弱之勢似難得諸今日强悍之鄰交然臣竊以爲無難也查光緒二十七年正月俄主復書曾有俄辦東方事未變宗旨不外保我鄰邦自主之語又有亟欲將滿洲全歸中國政治一切悉照俄兵未據以前辦理之語即上年

所索七款亦無據地不歸之意至日本此次用兵本以決不佔地為言兹請移師但使俄國允從日本諒不梗議惟事體關係既重除電商美政府外應否特簡專使親赴日俄兩國商議之處擬請飭下外務部王大臣妥議伏候聖裁俾東省兵禍既得早紓而主權尚可復振臣遠隔西海東方戰事消息僅憑洋人日報所傳未知是否脗合惟夙夜焦思東事所繫非僅一隅之得失實關全國之盛衰謹就微臣知識所及冒昧上陳無任悚息屏營之至伏乞

皇太后

皇上聖鑒訓示謹

奏

遵旨密陳摺光緒三十一年六月　日

奏為遵

旨密陳日俄和議定後東省因應事宜恭摺仰祈
聖鑒事竊臣於光緒三十一年五月二十四日承准軍機處王大
臣電開奉
旨日俄兩國已有和意聞有在華盛頓直接開議之說中國現在
應如何因應及將來接收東三省應如何善後辦法著該大臣等
悉心籌畫各抒所見密行電奏以備採擇欽此跪讀之下仰見
聖謀廣運慮衷博訪至意曷勝欽感臣謹於二十五日就管見所
慮及者電達軍機處王大臣請代奏在案惟是電文簡略於因應
曲折未能悉達茲謹爲
皇太后
皇上詳晰陳之竊維因應之宜在審察日俄兩國之情度其意所
專注而又就我力所能辦以爲對付之方此非可以空言爭也東
三省之事其初不過中俄兩國交涉於日本無與也乃日本始則

中阻繼則協商所商不遂而出於戰今搆兵兩年雖曰屢勝然耗損軍貲喪失將士已多則其蓄念之久將取償於我東省者不問可知此日本之情也俄人得東省於拳匪之亂初議歸我自謂莫大之惠乃因我牽於局外之梗阻激而背約馴至用兵在彼追思致禍之原勢且不自咎而咎我則其無聊之極不肯仍歸我東省者亦在意中此俄之情也今兩國直接議和將來和約定後必有出於我所不及料且爲我所萬不能認者屆時拒之則敵衅必開從之則主權全失揆情度勢祇有別遣使臣與兩國另議接收東省之約然非兩國允將全軍撤回則接收之事仍屬空言臣昨電

擬請

簡派智略重臣赴東婉商蓋爲此也張之洞素存長駕遠馭之心與日人聯絡有年袁世凱前駐朝鮮最久凡二十年來中日交涉之事均所親歷此二臣者同爲日本所推重如

特簡一人赴東以兵事既息慰勞存問爲名因與熟商次第撤兵之期至全軍撤盡爲止蓋日軍不盡撤則俄軍亦不盡撤雖與兩國訂接收東省之約而强賓壓主動生釁隙防不勝防終非久長之策日俄辦法必應一律擬請同時

簡派重臣使俄慰勞存問其接收東省之約即照與日本訂定條款辦理兩無偏倚度俄亦必允從此臣熟籌現在因應及接收東三省之大略也至於東省善後辦法竊謂今即與兩國訂定接收之約度不過爭回主權一二必不能照戰事未起以前地方情形辦理又凡所設施必先自量目前財力兵力之所能及臣現未親履其地不敢臆度上陳惟念東省全局之關鍵在於鐵路之一端此次兩國議和未知該路作何界劃竊意無論兩國如何議定其自哈爾濱至旅順一千八百餘里南北枝路在我必應設法購回此時籌集鉅款不易祇能向美國暫借即以此路作爲抵押十年

以內祇付息款十年以外本息並還度美亦無不允如此辦法似尙不至竭蹶此雖善後之一事而實關係主權之大綱愚昧之忱不勝惓惓再臣欽奉

諭旨本應電陳惟查日俄開議定於七月初旬兩國磋商極速亦須半月二十餘日方有成議計臣奏到之日尙在兩國定議之前此中因應曲折較之電音所傳究能詳晰故仍具摺上陳管蠡之見是否有當伏乞

皇太后

皇上聖鑒訓示謹

奏

請飭考察政治大臣謁見教王摺 光緒三十一年九月 日

奏爲考察政治大臣來義擬請

飭謁教王並

頒國書商訂傳教約章以肅內政而弭外釁恭摺密陳仰祈
聖鑒事竊臣於本年七月二十八日承准外務部電開前奉
旨派載澤戴鴻慈徐世昌端方紹英分赴各國考察政治現戴侍郎端撫同赴美德俄奧義等國希知照外部等因臣當即備文照會義外部去訖八月二十日又承准軍機處電開奉
旨前有旨特派載澤等分赴各國考察政治該大臣等每至一國著各該駐使大臣會同博采悉心考證以資詳密欽此仰見
聖謨閎遠
訓示周詳莫名欽感臣維泰西政治其措施之跡雖與中國互有不同其立政本原大要歸於敬天修己知人安民則與中國無異至於因時規畫隨事變爲轉移不外興利除弊取益防損其所爲議院者不過上下情通孟子謂所欲與聚所惡勿施即斯道也臣所駐義國幅員雖狹觀其君民一體之誠意頗與中國經傳所載

義理脗合臣自到羅馬採擇該國政書咨送外務部者已非一種第所譯者祇財政一門此次考察政治大臣來義自應隨同博採詳考殫竭悃忱第未悉該大臣等何時可到臣現交替在邇恐屆時或已內渡回華則愚陋之誠末由自達茲擇其最要者謹爲

皇太后

皇上陳之天主教傳入中華初意原欲勸人爲善其後貧民貪利視爲淵藪又其後莠民憑勢恃爲護符積重難返往往激成交涉巨案各國公使領事藉保教爲名乘機攘利則外釁由此而生自辛丑和約定後加重官吏處分但涉民教齟齬即不敢持平辦理奸人伺隙而動鄉閭小忿借端生事散播謠言各省轄境既廣防不勝防則內政由此日棼臣於光緒二十八年奉使之初因教王同駐羅馬滿擬到義之後將內地傳教一事相機補救及抵任後詢悉義政府與教王釁仇未解界限甚嚴凡各國駐義公使例不

與教王通往還即素奉天主教如法蘭西日斯巴尼亞等國亦必於駐義公使之外另派一使到教王處商辦教務入境問禁未便因此轉生枝節用是隱忍於懷而每念及內地辦理教案之紛紜未嘗不撫衷感憤二十九年六月教王必柯第十嗣位頗思交歡中國是年冬間曾遣教士到使館欲請於西歷新年相見臣以事有關繫電詢外務部是否可行及外務部電復准令往謁而教王屆期仍以礙於義政府成例謂擬俟臣任滿交卸之日訂期接見庶與義國界限清楚以上各情臣隨時函報外務部在案查泰西教士於傳教所至之國類皆恪遵該國政府約束未敢故違至於教民咸知遵君親上從無倚教爲奸之事與今日中國內地傳教情形迥然不同此次考察政治大臣來歐係歷使諸邦與臣僅駐義國拘於成例者有別教務尤政治中之大端爲必應考察之事第念到羅馬後若不進謁教王即欲議及約束教士條規亦難措

手查上年英君主及德王來羅馬答候義主皆親謁教王面致款
曲今該大臣等來此於教王處禮文似不宜闕略應請
頒給國書一道並將在華傳教有須互商妥洽之意載入俾該大
臣等謁見之後即可與教王左右辦事之人開誠布公商訂妥章
聞教王必柯性極慈祥儻得天牖其衷就我範圍俾積年痼患祛
於一旦則內政可肅外釁可弭洵除弊之要圖安民之先務實吾
華億兆生靈之福惟歐洲各國除義國與教王夙嫌未釋外近年
法國與教王釁隙方深該國在華素以保教自居橫索權利此外
則德國思踵法國故智意存干預藉爲要挾地步今我欲結好教
王似此意不宜預爲宣露以防各國疑忌或生阻礙用特恭摺密
陳愚昧之見是否有當伏乞
皇太后
皇上聖鑒訓示謹

奏

恭報交卸使任並呈遞辭行國書日期摺光緒三十二年正月　日

奏為恭報微臣交卸使任呈遞辭行
國書並起程日期恭摺仰祈
聖鑒事竊臣於光緒三十一年八月初六日承准外務部電開本
日奉
上諭江蘇候補道黃誥著賞加四品卿銜派充出使義國大臣欽
此遵即知照義外部在案茲准新任使臣黃誥行抵義都羅馬並
奉到臣任滿辭行
國書一道當即敬謹祇領於光緒三十二年正月二十四日將關
防文卷暨經費器用等項派法文三等繙繹官候選直隸州知州
翟青松齎送新任使臣接收臣即於是日交卸並照會義外部請
其轉達義主訂期謁見旋准宮尹迦拏底來文訂於正月二十七

日未刻接見屆期臣帶同繙譯翟青松前赴義宮呈遞
國書辭行義主免冠肅立親自接受延坐款談並云義邦初無駐
使自臣到任以來兩國情誼日親望回京覆
命之日代達誠心和好之意等語握手殷殷禮成而退臣現定二
月初三日自羅馬起程乘火車至拏波利海口暫住客寓俟德公
司船到之日附輪內渡三年持節未效輕塵墜露之勞萬里歸槎
幸慰就
日瞻雲之願所有微臣交卸使事呈遞辭行
國書並起程日期謹恭摺具陳伏乞
皇太后
皇上聖鑒謹
奏

復庵遺集卷二

復庵遺集卷三

奏議三

無錫許　珏

敬陳管見呈請代奏摺 光緒三十二年八月初九日

爲敬陳管見呈請代奏仰祈
聖鑒事竊職近閱邸鈔恭讀七月十三日
上諭欽奉
皇太后懿旨前簡派大臣分赴各國考察政治現載澤等回國陳
奏皆以國勢不振實由於上下相暌內外隔閡官不知所以保民
民不知所以衛國等因欽此竊維典謨垂訓首重安民風雅陳詩
先資問俗自昔帝王圖治罔不顧畏民碞我
朝開國以來
列聖相承咸以勤恤民隱爲先務溯查康熙雍正乾隆年間海宇
承平其時吏畏民懷何嘗有上下相暌內外隔閡之事自嘉慶以

後人才稍不如前吏治因之日敝然同治初元親賢夾輔將相得
人猶能佐定
中興乂安海內是則國勢不振不過近三十年耳當深求致此之
由不得盡咎法制之敝也若夫官不知所以保民則由捐例屢開
流品日雜仕途壅塞賢者不免沈滯不肖者巧肆貪緣情既切於
營私政何能以澤物此病在捐例非官之盡不才也民不知所以
衛國則由鴉片流毒將及百年海內虛耗十室九空洋藥浸灌未
已土藥種植加繁士人耽此則無廉恥之心農工商耽此并失資
生之策一身不保遑論國家此禍在鴉片非民之本無良也茲聞
戶部已奏奉
諭旨停止實官捐升又恭讀本月初三日
上諭限十年以內將洋土藥之害一律革除淨盡
綸音疊沛薄海同歡從此整飭官常湔除民病但能堅持不懈自

然國勢日强詩言宜民宜人受祿于天竊謂天人感應之理可操
劵而驗矣伏讀
懿旨時處今日惟有仿行憲政大權統於朝廷庶政公諸輿論此
聖人如天覆幬之量卽大舜善與人同舍己從人之意也職考經
傳所載洪範稽疑謀及庶人周官外朝之位衆庶得從三公之後
推之芻蕘獻說工瞽陳規何嘗不明目達聰博觀兼聽然而名分
至嚴易履象傳上天下澤君子以定民志聖人防微杜漸之意可
謂豫矣職于役歐美兩洲前後十有一年詳考彼國設立議院之
初大抵由於國家苛政民不聊生上下乖離禍變之極迫而出此
所以削政府專制之權求民間自由之福積之既久遂成風尚然
且不免各有流弊中國情形實異於此
本朝撫有方夏發政施仁視前代尤爲寬厚職悉心體察今日中
國之不如外國者不在法制而在人才士大夫一入仕途祇知以

富貴爲心不復有功名道德之念而外國人才雖未足以語道德尙能奮於功名即如上年日俄之戰日本所以勝由於文官不愛錢武官不怕死彼固不以富貴爲心也惟不以富貴爲心故能國爾忘家蹈死不悔意氣所激衆志成城苟反其道而行之人心之私僞即足致國勢之阽危竊謂今日中國士大夫如不洗心滌慮澄敍官方雖欲仿行外國憲政亦無所施蓋官方不飭即改定官制不過易一官名何裨實事縱使勉強仿行亦所謂有形式而無精神仍於國計民生無絲毫之益且中西立國不同即日本同處亞東其憲政亦非盡可仿行猶憶昔年候補京堂吳汝綸至東洋考察學制其文部大臣嘗告以歸國後不可盡仿日本制度總宜自出心裁求一對峙各國之法以爲定制職深佩其言謂得相時補救之意舉此以推則目前改定官制當就

列朝成憲兼參中外時勢以爲損益總之所改於中法者救敝補

偏變通盡利非掃除而更張之也所取於西法者得其精意因地制宜非尺寸而摹仿之也京外官逾萬數非全無可以變通之處然綱紀相維亦有精義苟未貫澈始終而遽紛然改作竊恐成效未彰弊端已見茲事體大固非數言所能詳盡而綜其得失要不外是當茲肇端伊始竊願

朝廷一秉虛公而大臣倍加慎重古人有言天下大器必置諸至安之地務當求詳於先事毋致貽悔於將來

國家幸甚天下幸甚職奉使歸來本無言責竊自循省曩以候選冗員蒙

恩拔擢三年使任未効涓埃茲值政法更新之始既有所見義難緘默用是積思累日輒就一得之愚披瀝上陳伏乞代奏

皇太后

皇上聖鑒謹呈

新政籌款不宜擾民呈請代奏片 光緒三十二年八月初九日

再職恭讀

懿旨載澤等陳奏各國之所以富强由於實行憲法取決公論等因竊揣諸臣之意必謂中國仿行之後凡籌備財用經畫政務等事亦可公之於民職之迂愚不無過慮查自甲午庚子兩次賠償兵費以來歲出之款驟增四五千萬雖云未嘗加賦而各省無形之搜括實已罄盡無遺近年因創辦學堂巡警諸新政官吏之急於自見者但求上司之稱揚不顧百姓之憔悴甚或假公苛派激變地方之事時有所聞職自壬寅秋間奉使出洋本年夏初回華未及四年而鄉閭日用之需所費已昂一倍在富饒者力可自給中資之戶無不節衣縮食蹙額相對至貧苦傭力之人懦者流離失所强者去爲盜賊今日江浙等省梟匪四起時聚時散本年各省偏災飢饉之後慮且鋌而走險中國仿行憲法本屬不易若再

以多欲之吏馭無告之民又値財殫力匱之時習聞革命自由之說後患何堪設想職竊意此後凡辦新政如不必藉貧民財者自宜及時振作若其事不免瑣屑擾民似可暫緩舉辦待各省實業漸興閭閻稍稍富足然後次第仿行尚未爲晚伏願
朝廷燭照幾先深維至計寛以御衆儉以足民庶幾法制徐更而人心不失以固萬年有道之基管蠡之見謹再附陳伏乞代奏
聖鑒謹呈

學務亟宜釐正呈請代奏摺光緒三十三年三月初三日

爲學務關係甚重宜正本原而防流弊謹分別條陳呈請代奏
聖鑒飭議釐正事竊思古人有言建國君民敎學爲先自來世運之盛衰恒視學校之興廢爲斷菁莪之詩城闕之詠往籍所載毋或爽也近年
朝廷奮發圖强罷廢科舉廣立學堂以宏敎育數載於茲宜乎漸

收成效而顧士習日漓邪說競作轉與所期相左者非學堂之不可立也蓋立國各有本原植其體乃能達其用四方各殊風氣通其變乃可適其宜今
朝廷之宗旨雖定而各省未盡遵行部臣之提倡雖殷而立法未臻完善遽欲國收實用士無歧趨蓋未易言矣職謹就見聞所及條列亟應釐正者數端敬爲我
皇太后
皇上陳之

一蒙學堂必以孝經四書爲初基也科舉未廢之前父兄師長之教大抵以孝經四書爲啟蒙課本幼童入學不能不讀聖賢之書此時雖未通其義而誦習既久悟性自開迨其稍長義理所浸灌名教所防閑有範圍於不自知者故其束身嚴其植本厚囂陵犯上之氣潛消而國家得收其用法至善也顧其時亦不能士盡成

材者由於應試以後鶩詞章入仕以後趨祿利固已盡棄幼時所學矣是中國人才之衰衰於應試入仕之後非由蒙養之誤也今學堂奏定章程非不重四書五經然大概多視爲具文蓋辦學之人既多尚新異而教科書太形糅雜勢亦相妨職上年在里見十齡外幼童入學堂已四五年尚有未讀四書者可爲歎息今宜申明奏定章程凡十齡以前必誦讀孝經四書十歲外仿從前專經之例許生徒專習一經凡誦讀四書經書必求精熟漸通其義如此則不背尊孔宗旨蒙養既正國粹永存一切悖逆之風自熄矣

一中學堂以上不必人人盡習外國語言文字也今日學堂除蒙小學堂外無不課習外國語言文字者揆厥用意約有兩端一則冀預儲交涉之才一則爲博覽西書之地不知以博覽西書言必能通中國羣書方能涉獵西籍若荒中騖外縱有一知半解勢必不能自立而徒爲人役今日通習洋文之譯員大率多蹈此弊以

預備交涉言則國家用人究竟用於外交者少而用於內治者多且語言文字即論外交之用尚非第一要義不過備繙譯傳述而已職愚以為合各省中學堂以上人數苟十人中得兩三人兼習語言文字已足供國家之用凡兼習語言文字而精者既能得美官博厚糈聰明之士自趨之不暇若必人人兼習則學者才力日力大半坐耗而中學必至拋荒以迄於湮沒是持敵人斧柯以自伐也又凡誠愨篤實之姿口舌類不能靈敏愈多勞而愈寡效故陝甘等省尤非所宜今當於原定章程中將外國語言文字一項分別酌減以求盡善

一西式操服必宜禁革也今學堂多習體操未為甚非乃因體操而遂著西服則殊悖謬推用操服之意不過慕效日本之改西裝耳不知日本之服可改而中國今日之服必不可改何則日本舊服唐服其國從未自定服制特昔則從中今則從西耳其改服無

足重輕若中國今日服制非中國古來之服而爲我
朝一王之定制也當
世祖章皇帝入關之初垂大一統之規毅然以滿洲服式整齊天
下當時臣民違令者誅無貸其用意良非得已二百七十年來天
下安之蓋由
列聖深仁厚澤涵濡之效乃今日學堂忽因體操遽改西裝此直
爲排滿革命之徒導其先路知而爲之則不忠不知而爲則無識
且
本朝服制幅度原非寬博於體操絕無不便而衫袍外服體操時
又可暫卸亦何苦而必爲此若謂日本因變服而強尤爲瞽說彼
俄人之爲西裝詎不先於日本何以致此大敗此亦不辨而自明
矣是故學堂之弊非一端而足啟囂競悖亂之風者莫此爲甚職
愚以爲宜由學部通行各直省亟改各學堂西式操服以示正人

心維國統之要義而剪辮之風亦爲狂悖之尤宜與西服一體嚴禁此事關係極鉅伏願我

皇太后

皇上聖斷獨操勿爲浮言所動斯世道之福也

一女學堂宜恪守中國禮教不可參用西俗也中國女學詳於禮記內則一篇如七年男女不同席及十年不出之文最爲別嫌明微其治麻枲執絲繭織紝組紃學女事以供衣服之類皆由姆教所謂家庭教育非若男子八歲入小學十五入大學之必出就外傅也我

世祖章皇帝初一區夏卽

御纂內則衍義一書頒行宇內儀型既立薄海嚮風迄今漸摩之久不獨閥閱之家婦女多讀書知禮卽窮櫩僻壤亦且明於廉恥甘心食貧茹苦而以佚蕩爲可羞若持此一端以較東西洋各國

風俗則中國勝外邦遠矣乃近年好事者乘
朝廷興學之際擅立女學堂凡及笄之女已嫁之少婦多方招致
聯袂偕來學堂內并設有寄宿舍其所習者尋常針黹之外兼及
天算輿地外洋各國語言文字北方風氣謹厚教習尙皆女人南
方各省往往因女教習不易得而以男子充教習致有曖昧難言
者又有不待父母之命媒妁之言自擇配偶號爲文明結婚者夫
婦爲人倫之始今彝倫攸斁肇自女學堂可恥孰甚且女子需乎
學者以備幼稚之師保耳不必責以天算輿地外國語言文字之
學也查學部前定章程諄諄於中外禮俗攸殊以女學併入家庭
教育可謂深識遠慮乃無知之徒旣喜以新奇炫俗而近日督撫
大吏中亦有以廣設女學爲言者誠不解其何心藉曰效法日本
而考上年各提學使游歷彼國其大臣方以國俗淫蕩爲可憂見
諸奏牘夫彼方憂橫流之難遏而我乃亟壞久固之隄防豈不貽

笑於外人哉近日學部奏定女學堂章程學齡以七歲至十四歲爲限似已深知各省女學堂之弊而思拔去其根株惟是此輩好新尚異多視功令如弁髦即如外城有女學傳習所一處其招考學生告白則明言八歲至二十五歲既顯與此次奏定章程相悖近日復有婦女藉口江北賑災屢次開會於廠甸出賣茶座列肆售物女學生登臺唱歌此等情形論西俗誠不爲怪在中國則噴禮義之防有妨閨範竊謂學部亟宜查明嚴禁以遏頹風並申明女子學齡即女教習亦必年過四十方許充當庶幾差少流弊並乞將順治十三年

御纂內則衍義一書命儒臣敬謹校刊頒示各省督撫提學使及在京各大臣俾知

聖訓所垂昭如日月於以導揚

盛化障遏狂瀾庶中國禮義之邦不至淪爲異俗矣

以上所陳前二條爲崇本之務後二條爲防弊之方夫學堂爲天下治亂之本而學部尤爲天下學堂治亂之源章程之善者宜責各學堂以實行而不容偭錯其未盡善者尤宜由部臣隨時改正而毋許因循職久歷外洋審知中西殊俗決難強同所陳流弊數端皆親得之聞見並非拘守舊學率臆而談如蒙
聖明采納飭下學部暨提學使將現行章程再加釐定庶於學務得其指歸即於世局有所挽救天下幸甚伏乞代奏
皇太后
皇上聖鑒謹呈

請嚴飭各省實行禁煙並籌辦公債抵補洋土藥稅釐呈請代奏摺 光緒三十三年三月初三日

爲請
旨嚴飭各省實行禁煙並准籌辦公債以抵稅釐短絀之數呈懇

代奏仰祈
聖鑒事竊自上年八月初三日欽奉
諭旨限十年以內將洋土藥之害一律革除淨盡十月初六日政
務處奏擬禁煙章程十條奉
旨依議欽此仰見
皇太后
皇上惓懷民瘼毅然爲拔本塞源之計從此薄海羣黎出水火而
登袵席亦即國家轉弱爲强之機凡屬臣工同深欽感乃奉
旨迄今已逾半年而各省尚未一律實行職籍隸江蘇近有自家
鄉來者謂煙館照常開燈煙店並未註册此二條在章程中爲議
禁入手之始事非繁難尚且因循不畢遑論其他夫十年之限雖
屬寬緩然照此因循十年亦甚易過勢必至徒託空言將何以蘇
民困而副

明詔職竊揣今日各省遲遲不辦之故殆因積年以來籌辦洋土藥稅大抵皆主以征爲禁之說近歲籌備練兵經費尤恃土藥統稅爲專款今洋土藥逐年遞減則稅必不旺即於練兵之款有礙此或各省觀望不前之隱情職之愚見以爲不言禁則已言禁則不宜更計及征但當另籌他款以抵之查洋藥稅釐歲入之數有海關貿易册可稽土藥自改統稅以後聞計數較前驟增今取上年收入之數爲準但查某省本年短收洋土藥稅釐若干即由某省咨商度支部准售公債票若干其如何定期還本付息均歸各該省自認如此則帑入不至有虧而禁煙仁政毫無窒礙矣蓋辦理此項公債由於煙土銷場減少即不啻藏富於民故截長補短而公私可交受其益況考東西各國發行公債票無論中外之人皆可購買如此則集款更易不必以稅釐驟減爲慮惟是各省情形不一或雖同時並舉查光緒三十年海關貿易册是年洋藥進

口五萬四千七百五十二擔內上海鎭江江甯三口共一萬九千六百六十二擔是江蘇一省已逾通國三分之一今籌公債以抵稅釐短絀如在通商最盛之上海等埠發端籌辦當非難事至蘇省土藥僅有徐州一府現當災荒之後勒令減種尤易爲力所短土藥統稅亦當一律籌公債相抵如果辦理實心事機應手各省次第仿行或不待十年即可根株淨絕竊維鴉片之禍自道光年間海上多事以致

廟堂拯民陷溺之意鬱而未伸者六十餘年今幸

國家鋭意圖强正宜萬衆一心廓淸積弊似不必以操之過蹙爲

慮擬請

飭下各省將軍督撫懍遵

前旨實行禁煙毋再因循仍蹈玩時愒日之弊其籌公債以抵稅釐一層即由兩江總督江蘇廵撫隨時酌度辦理是否可行伏候

聖裁再職自差旋復
命之後迄今未効涓埃乃蒙
皇太后
皇上天恩疊次
賞賜綢緞普洱茶等感
寵賚之頻頒每撫心而滋愧查禁煙章程第八條載有責成地方
官督率紳董以期實行之文職現擬請假一年回籍隨同地方官
專辦禁煙一事俟按照章程各條辦有頭緒再行來京敬候
聖恩驅策不敢久耽安逸自外
生成謹將下悃附陳伏乞代奏
皇太后
皇上聖鑒謹呈
蘇省籌捐有妨煙禁呈請代奏摺光緒三十三年十月二十二日

爲蘇省征收膏捐有妨禁煙仁政籲請代奏仰祈
聖鑒事竊維除毒務期速盡立法尤戒兩歧自上年八月欽奉
諭旨禁煙宣示海內本年三月復
飭各省將軍督撫一體實行宜乎人心激發咸知愧奮澆習可以稍變而半年以來第聞直隸境內辦理尙爲認眞南方如江浙等省煙館現亦一律閉歇似小民尙知畏法惟蘇省現行章程煙館停止開燈即准作爲膏店且每縣發與膏店執照三百張現在蘇州省城三縣境內已有膏店九百數十戶其中開燈私售者仍所不免大率與舊時煙館名異而實同職自念請假回籍專爲助地方官辦理實行禁煙是以力主膏店不宜多開現本籍無錫金匱兩縣境內通計城鄉膏店尙不及二百戶開燈私吸之風亦稍斂戢計開辦甫及三月而每月銷膏之數頓減十成之三熟察情形在今日剷除鴉片流毒並非甚難之事而地方官因疊奉省中大

吏札飭諄諄以膏捐關係賠款爲言務令銷膏之數不減於前如
有虧短須責令賠繳因之辦理禁煙不免陰存顧忌竊維銷膏之
數必視吸煙人數爲進退苟吸煙之人日減則煙膏安得多銷若
膏捐長此無虧即禁煙何從觀效是則爲禁煙計必求銷膏之少
爲收捐計則欲銷膏之多二者勢不相合查蘇省膏捐一項每年
所入計銀十二三萬兩爲數尙非甚鉅以膏捐與禁煙比較兩事
輕重不容並論可否仰懇
天恩飭下兩江總督江蘇巡撫所有現征膏捐一項不必拘定舊
額但飭各州縣儘征儘解如不足數由藩司關道另行設法彌補
果能吸食之人日減膏店日少則捐款雖絀而元氣漸蘇民間得
以迅除痼疾即
朝廷施行仁政亦得早觀厥成實於禁煙大局有裨伏乞代奏
皇太后

皇上聖鑒再職本以禁煙請假回籍現因呈請代奏親自來京合
并聲明謹呈

條陳試辦公債辦法呈請代奏摺光緒三十三年十一月二十三日

爲煙害必宜速除籌抵當集鉅款謹陳試辦公債大略以補洋土
藥稅釐短絀籲懇代奏仰祈
聖鑒事竊自上年八月欽奉
諭旨限年禁煙海內歡忭而憂時之士卽慮及近年歲入洋土藥
稅釐爲數頗鉅必先籌有的款抵補方能澹此沈疾頃見度支部
以實行禁煙奏請仿行印花稅以資彌補仍聲明不能驟冀收入
大宗款項於整頓財政之中仍寓體恤民艱之意業蒙
諭旨允行竊思上年
明詔諄諄宣示天下以數十年來日形貧弱由於鴉片弛禁然則
今日欲免貧弱謂宜如救焚拯溺刻不容緩而印花稅所得至微

以此籌抵稅釐似無把握且十年之期轉瞬即屆若不速除痼疾安能易貧為富轉弱為強本年三月職呈請實行禁煙曾以各省稅釐如有短絀擬籌辦公債相抵並請先從江蘇辦起曾蒙代奏在案職回籍後於報紙中見江督札飭滬道之文大致擬仿前年北洋開募債票之例飭司道會同核議及職函詢升任滬道旋得復稱公債票應向民間勸募目下商貨銷滯勸募為難等語職尋繹江督滬道所稱似於東西洋各國辦理公債通例未甚符合職前在義大利使任時曾譯該國國債章程咨呈外務部見其條理完密頗有可采竊思抵款如可速籌則煙害自能早絕謹擬辦法四條伏祈

聖明采擇

一付息宜籌的款也查西洋國債辦法每年核算度支出款中以給付國債利息為第一項故必指定某款若干可備付息而後發

售債票若干則臨時不至失信於民查海關每年洋藥稅釐在六百萬兩左右土藥自辦統稅以後收數驟增聞亦不下千萬今姑以一千六百萬核算分十年遞減則第一年應籌公債一百六十萬逐年遞加至第十年以後每年應籌一千六百萬此項息款如照北洋債票每年七釐行息之例則第一年應付息十一萬二千兩遞加至十年以後每年應付一百十二萬息款既鉅必有常年指定之項方可放手辦理查本年五月美國讓還辛丑賠款比照原數減收華銀三十三兆五十餘萬計每年可省一百餘萬兩此項減收之款本應攤還各省以紓民力今因革除煙害移此以付國債票息款通計十年之內已屬有盈無絀又西例凡辦國債必先定名此項公債本爲禁煙而起擬即稱爲禁煙公債庶薄海臣民曉然於

朝廷蕩穢滌瑕之意論者謂十年以後本息並還恐各省無此鉅

款不知鴉片之害既已掃蕩廓淸則民間之生計漸充籌款之徑途自易隨時規畫爲法正多固無庸鰓鰓過慮也

一還本不宜太速也西洋國債通例還本有在十年後者有在二十年後者蓋民情以國家爲可恃則同一放債較之商家究無虧折倒盤之虞故往往但願取息不急還本有至三四十年之久者誠信既孚上下交便至限年還本之法各國亦不必盡同查義大利國債章程如國庫有餘則先期在官報上登載某日備還本若干届時先將債票號數分寫紙片裝入搖動之球內如彩票法凡掣得之號數即行停利國家即將此票贖回其未掣得者給息如故俟下届時再行抽掣其法至爲簡易今中國革除煙害既限以十年則還本應俟十年之後届時或即用義大利搖球抽掣之法或另採他國之法當從長酌議

一試辦之初必在通商口岸也公債售票東西洋各國習見爲常

中國風氣未開從前所辦如息借商款昭信股票按之外洋募債之法皆似是而非又屢失信於民故至今談及此事莫不動色相戒慮其病民然職以爲中國而不欲自强則已若欲齊民志壹觀聽則昭示大信正當自今日始通商口岸各國之人萃集於此見聞較廣債票七釐行息在中國人習見一二分之重利者或猶以爲尋常未足生其歆羡西商則以週年五釐行息爲適中如聞七釐之息計購此債票者必爭先恐後又華人或慮官府失信外人則不畏官府失信竊揣試辦之初外人之購票者必多於華人一二年後則華人風氣日開卽內地亦可逐漸推廣矣

一經理之責宜歸度支部銀行也查公債辦法外洋各國均由財政衙門主持責成公家銀行經理無公家銀行之處卽商家銀行亦准代爲經理近年度支部已設有銀行其中自必有通曉辦理此項國債之員似應悉心研究調查東西洋各國辦法斟酌盡善

訂定章程奏請施行上海爲商埠最繁盛之區度支部已設分銀行於此應即以爲起手試辦之地俟有成效然後推及各埠又推及內地竊計每年售票所收之數必溢於洋土藥稅釐短絀之數無勸募之名有輸將之實行之既久不獨可釋從前息借商款昭信股票之疑即一切苛細雜捐亦可概行禁絕矣

以上四條尤以第一條按期付息固結民信爲關鍵近來財政支絀已極幸美國顧全邦交減收鉅款於財政不無小補頗聞道路傳言謂計臣將提撥支用又謂各省將挪抵別項出款若果有此議職竊以爲不可何則辛丑賠款本屬創鉅痛深在

朝廷不得已而取於民豈內外可僥倖以爲己利惟禁煙與民除害斯抵補猶屬至公即美國聞此款之轉移亦必欽

聖明之舉措至此外各條就職管窺所及似尚簡便易行擬請

旨敕下度支部詳悉核議早日試辦俾抵款有著則積毒自消不

至玩時愒日負海內喁喁之望抑職更有請者上年政務處奏定章程第九條嚴禁官員吸食以端表率今江蘇一省司道大員中有嗜好甚深逾限不戒者在督撫未必有心徇隱而府州縣以下視爲嚮背相習成風小民目見官員欺飾若此又孰肯刮除舊習上副

明詔以祛沈痼而蹈康和此中樞紐關係甚大合無再懇

嚴諭申誡著各督撫按照政務處奏定章程核實辦理以儆官邪庶幾法行自上小民可收草偃風從之效矣愚昧之見謹以附陳伏祈代奏

皇太后

皇上聖鑒謹呈

蘇省禁煙未能實行據實呈請代奏摺光緒三十四年五月初四日

爲瀝陳蘇省禁煙未能實行並膏捐貽誤地方情形籲懇代奏仰

祈

聖鑒事竊職於光緒三十三年十月間因蘇省徵收膏捐有妨禁煙由籍來京呈請代奏在案隨於十一月出京方擬遵照政務處奏定章程將分給牌照勒限減癮等事次第舉辦詎意到籍後察看情形數月之間人心大爲鬆懈不獨分給牌照等事省會未定章程外縣無從辦起即如已經禁止之煙館重復開燈私賣但不以晝而以夜不在鋪面而在內室依然三五成羣呼朋聚吸詢其由來因江陰一縣報解膏捐不足原額爲牙釐局申飭并記大過該縣令遂召各鄉董商量聽民間私開私賣但令認捐足數以免賠累一縣如此他縣遂輾轉效尤此因膏捐而煙館不能禁止之實在情形也省城自上年七月煙館停燈即准改爲膏店初時長元吳三縣有膏店九百餘戶近來陸續閉歇尙有八百餘戶禁煙局因見捐款日絀該局提調候補知府鄧文堉建議將膏捐另設

公所令商人郭廷楨包辦每月認繳錢五千串自包辦之後准各膏店設一榻一燈以備店主自吸究竟吸者是否眞正店主亦無從究詰旋經省城拒煙會紳董謂其取巧舞弊具禀蘇撫飭將燈榻撤去而膏店私賣私吸之弊仍不能絕此又因膏捐而煙店不能淸查之實在情形也此外棘手之處窒礙之端尙難縷述然地方紳士猶思盡力整頓是以省城拒煙會有遵照奏定章程速辦吸煙人牌照之議錫金禁煙公所有恪守奏定章程膏店只許收歇不准增開幷代地方官籌墊膏捐短絀之事不意二月杪上海報紙登載江督蘇撫覆奏膏捐無礙禁煙一摺請仍照現章辦理且謂開燈私售目下詳加訪查尙無此等情弊衆意以官場粉飾若此殊乖紳士相助爲理之心不免各萌退志省城拒煙會紳董亦貽書與職謂禁煙局惟知以旺收膏捐爲事視同正供以致膏店百弊叢生職詳繹督撫覆奏之疏係憑道員朱恩紱王仁東署

布政使朱之榛會同稟覆實則僅據牙釐局一面之詞大抵空言而非實事且於所收捐數尚多隱匿未報所稱從光緒三十四年正月起飭各屬開膏店者所熬之膏減去一成出售所繳之捐每兩加錢十文宗旨實欲遞減售數遞增捐數以符十年禁絕之議等語然自此摺傳布以後錫金禁煙紳董即具呈地方官請按照減售加捐之說比較上年核實減膏一成旋接地方官覆函謂通省未奉飭辦明文錫金兩縣勢難先行減售此牙釐局稟覆不實之一端也又覆奏摺中稱江蘇膏捐所收款項近年作爲抵充賠款及辦理巡警法政學堂等項要需統計每年約收錢二十萬一千餘串尚不敷各項支銷並聲明此係從前徵收膏捐之數查此項膏捐錫金兩縣舊額每月解二千餘串省城長元吳三縣每月解七千餘串僅此五縣地方每年已繳膏捐十萬八千餘串此外蘇藩司所屬尚有廳州縣三十餘處斷無僅收九萬三千餘串之

理其中情弊不問可知此又牙釐局稟覆不實之一端也又覆奏摺中云長元吳三縣昔有煙館每月收捐錢七千餘串現改膏店月收捐錢三千六百餘串捐數較前銳減是牙釐局於各州縣捐數短絀之故亦既明知乃摺中又云未便任聽各屬藉口短解致誤要需前後措詞自相歧異竊謂就寓禁於徵而論抽捐與禁吸原不相妨惟既改爲膏店而仍不准減少煙館舊日之捐此則無怪各州縣任聽私售燈吸以冀捐數之足額矣伏念職上年請假回籍隨同地方官辦理禁煙原因政務處奏定章程第八條有責成地方官督率紳董以期實行之文慮本地紳董因循畏難或不能仰副

國家祛除痼毒之意不意今日紳董幷心壹志力求振作而地方官祗知順上司之意旨罔知念民生之疾痌牙釐局但求膏捐之必當取盈不思

明詔之亟於除患上下相蒙已將一載至分給牌照勒限減癮兩
條係禁煙章程中最要關鍵迄未開辦是蘇省於禁煙一事不得
謂之實行職既確有所見義難緘默可否請
旨飭下江督蘇撫將蘇省膏捐貽誤地方及牙釐局稟覆不實之
處再行飭查至此項膏捐除抵充賠款確係要需應准各州縣儘
收儘解外其他辦理巡警法政學堂等費似應飭司局另籌地方
官既不憂賠繳自能壹意禁煙可與紳士和衷共濟其分給牌照
勒限減癮等事現距政務處奏定章程時已一年六箇月之久亦
應從速舉辦以副
朝廷拯民陷溺之意再職上年請假時呈明一年爲期現已屆滿
自應來京銷假所有蘇省現辦膏捐貽誤地方之處謹據實瀝陳
伏乞代奏
皇太后

皇上聖鑒謹呈

請變通禁煙期限因地制宜呈請代奏摺光緒三十四年七月十八日

爲實行禁煙請變通期限因地制宜以蘇民困而堅鄰信籲請代

奏仰祈

聖鑒事竊職閱邸抄恭讀本年二月二十日

上諭鴉片盛行以來流毒異常慘烈前經降旨頒布禁煙章程使

洋藥與土藥同時禁絕英國現已實行遞減相約試行三年視中

國栽種吸食實行減少限滿再爲推減等因欽此仰見

聖人志澹沉災誠孚異域薄海臣民同深欽感竊查自前年政務

處奏定禁煙章程十條近日民政部度支部又會訂禁煙稽核章

程二十三條禁煙大臣復奏定查驗章程十條

朝廷申誡既切臣工籌議益詳顧職竊念章程者辦事之範圍非

立政之根本自來得人而後行法亦因地乃可制宜中國幅員至

廣各省情形不同就職見聞最切近者以本籍江蘇一省言之竊
謂栽種販賣吸食均宜速爲限制而辦法隨處各殊長淮以北以
限制栽種爲先大江以南以限制販賣爲急但能於禁止栽種販
賣不過寬其期則於禁止吸食自立收其效茲謹爲
皇太后
皇上詳晰陳之
一禁止栽種擬以兩年爲限也查政務處奏定禁煙章程凡栽種
罌粟之地令業戶遞年減種九成之一民政部度支部會訂禁煙
稽核章程向種罌粟地畝按照三十四年册報數目每年減少八
分之一竊思九成與八分州縣官地方事繁安能一一履畝清查
不過聽憑書吏臆造仍是紙上空談惟禁煙大臣奏定查驗章程
內第六條體察所屬種煙之多寡或分年減種或全行禁種二語
至爲簡括現擬遵照此語辦理假如境內向種罌粟之地一千畝

擬自光緒三十五年正月起此千畝之內令七百畝迅速改種五穀凡自願改種者報明造册全免本年地丁漕糧以示鼓勵其三百畝許暫種罌粟一年卻須按照上年所納租課加倍完納至三十六年此三百畝內以二百畝改種五穀仍免本年丁糧之半其一百畝許再種罌粟一年按照上年所納之租再加一倍完納至三十七年則此一百畝亦改種五穀惟本年丁漕須一律完納不能再邀優免如此辦理不過三年通縣境內罌粟根株盡絕矣儻三年之後查出尚有私種者田畝入官人則按律治罪

一禁止販賣宜與栽種同時也栽種既限以兩年爲止則販賣之期亦不得過於延長致除惡不能速盡查販賣之屬有三一煙館一膏店一土店現煙館既經勒閉縱有開燈私賣地方官可以按律嚴懲目前蘇省弊竇在於上年新設之膏店此種膏店貲本無多而吸食之人樂於挑膏之便遂因循沉溺不思振作其害與煙

館同今宜嚴加限制將挑膏之店逐漸裁併擬自本年八月起按
月裁併若干戶限至年底所有膏店一律裁盡自光緒三十五年
正月起不准再有挑膏之店其土店亦應恪守政務處奏定章程
此後祇准閉歇不准添開擬六箇月清查一次并勸令及早改業
限兩年之內所有販賣煙土之戶一律停止至三十七年正月以
後如有販賣煙土者以違禁論
一禁止吸食應逐年稽查人數分别辦理也栽種販賣既有限制
則來源漸少在吸食之人不能不思減戒斷癮查政務處奏定章
程年逾六十精力漸衰其戒食與否可從寬免議凡年在六十以
內俱在勒限減癮之列惟所稱吸煙數目限令每年遞減二三成
則立法太寬萬難收效嘗詢之吸煙而已經戒絕者據稱戒煙不
論癮之大小深淺需時不過三月惟體弱多病者不在此數現擬
飭各州縣先將境內實有若干吸煙人數查明造册內除年逾六

十者無庸勒戒外凡吸煙而體壯無病者令服戒煙丸藥體弱多病者報明給照購土自煎仍逐漸限減吸食成數至三箇月後清查一次其業經斷癮者卽將册內之名銷去過三月後再查一次將續報斷癮者銷去連查四次已屆一年共開除斷癮之人若干現尚吸食者若干各造清册互相比較如斷癮之人多於現吸之人則爲辦理有效官紳俱給優獎斷癮與現吸者相等亦准給獎現吸之人多於斷癮之人則辦理不善無庸給獎如斷癮之人不及二三成官則記過紳則撤換此第一年辦法也第二年亦如前辦理每隔三月清查一次年終仍造册比較如屆時尚不能斷癮之人計已閱兩年諒無自新之望應卽編入煙籍照年逾六十之例一律給與牌照聽其吸食終身惟栽種販賣既限兩年後禁止此時當由地方設立公司預算每年吸食之數積儲以給其求俾終其天年則法外之仁也

以上三項辦法雖與政務處定章稍有不符然查章程第一條及第八條所載如果禁絕在十年以內准將地方官奏奬是政務處未嘗無從速禁絕之意又民政部度支部會奏摺內有云能否縮短期限力圖進步或酌量變通之處應由各省督撫查看情形辦理則部臣於禁煙期限亦非拘定十年果能如以上所陳各省次第認眞辦理三年之後計栽種吸食減少之數必已過半則英人亦輸心折服於洋藥進口自必再為推減禁煙之令不難依限實行矣或謂限制栽種初年改種五穀准免丁糧似非政體所宜不知從前種植罌粟本干禁令自開禁以後小民貪利忘害久已習為固然一旦限禁彼驟失此利源不無觖望暫免丁糧所以奬其嚮善之誠亦以隱戢無形之患雖履畝清查數難核實而兩年之後即已訖事較諸十年遞減省事已多 職 反復籌思照此辦法似尚簡便易行禁減之效亦確有把握為此不憚煩瀆謹再詳晰縷

陳抑職管蠡之見尚有鰓鰓過慮者英人自光緒初年設有禁煙公會廣勸禁止栽種販賣迄今三十餘年屢告我國駐英使臣願贊助中國熄滅此害茲幸
明詔迭頒竟符所望英政府亦顧念邦交允許分年減運各友國亦多樂爲協助觀人情效順之應足徵天心悔禍之機惟是兩年以來各省將軍督撫實心整頓者固不乏人而藉口十年之期苟安姑待者頗居多數轉瞬三年之後儻土藥減種無多吸食之人亦未減少深慮外人責言謂我冀土藥暢銷之利且恐屆時要挾向我索洋藥損失之貲既礙邦交彌增國恥故職夙夜焦思必須在此兩年之內將栽種販賣兩項及早禁止則吸食之人自可日減日少蘇民困而堅鄰信莫要於此如蒙
聖明采納飭下各省將軍督撫一體酌量辦理將見不待十年痼疾全除

湛恩廣被即海外各國亦羣頌

聖世時雍之化矣職愚昧之見是否有當伏祈代奏

皇太后

皇上聖鑒謹呈

洋土藥停運有期請　飭各省勘查幷派專員監理呈請代奏摺

宣統三年五月十四日

爲禁煙條件既訂洋土藥停運有期擬請

飭各省次第勘查並派專員監理以袪積弊責成議紳勸導以收

速效竊懇代奏仰祈

聖鑒事竊職閱邸抄恭讀四月十一日

上諭禁煙前定十年遞減本日據外務部奏稱與駐京英國使臣

續訂條件於未滿之七年期內如土藥禁絕則洋藥亦概禁進口

無論何省隨時可提前辦理等語著民政部度支部暨各省督撫

迅將禁種禁吸禁運各事益加認眞整頓督飭尅期斷絕欽此仰見
皇上拯民水火速除痼疾之至意欽感莫名查本年二月度支部奏裁撤土藥統稅各局陳明各省土藥本年禁種即能一律淨盡今續訂條件第三條無論何省土藥已經絕種他省土藥亦禁運入顯有確據則印藥亦即不准運入該省此於禁運一節所訂辦法已極周密查上年十二月資政院奏請本年六月以後各省一律禁運未奉
明諭竊度
朝廷之意殆慮土藥縱能限制不能兼包洋藥在內是以審愼未發今續訂條件既極分明似可仍采資政院前奏飭下各省督撫自本年七月以後各省土藥祇准本產本銷不許販運出境其舊存囤積之土由該省督撫籌集款項暫行收買酌

量上海廣州二處情形分期運往蓋以此二口既訂明爲洋藥最後之結束則亦不妨爲土藥暫時之尾閭也又續訂條件第四條在此年限內英國政府會同中國政府派員隨時就地考查減種情形一節蓋英使之意惟慮我禁種之或有虛報必俟實驗既確始肯將洋藥停運竊意此正可爲速禁之機關查洋藥運銷口岸沿海則奉天直隸山東江蘇浙江福建廣東七省沿江則安徽江西湖北湖南四省現查奉天直隸二省禁種確已淨盡如外來土藥尅日禁止入境至秋間即可會同英員查驗明確照約停止洋藥入口此外沿海如山東一省沿江如湖北湖南等省洋藥進口本屬無多年內尚可次第辦理明春以後察看情形將安徽江西福建浙江等省在六箇月內一律查明停運則洋藥進口已減十分之三其上海廣州二口准照條件留爲最後之結束然至各省禁運之後禁吸自必加嚴揆度事勢卽此二省一年以後亦不難

悉數停運矣又續訂條件第六條英國政府允將現在稅釐併徵之額數每箱加至三百五十兩第七條起徵新定稅釐併徵時中國應將廣東等省行於印藥大宗貿易之各項限制及徵收各項稅捐立即銷除蓋英國此次之允加稅原因上年廣東籌辦土膏牌照捐而起查此項牌照捐係職在廣東一手經理其章程曾於上年八月由兩廣總督咨呈禁煙大臣外務部民政部度支部各在案內第十五條自宣統二年七月起以三箇月爲一期將現在銷膏之數分作十成按期遞減一成抽捐之數隨時體察情形按期遞加限至三十箇月後所有通省土膏一律減盡今續訂條件既允英國將此項限制稅捐立即銷除惟原定章程三十箇月通省土膏一律減盡之處業經咨部有案應請

飭下兩廣總督但予停捐其遞減章程仍令照舊實行則廣州一口雖不能提前停運仍可望尅期斷絕不致久延上海與廣州情

形相同自可一律辦理伏讀
諭旨著民政部度支部暨各省督撫認眞整頓竊意整頓之道部
臣疆吏祇能主持大綱督撫政事殷繁精神不能貫注欲其實惠
及民全在州縣能盡心力溯自光緒三十二年八月奉
詔禁煙以來瞬經五載各省大吏實心去毒者尚不乏人而因循
弛縱者亦正不少州縣惟視上司意旨爲敷衍粉飾之計竊謂今
日扼要辦法宜仿度支部派監理財政官之例奏派專員俾各省
禁煙情形得以隨時上達庶禁煙不力之州縣亦中有所憚不敢
如前之泄沓又各省諮議局及城鎮鄉自治會紳於禁煙一事頗
多熱心能持正論上年十二月巳奉
明詔宣統五年准開國會竊謂屆時如某省尚未禁絕卽將此一
省議員黜退屏不與會如某州縣尚未禁絕卽一屬停選議員務
令於宣統五年以前尅期禁淨以上副

諭旨嚴申禁令早絕根株之意惟老病之人勢難戒吸者寬其一
綫俾延殘喘另編煙籍以示
皇仁庶幾力祛沉痼共蹈康和愚昧之見是否有當伏乞代奏
皇上聖鑒再此次外務部與英使續訂條件由廣東籌捐而起故
職親自來京陳述一切合併聲明謹呈

復庵遺集卷三

復庵遺集卷四

出使公牘

無錫 許玨

咨呈外務部譯送義國財政彙攷 光緒二十九年四月二十九日

為咨呈事竊照本大臣奉 命出使義國瞬屆半年上年到任後因考察義國政治向義戶部取到關卡稅則財政彙攷各一册飭員繙譯業於本年三月初九日奏報察看義國政俗及近日外交情形摺內陳明鈔稿咨呈在案查義大利幅員廣袤不及中國十分之一而歲入之款較中國多至五倍歲出之款較中國亦多四倍有餘均於財政彙攷內條分縷析綜核精詳泰西列邦掌國計者大率同此而義國近年財政尤為歐洲各國推重則因其以貧弱之國驟致強盛較他國為難今察其命意所在仍不外損上益下誠信相孚非有異樣奇巧之法特其運思周密舉全國出入之款息耗盈虛時時籌算至纖至悉故能令出而民心胥悅收效如

此中國近年出款日繁度支告匱如能借鏡於此務治民心則不必斤斤摹仿而理財之道可以隅反現此冊業已譯繕完畢因即照鈔二冊咨呈貴部察核並請轉咨戶部以符前奏除將關卡稅則飭員趕緊繕齊再行呈送外相應備文咨呈貴部謹請查照施行須至咨呈者

咨呈外務部譯送義國關卡稅則 光緒二十九年七月二十六日

爲咨呈事竊照本大臣於本年三月初九日奏報察看義國政俗摺內陳明飭員繙譯義大利關卡稅則財政彙攷等冊於四月二十九日呈送財政彙攷冊文內聲明關卡稅則飭員趕緊繕齊再行呈送在案查義大利稅則刊印原冊係用義文先由使署洋員畢梯蓬譯成法文再由繙譯翟主事青松口譯隨員陳直牧德壽筆之於書輾轉譯述考訂加煩閱時三月甫得譯竣繕寫校正又月餘始畢冊中所載凡徵稅章程二十條應稅之物分十七類共

三百六十八種又包皮稅及去包皮章程十六條註册費章程十一條其中綜核至悉分析至精較之中國通商稅則疏密殊矣册中義國權度錢法按之中國斤兩銀幣既難逐項加注又金價隨時漲落不能畫一因爲中義權度錢法比較附於册末以備考核又念中國現與各國議定商約尙未竣事此册所載可采用者甚多第翻閱全册亦苦其繁因飭陳直牧擇其顯明簡易者分條摘形另爲一册以便觀覽兹謹繕二分呈送貴部察核並請轉咨戶部以符原奏相應備文咨呈謹請察照施行須至咨呈者

咨呈商部派員考察商務 光緒二十九年十月二十日

爲咨呈事竊照本年十月初八日承准大部來文內開光緒二十九年九月初一日本部具奏請 飭各出使大臣遴派商務隨員一片本日奉 旨依議欽此相應恭錄 諭旨并刷印原奏咨行貴大臣欽遵辦理希將派出員名官階履歷報部立案等因承准

此查義國在華商務無多間有他國商人運華貨來義者除蠶繭茶葉二宗外他物絕尠至華商從未到過義國及其屬地貿易良由義國從前於東方商務不甚講求近見各國在華多得權利始思學步終以財力有限未能經營此其與英法等國情形所由異也惟詳繹大部原奏所稱商務隨員應將所駐各該國商務情形每屆年終彙報一次並應將商業利鈍盈虛之故詳著論說寄呈備核等語似不僅指已有華人之商埠而言凡各使臣駐紮之國皆應隨時考察體驗情形備異日推廣商業之舉現謹遵照來文遴派使館隨員候選直隸州州判許沐鑅爲商務隨員以專責成並飭會同館中譯員遇事諮訪擇要彙呈以備采擇除札派外相應造具該員履歷清册備文咨呈即希貴部察照備案可也須至咨呈者

咨呈外務部譯送義國權煙志略 光緒三十年二月十七日

爲咨呈事竊照本大臣於上年七月二十六日譯鈔義國稅則章
程咨呈貴部察核又於八月十八日具摺陳奏請仿義國稅則加
徵煙稅鈔稿咨呈在案查義國煙稅之重因煙與鹽二項由國家
專利民間不得私造私賣欲本國土產暢銷不得不重稅外來之
貨以沮遏之據洋員畢梯蓬鈔呈清單西歷一千九百零一年徵
外國稅僅十五萬二千五百呂耳合中國庫平銀不及五萬兩是
年本國煙利所入計二百七十七兆三十六萬五千呂耳合庫平
銀八千九百八十萬兩有奇除去成本及販運各費約獲利五千
萬兩又查上年四月本大臣咨送義國財政彙攷內載一千九百
零二年煙鹽二項專利所入煙得二百零八兆二十萬呂耳鹽得
七十六兆四十萬呂耳是榷煙所入較榷鹽多至兩倍又是年義
國通計各項進款一千七百零五兆五十六萬呂耳而煙利所入
居百分之十二本大臣查義國全境幅員不及中國十分之一所

收煙利乃如是之鉅因致書義戶部願得該部辦理煙鹽章程一觀上年十月間准送到各種官書二十餘册皆義國文字因飭洋員擇要譯成法文再由繙譯翟主事靑松口譯隨員許直倅筆之於書輾轉譯述考訂加詳閱三月始竣事繕寫校正又月餘始畢凡國律四十六條章程一百四十條煙之爲物無益民生此册綜核精詳鈐制周密洵爲理財善政原書煙鹽二項辦法大畧相同中國鹽歸官辦久有成規無待參考今所考者榷煙之法故凡專論鹽者譯而不錄即名曰榷煙志略分編二卷兹特備文咨呈貴部謹請察核須至咨呈者

咨呈財政處譯送義國銀行章程 光緒三十年四月二十四日

爲咨呈事光緒三十年四月初三日奉鈞處江電開現奏設國家銀行待查取英法德美俄奥義比等國銀行詳細章程迅速譯送以備參攷等因承准此查義國銀行共有三家一名義大利一名

拏波利一名昔昔利均係商人集貲開設代國家承行鈔票據西歷一千九百零二年義國財政彙攷內載國家所發之票實計有四百十一兆二十五萬呂耳內一百四十三兆爲實存之金銀約算每百票內有三十五實存數查義國十年前國內甚貧市面無現銀流行即一二呂耳亦必用鈔票國家發與銀行之票皆空幣近日財政漸裕收去小票不用最少者爲五呂耳票足見理財之道確有進步而銀行獲利亦愈有把握三銀行中貲本最大者爲義大利銀行在羅馬都城開設由商人集股開辦不動官款計貲本二百四十兆呂耳照近日鎊價申算約合中國庫平銀七千三百萬兩之譜與政府訂立合同由國主批准名曰公會以示與公司有別本大臣於上年春間因聞中國將設銀行曾向該銀行取到章程一册飭洋員畢梯蓬先就義文譯成法文再由法文繙譯翟靑松口譯隨員陳德霈筆之於書詳加覆閱見其中所載董事

股東互相維繫議事辦事各有責成頗能縷晰條分劃然不紊今奉鈞處飭查謹將前譯成義大利銀行章程詳細覆勘鈔錄一册恭呈察覽以備采擇相應摘敘緣由咨呈鈞處謹請查照須至咨呈者

咨呈外務部譯送義國國債册律章程彙編光緒三十一年正月十七日

爲咨呈事竊照光緒三十年十二月初九日承准大部咨開本部具奏各國賠款不允還銀瀝陳先後磋議情形一摺恭錄　硃批幷刷印原奏咨行查照等因到洋查此項賠款以銀易金甫及三年積計鎊虧已逾千萬此後爲日方長若非另籌補濟之策恐財政日絀益難措手查泰西各國因戰事而議償款大率取給於國債爲多　國家深仁厚澤不欲紛擾病民歷年戶部籌款不外移緩就急化私爲公之法而經常之用歲有定額出款驟增則入款自形不足各省官吏每以苛細雜捐激成民衅殊可憂慮竊謂窮

則變變則通此項賠款鎊虧應否採用泰西國債之法彷照試辦查承辦國債票全以銀行爲樞紐現聞戶部開設銀行已有成議茲特飭員詳考義大利國債辦法譯編成册名曰義大利國債册律章程彙編謹繕寫二分備文咨呈察核並請轉咨戶部以備採擇須至咨呈者

咨呈外務部譯送義國官售煙價表光緒三十年七月二十五日

爲咨呈事竊照本大臣於本年二月譯鈔義國榷煙志略咨呈貴部察核並請轉咨戶部在案查義國每年公家售煙所入除去成本及販運各費約獲利五千萬兩其握要在統歸官辦故所入煙利如是之鉅查閱前呈榷煙志略辦法雖詳獨其每歲能贏利至五千萬之故册中不載無從得其底蘊因再函致義戶部詳詢煙品製造發賣情形旋准復函送到清單一紙所有各項煙品成本賣價細數詳晰開載爰即逐項譯成華文另編清册仍將洋文來

單照寫置之册首以便查核即名曰義大利官售煙價册與前權煙志略藉可互相印證茲謹繕寫二分咨呈貴部察核仍希轉咨戶部以備采擇須至咨呈者

致外務部丞參函 二十一件

本月初二日會晤義外部因義主宮中有事不能延見十七日始准宮尹來文訂期十九日午刻呈遞 國書屆期帶同繙譯翟青松隨員趙詒璹入宮謁見義主敬謹呈遞義主躬親接授禮意甚恭當日即電達鈞署一切詳細情形本日已具摺奏陳鈔稿咨呈氷案檢查劉許薛龔四任舊卷當日均未坐談惟曾惠敏日記初年至法有坐談之事此次義主極意殷勤坐談有二十分鐘之久想亦緣初設駐使之故弟與義主問答中已微露將來於教案一事須妥籌補救之旨此後惟當刻刻留心因勢利導以冀無負
朝廷遣使之意舊館隘陋勢難久住弟覓屋之初原擬視西洋各

國使署不相上下繼念此時中國財力萬不能及惟日本與我同係東方之國而中國地位究居日本之上租賃使署不當相形見絀致貽訕笑刻已在塏達街租定新屋一所頗爲華煥惟住房不多弟意重在觀瞻不復求私計便適每年租價計義銀一萬九千呂耳合英金七百六十鎊合庫平銀六千零八十兩訂立合同租以四年爲期憶丙戌年隨使至美庚寅至英兩館歲租均皆一千二百鎊以此相衡尚不及三分之二室中鋪陳凡款客之處不能不稍講求而燕閒之室概從樸陋以期撙節業於本月十六日移居新館義國外交函牘概用法文而在本國則概用義文至於本國日報及往來書信大抵義文居十之七八法文僅十之二三弟既駐義不容不知義事現使館延一洋員名畢梯蓬能通英法德義四國文字凡遇義文函牘日報先令其將義文譯爲法文然後再令使館人員將法文譯作華文雖事經重譯多費曲折而本國

人情議論藉可周知又向來駐洋各使署咨呈鈞署鈔件大抵有
華文而無洋文實則外交公牘均以洋文為憑弟深慮譯員或有
錯誤致失華文本旨現令凡有咨件均須華洋文字配合並送庶
幾隨時考核責有專歸亦因外交之事近來日益棘手不能不較
前詳細周密以防華洋文字語氣輕重不符之弊管見如此乞回
明堂憲為禱 光緒二十八年十一月二十六日

二十日由倫敦使署轉到鈞署巧電關稅用金等因祗悉隨將電
稿譯作洋文攜往外部值正外部裴納悌他出副外部巴禾里閱
畢電文即云茲事須與各國商量一時未易答復廿七日又奉到
鈞署宥電時裴納悌已回羅馬即作函訂期晤商旋准裴復函云
俟各國政府議有端倪本國方可定見再請會晤查此事羅馬新
聞日報自本月初二日起屢載北京來電始言美允用銀各國不
允繼又言各使除美使外聯銜照會鈞署若不照和約所載殊有

未便最後言華盛頓來電美使康格電告美政府中國關稅用金之議美外部不允又言各國公使現亦各存意見等語弟念賠款以俄爲獨多商務以英爲最巨英俄兩國向來各執一見不肯從同如能將諸國分開各辦從此下手未始非轉圜之法第恐日報所載傳聞未確正在躊躇適奉鈞署來電乃知日報所傳皆確又接俄館胡使來函賠款用銀俄固執不允稅則收金一節料來俄必允行因在華商務無多且可隱以抵制英國商務云云竊思稅則用金美尚不允諒英亦斷不肯從此事似非一時可定義外部所云俟各國政府議有端倪方能定見雖是延宕之詞然義在中華論商務則極少論賠款亦無多隨人作計亦固其宜惟第論賠款則我應付諸國或可分開各辦至涉及商稅則事須一律未便兩歧二者相衡難易懸殊且俟義外部復到之日再行續陳自上月呈遞國書後至本月十八日謁見義后二十三日謁見義太后

皆禮貌周至詞意殷勤義太后叩問　皇太后　皇上聖躬安好意尤肫摯二十七日義主設讌宮中請各國公使義主義后均入座陪客席散義后詳詢中華文字書籍意甚歆羨察度此邦人情尚無英法等國藐視中華習氣弟亦處處留心應付約束隨從人員飭躬自好免致爲人所輕以冀三年始終如一近閱義國度支册其每年入款較中國多至五倍餘其幅幀則僅中國十分之一而人民熙熙樂利絕無剖克之嗟頗不可解現擬將此書譯出惟須由洋員將義文譯作法文然後再由法文譯作華文此書幾及四五百頁而義文繙譯只有一洋員每日所譯不過二三頁現擬再訂一洋員通法文者專爲譯書之用此款即在使臣薪水內支給不另開銷正項俟書成之日咨送鈞署再義國既常設駐使以後繙譯似須兼習義文現京城大學堂應否添一義文教習總之外洋各國文字不過如吾國內地各省方言土語不必因其國之

大小爲軒輊也光緒二十八年十二月二十八日

義國農學會自三月十六日開會之日起本署派隨員許沐鏻繙譯學生趙詒燾隨衆入會悉心考究先赴南境拏波利省又渡海至昔昔利島繼赴北境福魯郎史省米郎省浮尼士省至本月十八日回署據稟所歷見聞大約南境多山地宜果木北境則平田曠野間有水鄉民皆務農力穡藝麻種麥而尤以麥爲大宗該國蠶桑之利多在北境地氣稍寒較中國氣候畧遲刻下桑初舒葉蠶事方興距成繭之期尚早該會定於五月十八日考驗蠶學擬屆時仍派該員等隨同考察所有詳細情形及該員等日記譯件隨後續陳義國財政彙攷冊頃已譯竣弟初譯此冊時因該國幅幁甚狹而每年入款較中國多至五倍思一探討其理財之方今觀冊中最注意處在事事從民身上計算期上下之交益不裕國以病民迨民情既已感孚國用轉資挹注因思管子有言將欲取

之必固予之所謂取予者殆指民心而言非僅以財用言也中國近年度支日匱議者動云仿行西法而每舉一政適以擾民觀於此册可以反其本矣茲謹備牘咨呈台覽另册請轉咨戶部因前月奏陳考察義國政俗摺中已陳明此册譯竣之日兼送戶部也本月朔日英王來義游歷初四日返初六日德王來義游歷初十日返旬日之間兩大國之君親臨羅馬義人甚以爲榮接待供張極爲熱鬧又上年義王出游至德而未至英此次英王之來誼屬先施故義人視之尤爲隆重弟於兩君到時亦隨衆謁見照例寒暄竊覘今日泰西諸邦聯合之密益覺中國孤立無助之危自上年以來聞法國於天主敎士頗加裁抑因而與敎王時有牴牾英德兩國乘此閒隙遂欲聯絡敎王以圖利益英德本奉耶穌敎與敎王宗派不同此次兩君來羅馬均親謁敎王備極恭謹此間日報載德王見敎王時所談甚爲親密德王幷擔承代爲保護在中

國之天主教士語極切實又德國首相培魯同來見教王左右之人亦主此說竊揣德國君臣之意非獨見好教王實冀在中國遇事生風藉端漁利而已此事於吾華交涉頗有關係謹以附陳 光緒二十九年四月三十日

鈞署勘電垂詢無綫電報一節上月杪弟偕館中洋員繙譯至無綫電報局試驗發電其機房甚小內設電機四副一聽傳來電音一去電一收電一鈔寫電文其去電機器可隨遠近加減電力房外設一高桿約十餘丈以通電氣此局係海軍部所設弟因試發一電與地中海薩台業島水師帶兵官此島離局約四百五十華里不及十分鐘回電已到傳電之音甚為清楚據管理電機之武弁云遠處除英屬地坎拏大已通電外現南美洲之阿根廷國亦議訂立合同通電至義以此例推將來由歐洲至中國此電力亦可達弟思此電較有綫之電所費僅二十分之一異日如果暢行

則有綫之電必大減價成本既重不免虧折現中國電局已歸官辦似須及早參用新法庶免異時又爲他人捷足先得奪我固有之利耳光緒二十九年閏五月十六日

義國議院於前月停議後各部院大臣及各國公使咸出避暑羅馬去地中海不遠每屆盛暑非洲炎風吹至人易受病其俗相傳西歷七八月間有瘴氣者此也弟念中國新設使館於此經費雖極支絀不能不外示從容且使臣俸薪本優此項避暑之費由使臣酌量自備並不開銷公項因亦從西俗爲之本月初五日挈帶隨員繙譯三人爲瑞士之游瑞士與義國北境毗連山水之勝甲於歐洲其最著名之區爲廬撒挐由羅馬到彼火車歷十八點鐘其境內闤闠整飭工藝精良而民氣靜穆無列强囂張之習沿途所見除水陸馬頭外通國數百里不設一巡捕而街市無譁笑之聲尤爲歐洲各國所無眞有世外桃源景象小住旬日適接南洋

大臣電因上海租界封閉蘇報館各領事措不交犯囑切商義外部遂於二十日遄返羅馬而外部穆林避暑在外未得晤商但作函告之現尚未接復書閱外洋日報載駐京各公使俄法德美皆謂不宜干預中國內政理應交還惟英義獨持異議不知確否教王雷容第十三於閏月二十六日殂謝現公舉必柯第十爲新教王係義大利浮尼士省主教本月十七日爲加冕之期一切禮節概從簡畧彼教在歐洲勢燄已微而各國在吾華轉借護教爲名肆其乘機攘利之心侵陵日甚良可太息前派隨員許沐鑅繙譯趙詒璹入會考察農學蠶學各節兹據繕呈農學會日記一册蠶學會日記一册又譯件一册敘述考證頗爲詳晰另備公文咨呈冰案乞回明堂憲爲禱 光緒二十九年六月二十四日

上海交犯事前月杪接義外部復函以該犯等干涉國政照西例不應允交月初外部回羅馬又與晤商告以上海租界係中國口

岸與逃至外國者不同不能執西律國犯不交之例且聞俄法駐京各使已允交還外部始云電詢嗄使再復後數日接來函仍執前說弟亦知義國在華一切交涉均以依傍英國爲宗旨此事在英租界英既梗阻他國從而和之僅與義外部駁辨徒費筆舌亦屬無益業將以上情形撮要電告南洋並請轉達鈞署敝處所譯義國稅則原册係義文先由洋員譯成法文再譯華文輾轉譯述近始完竣此册所載徵榷之法至纖至悉以中國通商稅則較之疏密迥殊因思現與各國議訂商約除英已訂定外各國均未議定此册中可仿照辦理處甚多惟全册百數十葉驟閱之亦苦頭緒紛繁因復飭該員等摘錄要義八條别爲一册兹謹繕成二分另具公牘咨呈冰案并請轉咨戶部以符原奏來此十月除譯書外未辦一事如論兩國邦交自以無事爲福但念及時事艱難遠來海外轉得暇逸寸心殊切不安至於交際禮文義國相待尚能

恭謹轉瞬暑假已畢各官紳及各國公使均回羅馬一交冬令北方寓公麕集避寒一切從俗酬應勢不能免中國設使館於此已及年餘似須請一茶會並筵讌各部院及各公使稔熟者於酬答之中寓聯絡之意但思讌於無事之日不如讌於　萬壽之辰藉示尊君親上中外一體之忱六月在暑假期內無從款客現擬十月內舉行奉撥經費至九月杪告罄屆時擬先期電請續撥茲特預爲陳明 光緒二十九年七月二十六日

前寄義國稅則其中可採用者已詳摘要八條 中弟意目前亟宜仿行者尤莫如重徵煙稅一事自辛丑歲各國驟增賠款之後各省從容籌畫者實不多見其百方羅掘仍慮不敷者則所在皆是刻下甫及兩年民間因加捐滋事已非一處若不及早改圖恐不待十九年後患已不堪設想必須妥籌大宗歲入之款方可裕國用而安民心日來取會惠敏續訂洋藥稅釐幷徵專條反覆玩索

察其用意處處預爲修約議加地步今日如據此與外人開議並非無因且查光緒十一年訂約之時洋藥每箱價銀僅三百餘兩即此一端而論亦不能不籌及加稅近奉鈞署大咨寄到中英續訂通商行船條約一本查第八款第四節所載是新約舉行之後既將藥釐作爲加稅則此專條不廢自廢屆時再欲議加必待十年以後實屬緩不濟急愚見似宜乘此新約未行之前按照專條從速聲明庶幾不負惠敏昔年定約時一番苦心本日謹專摺上陳鈔稿咨呈冰案事關萬姓生計非弟一人之私見也光緒二十九年八月十八日

重徵煙稅一節在中國今日爲救貧要著亦爲正俗本圖縱英國意在推延決不因此啟衅弟前駐英時知議紳中時有請禁種販之議特政府因印度鉅餉所出又見中國從未提及故樂得因循耳刻下吾華財政如此奇窘舍鴉片外別無大宗款項可籌及早

按照專條聲明徐與磋磨即不能得三百之數如照現徵稅釐之數加增一倍所得亦不少矣務請鈞署斷以勿疑光緒二十九年九月二十九日

接奉台函垂詢義國拏波利應否設立領事一節查該埠係義國南境往來孔道爲商貨薈集之區間有商人到彼登岸却無華氓僑寓論派員一層原可不必惟自上年到義之後時有該國官紳及各國公使函薦願充中國領事不支薪俸之人已非一次當經詢以現無僑氓安用設官既不支俸薪何取虛名則云派充之後如華人到彼游歷及使署有商務等事調查彼可招呼効力凡遇節期可懸挂中國龍旗以爲光耀無服官之勞而有出仕之榮故願充此職者大率爲體面起見訪問波斯日本兩國皆無僑氓在境而各設領事前月威達雷曾有函致敝處爲其友雅訥戚游揚昨雅訥戚來署謁見年纔二十五歲人頗恂謹據云在學堂肄習

律例已得過兩次文憑本年威達雷請假回國伊曾從學習中國官話伊父係下議院紳現退老在家等語訪問旁人亦謂雅訥戚係該處大族衆望尙孚查此事既經威達雷在鈞署面遞節略且不領薪水無所糜費又係外洋各國現行通例似可俯從所請以聯睦誼擬俟鈞署允准照會義外部奏明義主由敝處札委伏候尊裁近年內地教案頻仍弟到義後時思相機補救而義政府與教王界限甚嚴各國駐義公使例不與教王往還卽素奉天主教如法蘭西日斯巴尼亞等國必於駐義公使之外另派一使到教王處商辦教務入境問禁未便因此轉生枝節本年七月有在中國河南省傳教之主教安西滿者自中華回過訪敝館勸往見教王弟亦聞新教王必柯人頗慈祥因囑安西滿介紹業已訂期前往而教王又遣該主教來云教王因新卽位未諳向章中國公使如往必謁登日報恐義政府見之不便遂作罷論至十月杪忽有

教士來館傳教王語欲請於西歷新年相見當詰以前所云恐登日報一節據云現已詢明無妨弟思有礙與否不如逕詢義外部前月下旬晤外部狄多尼談及此事外部亦謂往見無礙惟思既屬破格之事自以陳明鈞署爲宜故於前月發電請示比奉到眞電當即遵照遣譯員前往訂期相見乃旬日來杳無復信昨遣人往詢據答復云教王願見中國公使原係創舉不意近日外間聞此消息即有他國駐義公使援例請見如一見一不見既屬未便若從此來者即見又與義政府界限不分與教中規矩不合現擬祇可暫緩云云竊思此次請見本出教王之意今彼既躊躇爲難自應聽之無庸勉強且弟意所在原冀晤談以後可於內地辦理教案有裨今但就以上情節而觀教王權力之衰已可概見秋間據安西滿云彼教規中約束教士本不准干預地方公事凡釁端之起皆由莠民引誘或激迫而成及禍機既發公使領事借題攘

利即主教亦無權排解所言頗爲眞切弟現亦不復催問俟後有機會另籌補救之策乞回明堂憲爲禱光緒二十九年十二月二十日

俄日開衅後將及兩月此間洋報所傳僅聞海軍轟擊數次陸兵尚未交綏良由俄人徵兵運械現未齊集而日人亦在韓境經營布置不及分兵北上大約春杪夏初兩軍始能悉銳相搏以分勝負未來之事不能逆料竊慮曠日持久東省既不免蹂躪之虞即局外之地亦恐不無擾累近聞牛莊一埠俄亦設兵分防停止貿易請行封口之禁未知確否又聞英兵近在西藏挑釁傷害藏兵甚多英人窺藏蓄志已久特慮俄從旁阻撓分其權利故不敢輕發今俄有事東方不暇與爭英人蹈瑕而入自在意中特全不爲中國稍留餘地所謂講信修睦果安在耶自庚子以來外交之事日益棘手弟承乏此邦濫竽素食杞憂徒切無補時艱每深慚悚上年陳奏請加洋藥稅摺迄今未奉鈞署咨抄復奏摺稿到洋殊

切盼系查義國煙稅所以重徵之故由於煙歸官賣其獲利之厚
不在徵外國之稅而在榷本國之煙上年向義戶部取到辦理煙
鹽專利各册茲已擇要譯編二卷另牘咨呈冰案查義國每年榷
煙所入之利約及中國庫平銀五千萬兩一切詳細已具公牘中
茲不再及弟意現與外人議加洋藥稅本屬正辦特彼此磋商尚
需時日若官辦土藥權由我操此册所載雖中外情形不同因地
制宜尚當參酌然大致似無窒礙且我既注意暢銷土藥爲抵制
洋藥之計則外人於加稅一事較易就範又土藥由官定價既可
隨時加增卽種煙之地亦可隨時限減尤爲正本清源之上策目
前中國財政窘乏已極零星雜捐易失民心惟就此籌款差爲裕
國而不病民故惓惓之愚不能自已義國交涉事簡祗有考求彼
中政治猶可附於輶軒采訪之意稍盡微忱尚祈俯賜披覽並乞
飭鈔一分轉咨戶部爲禱 光緒三十年二月十八日

閱滬上日報載有總稅務司赫德條陳籌餉節略此係萬不能行之事　朝廷曲示容納交各省督撫核復諒係為懷柔遠人全其體面起見然蚩蚩之氓易惑難曉謠言一播隱患方滋竊意此時籌款總宜遵守歷奉　諭旨勿擾小民弟前請加徵煙稅鈞署復奏土藥加稅一節應俟洋藥議成再行核辦自是堂憲審慎周詳之意第刻下洋藥甫及開議磋商需時而英外部之延宕洋商之阻撓均在意中弟之愚見目前祗能先就土藥整頓清理土藥試辦有效洋藥來源必減洋商志在求售自能就我範圍前送呈義國權煙志略如能仿照試辦計歲入之利倍於加稅本日業將此意具摺上陳鈔稿咨呈冰案葵藿之誠遠隔窮海奏上之日欽奉

硃批可否懇求賜電示悉伏乞回明堂憲為禱光緒二十年四月十二日

教王近與法國齟齬益甚本年三月間法總統來羅馬答候義主未謁教王總統歸後教王行文至法及向奉天主教各國有誚讓

之言法政府益怒即將駐羅馬公使撤回然教王則未敢撤駐法之使遽示決絕前月教王聞吳煥使將回華令其駐奧公使白祿芒函請來此相見云有要言將託代奏煥使允歸途道出羅馬進謁乃尚未成行而駐奧法義兩使聞此消息遽生意見恐於兩國不利遣人到煥使處頗有譏諷煥使慮見後無益公事而別生枝節因權詞婉謝白使轉達教王作爲罷論此事始末想煥使必已函達鈞署弟揣目前教王之意頗思聯絡中國然於法國則未脫羈絆於義國則本屬深仇彼方受制於人焉能有裨於我我即與之周旋徒招各國疑忌而於內地約束教士禁戢莠民實事仍屬無裨以上情形乞回明堂憲是禱光緒三十年五月二十四日

前奉鈞署養電整頓土藥摺奉　旨該部奏原摺留中查土藥辦法如能仿義國権煙之例設立公司官收官賣計歲入之利倍於加稅前經函陳在案惟前譯呈之権煙志畧册內但有律例章程

其每年能贏利至五千萬之故册中並未載及續經函詢義戶部取到此項出入清單飭員譯編成册觀其辦法在綜計成本若干而倍取之於吸食之人煙之爲物本非日用所必需故雖重價出售而民不苦其虐今中國罌粟病民更非雪茄紙煙之比如採用此法另定妥章變通籌辦似尚不致騷擾兹將譯册繕成二分具牘咨呈冰案仍乞轉咨戶部以備採擇義國新派駐華公使排祿里將於中秋後起程據外部云其人性情和平公事明白歷練已深將來到華之後諒不多事兹鈔到該公使履歷另繕清摺附呈

台覽光緒三十年七月二十九日

日俄戰事據外洋日報所傳自重陽後至今未有大仗想亦緣冬令嚴寒兵士銳氣漸不如前之故近日俄國波羅的海軍艦全隊已陸續過蘇彝士河計來春必有惡戰我東省境内塗炭殆無已時現聞美總統議開和蘭弭兵會意在勸兩國停戰惟俄師屢敗

之後未得勝仗恐尚未肯戢兵弟所尤慮者各國排解之舉如能辦到兩國息兵已屬滿意其於我主權能否完全一層必不暇及縱或籌及亦未必悉如我意反復躊思目前必應預計歸宿以爭主權本日業將此意具摺上陳錄稿咨呈冰案摺中第三四條辦理看似不易然舍此無保全主權之策如代遞後奉　旨電詢再當將未盡事宜詳細復奏光緒三十年十月二十六日

還金還銀相持兩年而仍以還金定局蓋由條約以洋文爲準洋文本非銀數則各省督撫所爭皆空言也至於金鎊漲落雖由滬上銀行臨時高抬鎊價所致實則中國歷年黃金出口每歲輒數十萬兩蓋外人之意先將我內地之金逐漸搜括淨盡知我萬不能鑄金幣然後將鎊價高抬以困我其用心之狡已非一日近見粤報載自光緒十八年以後黃金漏出外洋之數已合英金一千六百十二萬鎊有零考證頗詳茲另鈔清摺附呈鈞覽弟意目前

辦法惟有奏請嚴禁黃金出洋以杜漏卮陽以儲鑄金幣爲名陰收抵制鎊價之實洋人見機最速金禁既嚴鎊價自落此事似由鈞署發端最爲得體管蠡之見謹陳以備採擇光緒三十年十一月二十二日

賠款還金應補鎊虧一節義外部兩次復文前已譯呈在案竊思此項賠款甫及三年積計鎊虧已逾千萬如不速籌補苴之法則來日方長亦殊可慮又各省財力雖豐嗇不同而羅掘之餘無一不困若再按照各省原派之數加派恐亦不支如另借洋款則息上加息受累亦深再四思維祇有仿照泰西國債辦法或可少紓目前之急緣揭借國債之票由民間自願購買並非官府勢力所迫且不獨本國之民可購但利息稍厚即異國之人亦皆踴躍輸貲如義大利國債票他國人購者轉多於本國其明證也弟自抵羅馬考求彼國財政即注意於此前年飭員譯出國債册律一種上年又譯出章程一種茲彙爲一編繕寫二分備牘咨呈察核並

請轉咨戶部以備採擇所有管蠡之見已詳具此册序中不贅及

光緒三十一年正月二十一日

自抵大秦三更歲琯本年九月即居瓜期此邦商務無多交涉無簡從前義使薩爾瓦葛在華每喜無端嘵瀆緣其時外部大臣裴納悌頗以精明自詡志在步趨列強多得利益自薩使既回裴亦因病退職現外部大臣狄多尼專以和平宗旨聯絡邦交近年

朝廷加意懷柔堂憲遇事推誠無論列邦大小一體以禮相接用能中外輯和雖迂疏如弟幸免隕越惟每念時局多艱遠役無補坐銷歲月心竊不安本日已具牘報滿敬懇鈞署奏請 簡派新使前來接替以重職守無任企盼 光緒三十一年四月十二日

義國擬設農業公院前奉鈞署來文飭就近派員當即派定本館繙譯翟靑松隨員許沐鑅兩員入會又以該員等於農學向未講求添調法館隨員戶部郎中李煜瀛來義一同入會此會之起自

義主發端意在聯絡地球諸國崇本勸農與尋常農業例舉之會不同各國政府除派農學專門之員來義外凡駐羅馬頭二等公使一律奉政府訓條入會竊思鈞署於派員一節本無成見弟既常駐羅馬似未便與各使獨異因即補文照會義外部入會統計此次入會者四十國會員共一百十人前後會議者十次分議者五次弟不諳西語僅於開會及簽押日親到中間曾往觀兩次方集議之時諸會員筆舌互用斷斷爭執於章程字句未妥洽處析及毫芒其最注意者在籌款一節現義主首捐其私產腴田若干頃作爲公院產業聞每歲所入可得三十萬佛郎此外用費由各入會國攤認以國之大小分爲五等初年用費較少最大之國每年派二萬四千佛郎逐年增加至四萬佛郎爲止小國遞減最小視大國僅得十六分之一各國僉允無異詞初五日會員一律畫押存底册於外部查此議雖由會員簽押而准行與否仍聽各國

政府酌奪答復爲定竊謂農院之設在歐美兩洲政教相同集會攷索獲益自饒中國士人向不屑究心農圃之學且懸隔數萬里外殊難獲益惟絲茶兩項實爲西來商貨大宗茶桑均隸農業若常駐員研求亦不無千慮之一得此後如何隨機應付之處應由鈞署主裁所有公會擬定章程現尚譯鈔未竣俟譯畢後並會議大略情形開列清摺另文咨呈光緒三十一年五月十一日

前奉鈞署來文並鈔寄雲南鐵路公司義國工人傷斃華民各案卷册當即逐件詳細閱過查中西刑律雖殊至於法司讞獄定罪其矜慎之意則同况西官在華袒庇兇犯已成習慣此時各犯均已在逃必應將各案卷册繙成洋文鈔送義外部使彼詳悉各犯兇暴情形庶肯嚴飭緝拏按律定罪不致以空言照復了事因飭館中繙譯官翟青松洋員畢梯蓬將咨文稟稿供詞電報各件逐一繙作法文閱一月之久甫經繙竣繕寫完畢正擬照會義外部

適奉三十日鈞署來電知咖鈕地一犯業經拏獲且係法人無庸由敝處辦理當將此案撤去祇將張大興唐貴廷兩案照前繕稿並節繙雲貴總督咨文於本月十三日照會義外部去訖茲將照會華洋文稿各一件及照繙各案洋文稿三件另文咨呈察核惟查雲南鐵路原係法國承辦以後如有義工犯事在逃應否一并責成法國協同緝按拏律懲辦伏候卓裁光緒三十一年六月十七日

前奉鈞署大咨准駐京義巴使照稱明年義國在秘拉諾地方設立賽會內有漁業分會等因知照前來查此事既經大部轉行商部暨總稅務司諒必循照向來各國賽會章程辦理惟敝處六月初間又接到該會總辦來函欲請中國派員入會並送到章程各册及會場總圖當將總章全譯分章九門祇將子目譯出知該會所包甚廣漁業特其一端查此會原起係爲慶賀義大利瑞士兩國交界地方所鑿新潑龍山洞鐵道告成而設歐洲山洞鐵道向

以法義交界之蒙斯尼山洞工程爲最鉅計長一萬二千二百三十三邁當現開之新潑龍山洞計長一萬八千七百四十三邁當實爲歐洲山洞第一深長鐵道從前輪船商貨運往北歐者必由法國馬賽起岸陸運今此路告成以後可改由義境之折努阿起程陸運此爲義國新得商利之大端故會中章程以陸運海運河運三項居首中國各省現正議開鐵路如派員前來考察似於講求路政有裨至各項陳賽之件除漁業一項大部前已轉行飭知預備外應否勸諭各省商人查照歷屆各國賽會情形備物赴賽伏候卓裁茲將該會章程譯册並來函一件敍處復函一件另牘咨呈察核應如何辦理之處即請囘明堂憲示遵爲禱光緒三十一年七月初二日

義王創立農會宗旨與和蘭弭兵會用意頗同各國競尚戰功和蘭兵力有限故倡弭兵之議各國競騖商利義大利商業未盛故

創重農之議總此不甘落後爭力面子之見義國地居溫帶全境皆沃壤於樹藝最宜論其地力實較他國為勝惟中國遠處東方派員來此考求殊屬不易攤分一節幾同擲金虛牝然既允入會原為聯絡邦交起見日本同居東亞將來攤分多寡似可仿照日本辦理如日本已認頭等我自不便認二等如日本祗認二等我亦落得從同管見如此敬候卓裁再畫押一節擬俟探明英法德美各國簽字訖即當電請示遵光緒三十一年八月初五日

農會公院會約現聞續有數國畫押日前詢駐羅馬日本公使據云已奉政府派出給與全權畫押又詢知攤分一節畫押後須由議院酌定如為聯絡邦交起見畫押似宜從早攤分儘可不拘查八月初二日鈞署八月冬電義使照請派員畫押現已隔三月之久應否即日請 旨派員給與全權畫押抑俟明年新使到後再請敬乞卓裁日俄和議定後日人勞師糜餉未饜所欲我東省交

涉想更多棘手昨聞小村有到京面議之説在堂盡智珠獨運必能剛柔互用折彼機牙惟慮購回鐵路一節需款不貲彼族必因此居奇多方要挾竊意目前祇能一面暫借美款以路抵押一面由銀行發售鐵路股票至於購票之人但能遵守我國章程無論中外一律認購似此辦法計三五年間卽可將全路購回所有辦理國債事宜本年正月間譯送義大利國債册律章程曾函陳在案再目前諳悉東事不患乏人求其灼知利害持正不阿者頗不易覯前聞鄭京堂孝胥已交卸廣西龍州邊防自維疎賤輒援古人舉爾所知之義冒昧上陳無任惶恐光緒三十一年十月二十五日

義國密拉諾地方明年賽會前奉大咨奏准駐使屆時赴會查此會於西歷四月十八日卽中歷三月二十五日開會現計新使正月可到所有華商赴賽應行保護事宜當俟新使到日詳析告知其目前應預備之事仍由弟隨時電達商部辦理亦經咨呈在案

近日義國政府又有更動外部大臣狄多尼因與西班牙訂立商約減輕入境酒稅舉國大譁謂其見好外人致國内釀戶虧損堅不承認議院迭致詰責狄多尼因自告退同時財政部戶部兵部工郵等部亦一律更換惟首相兼内部如舊此所謂立憲政體易置大臣有同弈棋弟來此三年政府已四易人矣其實狄多尼辦理外交勤敏通達並無不合義主難甚惜其去然不敢拂衆意人情習見則慣太阿倒持視若固然新外部仇梁諾由上議院推任副外部蒲那諾由下議院推任均已見過仇年五十餘人似老成蒲年三十資望似淺未知將來辦理外交若何考察政治大臣聞日内可抵華盛頓美係大國考察之事必多極速諒須盤桓月餘比其來歐弟已東渡所有會同博采悉心考證之處應由新使遵旨辦理以上各節乞回明堂憲爲禱光緒三十一年十二月二十三日

致顧康民侍郎

粵東膏引停辦雖由外人阻撓亦緣大府不諳條約所誤此時業已教猱升木未易挽回是以前月具摺上陳擬請仿照義國稅章加征煙稅玨之愚見值此民窮財盡之秋惟有固結人心尙可維持世局若償款無著必至苛政日繁事雜言哤自由革命之說益有以藉口如償款有著盡裁一切掊克捐項人心既定蕘言自消至玨於此事籌之已審到義以後與倫敦禁煙會紳及英館參贊馬格里往復函訊已非一次通盤籌算惟有修約議加尙是大處落墨勝於各省膏捐辦法枝枝節節而爲之其辦理樞紐詳摺片中前已鈔稿咨呈竊計此奏必由大部議復敬祈婉告邸堂乘此中英商約第八款未行之前從速聲明力爭先著儻以事關重大恐聲明之後一發難收玨雖駑鈍將來無論在京在英開議決不置身事外如在倫敦議則羅馬相距僅三日程不難單車遄往會商助理如在大部議亦可請假回華竭其一得之愚以備芻蕘之

獻惓惓之忱伏祈亮察光緒二十九年九月初十日

致鄒紫東部郎四件

前函曾有洋藥加稅一事可俟曾侯密奏爲修約之根後讀來函康公蔚兄慮及曾係密摺未便宣示查曾侯此摺已刊文集中迄今十餘年現已家有其書是此摺密於昔日不密於此時又薛叔耘在英時禁煙會紳致函云不能以此約既立謂已副期望之意查專條第七款載明章程照行四年是四年之後即可議加本無疑義昨見粵報載商人改章之後因英領事阻撓迄未舉辦岑雲帥到後飭商開辦而英領事又出阻撓謂與前督德訂允俟英公使與外務部訂明如何辦理粵省方能開辦云云詳察以上情形是修約加稅一層目下勢難再緩惟此事必須由大部發端方爲得體故前日致丞參公函中仍未提及幸與康公商之

再目前大部與英使商訂辦法如仍就膏計算則無庸修約但照

專條第五款辦理卽粵東膏引亦可復行或其中有需酌改之處則照第八款辦理如決計修約加稅則照第七款辦理此中辦法不同請與康公蔚兄詳晰討論勿爲英使猝然欺矇再據禁煙會紳來函薩使並無一定阻撓膏捐之意此事尊署可以力爭手泐

附陳光緒二十九年八月初五日

前函所陳專條中有第五條第七條第八條三種辦法發函後輾轉籌思究以照第七條辦法最爲直捷而收效較多適譯義國稅則中有重徵煙稅一條以中國今日財政之窘亟宜仿行是以不揣冒昧本日已具摺上陳摺片中已詳敘者茲不贅述弟之愚見以當日惠敏訂此專條煞費苦心惜專條行後甫及數年惠敏遽爾殂謝其中含意至今未申不容不爲揭明以告　朝廷又値目前官民交困之時既有此一綫生機萬不宜自行阻塞且中英新定商約第八款舉行之後既無釐金名目則專條不廢自廢殊負

惠敏當日一番苦心望老同年與康公剴切言之康公分位較崇在邸堂前必能盡言無隱也或謂粵東膏引僅一百二十萬外人尙一再阻撓現議加稅爲數尤鉅事更難成不知粵省初辦膏引外人並無異言後來枝節橫生皆由弟已離粵官府不肯據約駁辯耳現計貨價加稅係專條預先訂明之事豈容逆慮其難而不爲乎光緒二十九年八月十八日

日人圖東三省不成又變計而圖高麗甘爲戎首以愚見論之實不戢自焚之兆我政府此次自居局外具有苦心但在日人意中必大失望恐其借題啟衅將來不知沿海各省能安靜否弟察近辦外交惟美國最爲公平鈞署似宜一意聯美以爲緩急之助英最不可恃日人譸張爲幻半由英聳激而成切宜愼防俄日兵事平後以弟愚見如果俄勝東三省事尙可轉圜日勝則無望矣此等機括非深心體驗不知日後自見光緒二十九年十二月二十七日

賠款還金前議三端聞各使尚未全允目前外交頗難著手我之底藴彼已盡窺恐磋磨亦未必有效此時惟有速圖補苴之策庶可暫解目前窘乏泰西國債一事最爲理財善政弟自抵義都即注意於此討論經年方得辦法端緒兹已譯編成册咨呈鈞署管蠡之見具詳此册序中乞賜披閲爲幸洋藥加税外人欲我先加土藥鄙意鹽可應允或許同時辦理亦無窒礙總之土藥爲害不亞洋藥重税原冀漸爲禁吸地步似不必沾沾計較銷場之衰旺也慰帥加十五兩之説太少無濟於事官包買賣亦不妥英商借款一層授權外人斷乎不可鈞署持重不允專意加税自是一定辦法粤漢鐵路收回自辦刻下有成議否公司專利無厭以致物議叢生輿論不平滬甯鐵路聞已開工恐此路將來亦同一轍欲圖補救恐非得忠信而能任事之人未易挽回耳光緒三十一年正月二十日

復庵遺集卷四

復庵遺集卷五

佐軺牘存一

無錫　許玨

余前後三次出洋丙戌隨南海張公至美庚寅隨同邑薛公至英癸巳又從襄平楊公至美張公才思敏捷箋奏書牘一不假手僚掾同人中惟徐進齋冏卿間有握管之時亦第例行公牘而已薛公學問淵懿箋奏尤所擅長而屬稿頗遲駐英時凡上行之文奏疏公自任之暇則爲日記又以餘閒撰古文詞記中外之事以自娛下行之文批劄及例行公牘皆黃公度觀察任之平行之文譯署及南北洋沿海督撫書函公牘則余任之海外公事大抵平行者爲多當時公度筆墨最簡余最繁然終以分任故不甚勞若楊公於洋務不如薛張二公閱歷之深而性情和平不執己見能虛心以聽凡上行下行平行之文一以相委駐美使署又兼管日祕兩國公事較英加繁不啻倍蓰同人

中惟何秋輦部郎文采最勝衹任駢文箋啟凡散行書函概不
與聞故余終歲無一日不握管又前在英時凡屬稿薛公先與
商量間或授意楊公則悉聽余爲之間有請示公徐曰子意以
爲何如余舉大略則首肯曰甚善照辦可耳余念公旣虛懷若
谷則益奮發思華傭在美骫脆已久因議廢除現行苛例重訂
新約又議與墨西哥立約通商疏通華傭在美之路署中向章
凡洋文稿皆繙譯主筆稿成始譯華文則往往不合意須刪易
再四至是余改爲先具華文稿令繙譯演爲洋文每屬稿皆余
自爲之必審度洋人性情及事理曲折稿成以授繙譯外部得
照會輒欣然謂近來使署辦事與前不同故凡有所商無不允
諾而譯署來函亦謂楊公能辦事推崇甚至公亦心自喜方擬
次第整頓爲僑氓謀久長之策而倭衅遽萌內地應付機宜多
出意外余性褊峭每一聞耗輒憤懣不樂及馬關約成觸動舊

時肝疾遝拂意事輒怒同人中復有齮齕余者余乃決計請內渡就醫楊公固留之余曰今日在此不過按月領薪水期滿得保舉耳復有何事可辦乎余又曰署中公事除洋文公牘此後隨宜應付外凡奏疏及譯署書函數月來均已次第作收束之筆此後可辦則辦否則亦可就此而止公愕然問故余曰念歸後必無人能任事不欲 朝廷疑公始勤終怠也公知余意決乃聽歸既歸年餘晤使署同人自海外還者詢以近事則長官坐嘯僚佐酣嬉不復如從前筆墨塡委之苦矣乃知省事之得便宜多也因檢舊稿輒書數語以誌吾過

自海外歸後數年之間凡再至鄂一至晉再至都門每遇朋好輒詢海外見聞有無著作余謹謝不敏而亦赧然內愧私念三次出洋惟初隨張公駐美時最多暇日而公性喜詞藻與余好尙各殊嘗屬輯廿四史使事以爲旅中消閒之一法余謂此等

著述若在內地開幕府集賓僚給筆札聊以娛日亦無不可今在海外則臥薪嘗膽之光陰似無暇及此竊意不如就所駐之國考其立政用人賦役軍謀諸大端譯爲一書用資考鏡較有裨益其次則簡使駐洋已逾十載從前辦過之事若檢署中陳牘擇稍有關繫者仿照紀事本末之例删繁就簡勒爲一書後之任事者檢閱既便即應付外人亦有依據因具說帖告公公意怫然作長函答余其函現載公三洲日記中自後著述一事遂作罷論在英時薛公自草日記每每至丙夜無可記則檢使署陳案鈔之又嘗擬撰續瀛寰志略屬余分纂余在署每日以兩時治文牘兩時看書或繙閱舊卷暇則訪友詢海外事間至花園散步晚歸課兒讀薛公欲余仿渠終日伏案余謂精神有當用處有不必用處過分勞耗他日猝膺艱鉅或且不勝宜留以有待因是在英亦無著述及從楊公至美則公私文牘華洋

稿件皆出一手更無餘暇然自回華後遇友人詢問外事則十年海國幾於一部十七史從何處說起隨意酬答罣一漏萬因亦微悔昔時懶於記載今夏來晉與同鄉吳向之通守共事節署通守博雅士年甫三十著作斐然詢余海外撰述告以顛末通守謂奏疏函牘亦著作之一門編輯成帙不獨見海外數年鴻雪之迹且可得各國交涉大略余以依人辦事不當攘爲己有躊躇久之通守謂但編輯而不付刊藏之於家以示子弟及二三好友亦無妨礙因囑其戚茂才馮君爲余繕寫余感其意檢行篋中舊稿祇有癸巳至乙未三年殘本十數册擇其可存者次第繕寫如左

是編凡分九類曰奏摺曰書函曰咨移曰批劄曰告諭曰照會外部洋文稿曰電報皆公牘也曰尺牘曰雜文皆私著也起癸巳十月迄乙未八月係從楊公駐美時稿本原册幾及五百餘

首今擇其有關係者汰去冗複鈔存十之二三前從薛公在英
時書函公牘亦不下二百餘首尺牘雜文百餘首稿存家中巽
日當一并繕寫自奏摺至電報題曰佐軺牘存尺牘雜著題曰
海外文牘以從薛公在英者爲初編從楊公在美者爲二編云
光緒二十四年秋七月既望梁溪許珏書於晉陽寓齋

遵　旨與美國重訂約款摺

奏爲遵
旨與美國外部重訂限禁華工保護華民約款謹將辦理情形恭
摺具陳仰祈
聖鑒事竊臣於光緒十九年十二月十七日承准總理衙門電開
修約事已奏奉
俞旨所擬各節均妥外部覆准先電聞光緒二十年二月初九日
又准總理衙門文開華工修約一事現將擬辦情形業於十二月

十七日具奏本日奉
硃批依議欽此恭錄知照到洋仰見
聖主軫恤僑氓懷柔鄰國至意曷勝欽服伏查臣上年七月接任
之始時值美國迫行華工注册新例美西各邦紛紛拘人方擬遣
送回華當經援引條約嚴詞駁詰美外部始商允議院展限半年
被拘工人一律釋放而於注册之例堅不改移竊念銜
命遠使務在尊
國體而奠民生若苛例不除工商交病既無以盡保衛之心而使
職所重尤在結兩國之懽亦當開誠公布庶彼此無不達之隱因
將接管卷宗逐細查閱始知美議院立此注册之例專爲分別新
舊工人欲使新者守限禁之章舊者享保護之益意在清查不在
遣送適美戶部送到華工注册章程當即譯出詳加查核雖涉瑣
煩却無苛虐第念此例果行如於旅寓工商確有妨礙亦當謀取

益防損之方以爲抵制因函飭領事轉諭商董速將注册妨礙之處據實直陳毋徒砌詞以冀聳聽旋據禀稱華工之意蓋以一經注册舊工固有安居樂業之便新工即絕頂名影射之途是以連年延聘律師控訴察院原冀廢除此例今美廷既以立例難改華工亦祇可降心相從但求於注册之後仍得往來自便等語臣查自光緒六年美國專使來華訂立限禁華工之約自後八年十年兩次定例皆爲限禁新工而設在舊工固無所損惟於回華之時給予執照俾作回美憑據蓋尚有往來自便之意第因此項執照輾轉相售新工仍難限制美國士人積忌益深十一年秋間遂有洛士丙冷等案前任使臣鄭藻如懲前毖後始建自禁之議總理衙門因釐爲自禁三端照會美國駐京公使十四年二月前任使臣張蔭桓與美外部會訂限禁華工保護華民之約意在全生命而遠禍機且正自禁之名不授權於外國亦較得體而華工有眷

屬財產在美者仍可往來自便當時用意極爲周到詎意約稿甫成事機忽阻是年八月美國更立新例凡華工一離美境即不准復來即從前已給執照作回美之據者亦爲廢紙始與光緒六年所訂之約大相悖矣自是迄今五六年來前任使臣與外部駁辯之文不下數十次迄未轉圜上年臣來美時道出金山華商環訴市面蕭條生機日絀皆緣華工一離美境不准復來工路既艱商情亦困籲求設法挽回等情臣綜核聞見各端權其緩急輕重籌思積旬以爲注册之例可以不爭修約之舉不容再緩遂於十月初旬照會外部訂期晤商外部躭於積年駁辯之苦一再推延至十一月初六日始得會晤告以此來專爲商量華民寓美長久相安之策務須推誠相示外部力言注册領照原爲保護華工起見華工誤聽人言冀望删除此例實則例經議院議定雖總統亦無廢例之權惟望華人於限內一律注册則以後商量各事必無爲

難之處臣詰以自光緒十四年後美國久已廢約不用長此不變必致邦交日損情意乖暌外部謂如中國有修約之意美國亦可允從但約中是否照前申明中國自禁之意又十四年草約未經中國批准現在是否可用抑須另商條款答以當就前約酌量增減是日晤談後知修約一事粗有把握隨將以上各節撮要電商總理衙門旋准覆電以先修約後注册爲關鍵當即照會外部並就十四年草約底本删去賠償一款易爲互交罪犯原約二十年之期改爲十年備文送交續又准總理衙門來電儻美必欲先行注册擬令寓華美民亦注册以相抵制等因又添注册保護一款寓華美民照辦十二月初六日擬定約稿送去並電請總理衙門應否將擬辦情形先具摺上陳此十二月十七日以前與外部議約情形也自送約稿去後半月未接覆文續經催詢始據函稱約稿尚須會商改定第注册限迫如限內議約或致窒礙爲難擬俟

注册事竣再商修约察其用意似恐一经议约华工不免观望致注册之例迄不得行是以忽变前议当即备牍诘其何以前后来文歧异且告以此次总理衙门之意原拟先修约后注册现许注册修约同时并办已属顾念邦交之意不得变易前议希图延宕切实照会去后本年正月初三日接到覆文订初四日晤商外部谓交犯一款与限禁华工保护华民均不相涉应另订专约不列款内十年之期可以允从寓华美民注册一款议院谓美第令华工注册中国无尽令美民注册之例坚不肯允连日磋磨始允寓华之美国工人亦听中国注册臣以美工在华寥寥无几名为相抵实非持平殊乖中国议立此款之意因力争寓华之美国教士必须注册外部初谓教士与工人不同未可并论继云另拟办法除工人外寓华别项美民自换约日起美国政府允每年造册一次报知中国政府又云此层在工人相抵之外让与中国极大体

面想可慨中國之意臣驟聞此語頗出意外答以如此辦理足見公平囑令從速擬稿十一日外部送到約稿大致與晤商之語無甚出入惟字句間尚須有核改之處續又晤商兩次將擬改之處斟酌妥洽並於第五款中寓華別項美民之下注明包括教士在內數字約稿始定仍由臣備文送交外部向例草約定後議約之員即須會同簽押隨將以上各節電報總理衙門二十三日准覆電令定稿簽押適外部因事他出近日始將約本繕就訂期二月十一日畫押臣屆期帶同隨員繙譯前往外部將會訂條約華文英文各二分校對清楚與外部大臣葛禮山互相畫押蓋印此上年十二月十七日以後至今與外部定約情形也綜核條約六款惟第五款注册保護之例爲此次添入其餘各款均係十四年前任使臣張蔭桓已訂未成之約溯查此約中輟之始前使臣曾以時局日壞善後無期請

旨飭籌補救終以權不我屬無可挽回上年注册之議起金山華商惟慮工人載送回華聯名具禀總理衙門及南北洋呼籲迫切痛若剝膚茲幸仰託

朝廷威福事機漸轉已輟之約仍可施行且添訂交犯專約使中國禁令得行於瀛海之外金山華商又審知注册之非苛虐徧告工人相率領照無復載送出境之憂曩時患苦胥予蠲除又從前每遇交涉事件一經駁辯相持不下管秃唇焦幾成常例此次外部因臣之意務在持平商辦故遇事和衷並無膠執於近年邦交大局似有轉機如寓華美民注册一層方初議時不獨慮彼族不允即幸而得允而中外情形不同將來辦理亦殊棘手乃外部擬此辦法除工人注册外每年由美國公使詳細册報總理衙門既省事端又得大體此皆

國家積年綏懷之效總理衙門平心體察電示周詳俾臣有所遵

守而美外部顧全睦誼尊崇
上國之誠心亦殊不容沒也美爲民主之國外部簽押後尙須議
院復核臣一面將約本咨送總理衙門俟美議院覆定後再電達
總理衙門請
旨批行除交犯專約應俟議定另摺具陳外所有重訂限禁華工
保護華民約款詳細情形理合恭摺具陳伏乞
皇上聖鑒訓示謹
奏
通籌寓美華民善後事宜摺
奏爲通籌寓美華民善後事宜並派員赴墨西哥察看情形恭摺
具陳仰祈
聖鑒事竊臣於本年二月間曾將與美外部訂定限禁華工保護
華民續約情形奏報在案伏查華工來美始自咸豐年間其初價

廉力勤洋人樂於雇用由是壹意招徠者近二十年迨後麕集愈多良莠不一時值內地戡定粤匪漏網奸人以海外爲逋逃淵藪洋人覺其風氣日壞漸萌憎惡之心而埃利士黨工人又以華工攘奪其利尋仇啟釁鬬殺時聞美國政府深以爲患光緒六年始有限制工人之約自此苛禁疊設壹意拒絕者迄今已十五年華民生計日絀中外邦交漸睽此次續約甫訂外人疑沮之見尚未盡捐臣籌思數月目前應辦事宜祇有於因勢利導之中寓正本清源之意但使洋人憎惡之念日減而漸輕則華民資生之途不拓而自廣蓋取信殊俗即所以保衛僑氓事非兩歧惟病根既深未易奏效然要不外標本並治之法治本者寬籌以歲月治標者速決於目前二者兼營不難起膏肓而愈久疾請言治本之法查華人寓美洋人指爲風俗之害者約有三端一曰鴉片一曰賭博一曰械鬬金山紐約等埠煙館林立櫛比初祇華人自吸近則洋

人亦有染其習者賭館出售白鴿票每日早晚開彩兩次輸贏以千萬計工商經營所積半耗於此恆有喪貲淪落不歸以致流爲竊盜者粤俗強悍睚眦之怨錐刀之利動輒忿爭自來海外狃其故智各幫創立堂號小有嫌隙呼羣嘯侶開槍轟擊釀成人命金山一埠堂號多至七十餘所前年領事官禀請拆毁迄未肯從近日紐約又踵而爲之凡此數端實徧地球諸國寓居人民之所無美國緣是設爲厲禁冀拒絶華人祇因礙於約章姑即限制工人爲詞實則以上各弊華商亦在所不免今欲爲正本清源之計惟有將此諸弊力圖革除革除之道一在申明律例查賭博械鬬二事繩以中國法紀固所難寬即按之西國科條亦無可免現擬飭領事官會商美國地方官將此二事有犯必懲其始姑以西律治之如屢犯不悛准其驅逐出境或解回中國治罪鴉片一物按照中美條約美商不准販運來華華商亦不准販運至美現鴉片之

得入美境皆華商託名英商爲之此事應聽美國設法禁絶並聲明中國並不袒庇此等莠民一在詳示教條中國自設官外洋以來凡所規畫大抵禦侮之意多自治之意少歷久相沿祇有駁辯外人之詞頗鮮誥誡吾民之語煙賭械鬬各弊華民習爲固然且疑與目前限制之故毫不相涉若非詳加開導未易使之悔悟改圖現擬飭領事官每逢朔望就各埠會館宣讀

聖諭廣訓爲之講解勉其各安生理毋作非爲將因煙賭械鬬之害條分縷析苦口勸誡略如內地鄉約之法俾諸工商漸知愧奮互相規勉期於去此痼疾力圖自拔若使行之果效固足變旅庶澆漓之俗即未克遽效亦少減洋人厭薄之情此皆治本之法宜寬籌以歲月者也至於治標之法一在嚴禁冒商一在疏通工路查美國初議限制祇指工人一項而言且祇指新來之工人而言即疊次苛設禁例於商人本無干涉自華人以工冒商者衆屢經

美國稅關查出於是眞商亦被留難然其初僅金山一埠有之近年粵中新來之工先由金山假道至日國之古巴復由古巴冒領商照至美國東邊紐約埠登岸歲以千計上年五月以後美戶部嚴飭紐約稅關不准冒商之人入境此次與美續約申明商人得往來自便若縱容工人仍襲冒商故智不但恐外人別設禁例有礙眞商即我於自禁一層何以取信查近數年冒給商照之弊由古巴總領事譚乾初藉口便民罔利營私以貽厲階事在前任姑勿追究臣現已諄飭新派古巴總領事何彥昇嚴於發給商照不得復有前項情弊但使冒商之風可絕則眞商自無阻礙即已經在美之工人亦得享一體優待之利益於大局所裨實非淺鮮此事之難緩者一也墨西哥國地居美境西南其國地廣人稀近十年來屢有立約招工之請中國始以美禁過苛未免前車有鑒繼以華傭被阻欲其遷地爲良前任使臣崔國駰在美時總理衙門

曾函囑與駐美墨國公使籌商中墨約款旋值崔國䮒交卸回華未及開議臣到任後晤墨使盧美路復申前議並擬約稿十五款送來當卽譯送總理衙門察核近日復由臣增訂五款交與墨使轉送墨國政府尚未據復竊維立約之始不厭精詳卽將來遣使設官辦理亦有次第斷非旦夕可期而目前寓美華工已經注册之後新來之工亟宜疏通去路又聞近日華民潛赴墨境者已不下數千人旣虞他族欺陵復恐自滋流弊揆度事勢似宜一面與墨使妥愼議約一面先派員赴墨察看情形俾將華工赴墨所應取益防損之處條列以聞藉資採擇查金山總領事江蘇補用知府黎榮耀自派駐金山以來保衛工商頗著成效古巴總領事分省補用知府余思詒近駐古巴尙得民心該兩員平日因所駐之地距墨不遠於墨國政事風俗粗知梗槪現巳札飭交卸總領事任分途赴墨察看預籌開辦事宜其中墨約款仍由臣與墨使商

妥咨呈總理衙門核准後應由總理衙門具奏請
旨允行以符歷屆辦理成案墨國有可去之路即美境無續至之工庶於自禁之約既克踐言而謀食之氓不虞觖望此事之難緩者又一也以上各條雖治有標本之不同但使行之有序守之以恆縱積年久病而方藥和平鍼砭應節不出數年客感消而元氣復矣不獨華民生計可紓即中外邦交從此愈固臣爲通籌寓美華民大局起見所有應辦善後事宜並派員赴墨西哥察看情形謹據實備陳是否有當伏乞
皇上聖鑒訓示謹
奏

密陳購船情形摺

奏爲遵
旨密陳外洋近日購船情形及查明美國並無軍艦出售恭摺仰

新

聖鑒事竊臣於光緒二十年九月二十八日承准總理各國事務

衙門電開二十七日奉

旨據張之洞電奏巴西有帶甲快船二艘可買一係商船改造上年告成載重五千噸艙面鋼板馬力四千匹速率二十二海里裝煤三千三百噸有十五生炸藥礮一尊十二生一尊十生二尊小礮十七尊魚雷管四隨帶魚雷艇二隻三生七機器礮二尊船身長三百八十英尺寬三十八英尺喫水二十四英尺一係四年前造快船艙面鋼板馬力二千八百匹速率十八海里載煤六百五十噸有十二生礮二尊七生六礮二尊小礮十二尊魚雷管五船身長二百六十英尺寬三十四英尺喫水十九英尺兩船配件齊全請飭查驗定購等語著楊儒派委妥員前往按照該督所稱詳細查驗此二船船身長短及礮械多寡邁里遲速一切數目是否

相符其船是否精良可用並定購後何時可以運送到華迅速電

覆請

旨辦理欽此十月十六日又准電開十五日奉

旨聞倭人向美國購鐵艦四隻價一千一百萬元有無其事著楊

儒探明電覆欽此仰見

朝廷整飭武備博采兼收審察敵情實事求是至意曷勝欽服臣

當卽敬謹撮要復陳電請總理衙門代奏在案電文簡畧於近日

海外情形不克詳敘茲謹爲

皇上縷晰陳之查自六月間倭人啟衅以來歐美兩洲與中國有

約各邦大抵尙知恪守局外公法國家所有軍艦不容轉售卽各

國著名商廠於槍礮等件或可隨時密購至鐵甲軍艦工本較鉅

商廠向無製造現成待售之艦又安得臨時私售與人此兩國開

仗以後外洋勢難購船之實情也惟南美洲諸小國間思乘時射

利或以廢舊之艦浼囑各埠經手人紛投書函到處說合冀倖一當臣署中自六月後接到此等函件不止十數次知其無裨軍實是以概置不問張之洞電奏二艦云在巴西即係南美洲地其是否即此類廢舊之艦未敢懸揣第購船必先知船名並現泊某國某埠方可發電查詢派員往驗原奏幷未敍及臣接電後當即電請總理衙門詢明從速示復庶可酌量辦理又考驗軍艦非精通製造嫺習水師之員不克洞悉此中利弊似非僅查船身長短礮械多寡邁里遲速數目相符即可知其精良合用巴西距美國懸隔南北兩洲海程四千五百邁約中國一萬五千餘里派員查驗中途尚須守候換船往返須以四十日爲期而船之合用與否尚難預料即定購後由巴西到華東經大西洋過阿非利加洲折而東北入印度洋過蘇門答臘海峽新嘉坡西貢等處始抵中國洋面駛行極速亦須兩月有餘如以備目前戰事之用似屬緩不濟

急以上各節均係緊要關鍵業於九月二十九日撮畧電達總理
衙門代奏請
旨迄今二十餘日未接總理衙門電復想已仰荷
聖明洞鑒停止辦理欽佩實深
諭旨垂詢倭人在美購艦一節臣詳訪美國著名各商廠並無其
事惟數月前見洋報載倭人曾向南美洲智利國購一兵艦其價
若干並未詳載後又見洋報載倭在巴西購艦亦未言其曾否購
成相距既遠無從查悉適晤南美洲阿根庭國公使詢及此事謂
此不過以賤値購廢艦即使購得施諸戰陣毫無實用臣參稽衆
說揆度情事或者倭在南美洲小國購得一二廢舊之艦張大其
詞詭云向美重價購得登諸各處日報以逞其虛聲恫喝之技亦
未可知訪聞倭人自內犯以來軍費浩侈目前財力支絀萬分斷
無鉅貲添購精良之艦此又情勢之顯然者也所有查明外洋近

日購船情形及美國並無軍艦出售緣由謹恭摺密陳再臣欽奉
電傳
諭旨其中號碼離合華洋輾轉譯遞恐不免間有訛誤合并聲明
伏乞
皇上聖鑒訓示謹
奏

查明墨國情形暫難定約摺

奏爲派員查明墨西哥國情形並墨約一時暫難定稿恭摺具陳
仰祈
聖鑒事竊臣於光緒二十年十月初一日承准總理各國事務衙
門咨稱七月二十九日奏請
飭楊儒迅與墨使妥訂約章一片恭錄
硃批鈔錄原奏咨行到洋仰見

朝廷軫念僑氓通商惠工至意曷勝欽佩查上年六月間臣於通籌寓美華民善後事宜摺內曾將派員赴墨西哥察看情形一節奏明在案旋據該委員黎榮耀余思詒等先後將沿途見聞及抵墨後采訪情形酌籌開辦事宜陸續稟報到來臣詳核所稟黎榮耀自金山附輪舟由海道赴墨周歷墨境西北西南東南三面凡過大埠十有四處始達墨都各埠華民或數十人或百餘人亦有數處尚無華民到彼大率傭工爲業經商者僅百之一二土人相待頗優惟工值所得遠不如美商稅尤重殊以爲苦該員所歷之地悉係瀕海大抵西北富產鑛西南多腴田其東南之夏里那古盧司一埠枕山臨海鐵道初成爲商賈所萃之區繪有墨境全圖詳細譯注頗爲明晰余思詒自美都乘火車由陸路赴墨初入墨境地名巴梳與美國以河爲界河北屬美河南屬墨其地有華民五六百人在美境者十九墨境僅十一自美禁華工後凡華民湯

爲赴墨傭工實則仍由此處潛入美境雖美國稽査甚嚴而賄結土人暗中接引來者倘絡繹不絕巴梳係墨國北境由此而南凡歷九部始抵墨都沿途過埠八處均有華民迎候道左皆言聞中國派員來墨開辦欣喜過望據稱在彼傭工土人並不忌嫉惟工值無多與黎榮耀所稟略同該委員等均於六月下旬在美起程余思詒因火車迅速途中並無停留七月初八日卽抵墨都黎榮耀查埠較多舟車屢易守候需時於八月十三日始抵墨都該兩員抵墨後會同往見墨外部外部款接甚殷稱該國總統之意甚欲與中國立約通商如有相需之處極願盡力旋又訂期九月十五日謁見總統總統面稱深望華人來墨日多地方可期興旺等語以上皆上年八九月間該委員等稟報沿途見聞及抵墨後謁見總統外部之大略也該委員等自到墨境諏察輿情譯査圖籍並詢歐洲英德日義各國之寓墨商人確知墨國土地肥沃民情

慵惰全境分二十七部北寒南燠其距赤道緯度與中國江浙閩粵等省略同北部雨水稀少種植未宜南部一歲三穫膏腴徧野祇以土人性懶地利未闢工作未興該國近二十年來設有開墾部大臣墾田公司招徠各國人民至彼承墾是以各部良田佳鑛現為英德等國商人早經認墾在先又准墨外部送到開墾部定例及免稅則例凡各國人民至墨寄居入籍均聽其便開墾地畝卽作永遠之業可享免稅利益十年十五年二十年不等察其招徠之意惟恐不及該委員等訪悉情形因酌擬開辦事宜五條及所應防損取益者十端並將開墾定例等冊譯送前來臣查墨國之意非徒招工兼欲招致業主集本開荒不獨與從前古巴秘魯等處招工情形迥別卽與美國初年招致華人之意亦不相同該委員等所擬開辦各條亦云從前華工出洋係往繁盛之區到彼卽有工作墨則草昧初開必先有富商在彼經營認墾方可布置

局面俾工人源源而往其所擬創設中墨往來輪船並糾集招商公司二條尤需鉅資方可興辦臣慮其空言無實或圖一時動聽飭令切實稟覆旋據稟稱墨國通商一事華民盼望已久近年商人或結伴往探或守候旅居耗費貲財不一而足茲聞派員察看開辦衆心踴躍係屬實情現華商預備購地經營者固不乏人即歐美股商已購之地欲招華工承墾者亦屬不少至輪船一事墨國已有公司預籌創設華商議與合辦並非空言無實等語以上皆上年十月以後至本年正二月間該委員等稟報察看情形酌籌開辦事宜之大畧也綜計前後所稟各節華民赴墨工値雖廉而土客可以相安商稅雖重而開墾之人可以邀免且一經認墾即爲永業洵足爲海外僑氓裕衣食之源惟是開辦諸事總須條約既定之後約款未定無所設施幷慮墨政府謂我相需之殷轉或居奇致礙約中權利臣於上年四月間與墨使盧美路將約稿

互相斟酌增訂各款送去後七月間墨政府又另擬一稿寄來前稿稍有刪并而彼國所冀得之利益則增入之臣以立約之始不憚磋磨復就所增刪之款另擬酬報專條於八月初譯稿交去墨使亦謂事屬可行諒不日即可定議簽押乃自此以後迭晤墨使云未接墨政府覆文迨十月間臣承准總理衙門來咨因復催問墨使云該國近與毗鄰之危地馬拉國因爭邊界恐不免起釁故不暇及此其時內地倭氛正盛亦念事有緩急當權輕重未再催詢本年正月間外洋日報傳述倭患愈深因念委員察看情形已悉而換約設官尚難定期未便久羈在墨徒滋糜費飭令該委員等暫行回美臨行之日往辭墨外部外部尚云惟盼約章早定兩國交益等語然自二月初旬該委員等離墨之後迄今已四月有餘據墨使云從未接政府來文提及此事是該國目前實有觀望遷延之意臣揣測其故或因近見洋報紛傳此次中倭議和款內

有廢去舊日倭約另定新約之說意在俟倭約定後援以爲例冀
得多沾利益亦未可知墨係遐陬小國通商招工議本發之自彼
中國允與立約祇爲美國禁工過嚴藉此疏通去路查自中美新
約定後華工在美現已安堵即墨約暫緩訂定於僑氓生計尚屬
無妨若此時催令定約求之太急彼必故意推延我將多方遷就
轉覺未便似應從容少待仍俟彼來求我屆時相機應付與之定
議簽押辦理較爲妥洽此又墨約目前暫難定稿之大略也除該
委員等迭次稟報情形及墨境地圖並各項譯件已陸續咨呈總
理衙門外所有派員查明墨國情形暨墨約一時暫難定稿緣由
謹據實上陳伏乞
皇上聖鑒訓示謹
奏

復庵遺集卷五

佐軺牘存二

致譯署總辦函 七件

無錫 許玨

羅生技埠拘拏華工一案本擬俟總察院開議時囑律師上控駁詰旋値議院已定展限半年之議卽日電致各省被拘華民一律釋放自毋庸再籌上控弟之初意專以廢除新例爲主無論展限久暫不敢與聞此議以貽口實第思華工業經釋放自應函謝外部略致殷勤會外部是日親來使署答候詞氣之間以無權駁除此例深自抱歉細審目前情形總統外部非不力顧邦交卽議紳及教士中亦不乏公正之論然大抵東省之人居多而華民麕集之所全在西瀕太平洋各省尤以嘉省爲最多日前紛紛拘拏華民卽在此處美例各邦皆有自主之權非東省之人所能過問是則顧邦交者係爲場面而與行政無涉持正論者不過口惠而於

實事無裨轉瞬半年期滿勢必照前拘拏益滋紛擾且華工迫於利害目前注册者已有一萬數千人將來必致悉數依例注册而後已即使管禿唇焦而於廢除新例一層終難辦到國體所關使職所在良深焦灼輾轉思維惟有於此展限六月之中另籌辦法以爲抵禦據律司云政府有立約之權如續定條約當可廢除新例弟意此議不欲發之自我故於此次致謝外部照會中畧致詰問與以轉圜之機但得彼來就我熟商善處之法或仍用從前中國自禁之說相時度勢另立妥章則苛例不廢自廢愚見如此敬乞代回堂憲賜示機宜無任盼禱照會外部稿譯錄附呈

自注册展限之後議院即散近日工黨與華民亦尙相安弟前照會外部去後旋准復文以近來公事繁冗訂期十日後晤商今已逾半月尙未接其來函西國年節已近各部事冗想亦實情十月二十七日又値開議院之期新報載總統諭文內言注册新例現

已展限想華民必能從容照辦不至再有遣發回籍等事云云詳察彼國之意自總統及各部院皆視注册為正經辦法惟以不注册而即行驅逐似涉過苛本年五月間總察院之按察飛勞夫拏不綠瓦三人力衛華民斥言新例不合亦祇謂其拏獲不注册華人辦法殊不公平始終未言不必注册弟又詳訪領事與商董畢竟注册有何妨礙亦不能言其所以然研詰再三大略謂華工苦衷利於無可稽查一經照相注册勢難朦混是以衆口同聲謂其不便此近日體察之實情也查前任崔大臣於上年四月間致鈞署函中述律司之言謂教習丁韙良前假旋美國時外部科士達會與談及謂如中美再立約章可增此注册之款以救時艱該教習謂美國給照與應得在美之人便可作應得留美之據省却多少煩惱戶部苟能從寬行例不使華人難於覓取證供似無甚大礙等語足見注册一事彼國熟籌已久非僅出於工黨嫉忌之私

至華工利於朦混一層在我祇可心知其意勢難持此與外人力爭再四躊躇祇有於無可解說之中別尋一說與之詰辯謂地球各國寓美之人皆不注册而獨華民注册此中國所以不願前照會外部卽以此立論然光緒六年續約我旣許彼整理注册領照亦整理之一端彼不難據以復我且交涉重務當求實際徒事駁辯亦復奚補此兩年中使署詰責外部之文並未鬆勁究其成效未見絲毫刻下此例決行彼旣不肯廢除我又難於遷就且連年駁辯痕跡旣重轉圜亦難欲求善處之方祇有另立約章一法日內晤外部如彼提及擬允籌商一切情形隨時續陳惟華洋相距函牘往返極速亦須三月現值封河期內更多稽遲所有應商之件擬撮要電達茲將總統諭文譯錄附呈其末後湖北宋埠教案云云大約因美民慮及中國報復致在華教士受害故爲此言以安彼族之心與正文無關至此案是否果由田使索償亦祈示悉

墨西哥公使盧美路業經彼此往還數次人頗樸實言及招工之事弟謂中國因有鑒於美不欲再蹈前車是以遲遲未允如果保無後患當從長商議盧使力言彼國地廣人稀與美情事不同儘可無慮因擬一中墨約稿送來並聲明此稿以中國與巴西所定之約爲底本本年西三月五月間曾鈔送前任崔大臣又云中國如欲照彼國與日本所定之約辦理彼當請示政府亦可允行等語弟查從前中巴定約與現在華工赴墨事體稍殊似不如援仿日墨之約較得便宜惟中國與日本情形亦非一律自宜斟酌增減另訂妥章又金山黎領事榮耀前囑律司擬中墨條約二十九款經崔大臣咨送鈞署想早經覽及是否可行茲將盧使來文及所擬約稿一并譯呈伏乞代回堂憲指示機宜無任企禱

初六日與外部晤商後於初九日撮要電陳十五日奉到鈞署寒電即遵照照會外部茲將近日辦理情形爲左右詳陳之弟查三

四年來使署與外部函牘大都有駁詰而無商量彼此枝梧迄無轉圜之望是以此次赴外部時立意不專駁辯惟與籌商妥當辦法是日未刻到彼往復申論約兩時之久外部初時一味推諉既而詞窮遂謂注册爲分別良莠起見正所以爲保護地步云云修約一層弟初意不欲發之自我然揆度事勢彼國自違約立例以後亦既如願以償惟所欲爲在彼斷無先商修約之理而我又不便發端頗切躊躇適數日前有新報館主筆之人至外部探問中美兩國修約之事外部疑其說出自使署故見面時即囑事須秘密並首問修約與否弟因得乘間而入毫不著迹末後仍說到須以自禁爲修約之本因又提及十四年草約云云竊思自彼國廢約行例之後前使臣駁辯數年迄未少動此時外部自提前約殆亦有歉於中無心流露如可仍用此約則將來約行例廢不問可知但未審鈞署意旨如何不敢率爾答復因舉今昔情形不同權

詞以對外部因囑擬稿熟商一切另詳問答節略中茲不贅及十五日奉電示應俟約款定後中國重申自禁之令美國後定注册日期庶昭平允具仰藎慮周詳曷勝欽佩惟自禁一事言之甚易而行之頗難因思十四年草約自禁之意已在約中如以此約為底本不必更申自禁之令且與前日外部面商之語亦復一綫相承操縱由我因於十七日由北洋轉電請示本擬俟奉到電諭後辦文照會外部第繹寒電大意以先議約後注册為喫緊要著自應將此意先行照會又十四年之約既擬據此為底本似不妨先與一商以探口氣其中酌量加減之處第一款所云二十年之期現擬改作十年第五款賠償銀兩早經美國繳送中國核收毋庸仍列約內似應删去現擬添入交犯一款又注册一事有應與商量改訂者二端一并敘入照會以上各節但云出自敝處擬議似較活動以便電音到時如有賜示機宜易於更改已於今晨送交

外部俟接到復文再行函陳鈞署慮及若先准注册恐約款無成華傭未沾新約利益先受注册苛虐一節查近日美戶部送來注册章程當經詳細譯出披覽一過大都亦如中國戶口册保甲册之類而辦法加詳不免出於瑣碎因又將上年戶部送來限禁各國客民進口章程譯出與此次章程比較則瑣碎更甚惟此次多一映相殊屬不合業已於照會中駁令删去至於別項苛刻之處似尚無之外部所言此注册例條款係按照他國人入籍之例辦法似尚可信即從前華民延訂律師上控欲請總察院斷令廢除者係指不注册而即驅逐出境之例非即以注册為苛例也弟前函詢金山領事紳董畢竟注册有何妨礙及早實陳可籌抵制近日迭接稟復之函亦未實指注册有礙之處所規畫者皆注册以後冀得修約之益是但就注册一端而論確無苛虐情事此節似可無慮弟所慮者訪聞十四年廢約行例之後彼國如此嚴禁而

新來之工以假道爲名潛入美境留住不去者尙源源不絕若一經注册領照之後新來者無册照則影射頂冒之技俱窮恐不免怨謗紛起惟有及早疏通墨西哥國工路以爲補救銷納之地墨使盧美路亦殷殷盼望惟願中墨約款早定彼此利益第換約一事必須斟酌詳審計自擬款以迄畫押斷非尅期可竣即換約之後遣使派員常駐均有層次亦非旦夕可辦之事而目前在美工商之盼此舉已如久旱之需甘雨迫難再待再四躊躇祇有變通辦理之法擬於明春二三月間先派員到墨察看情形將華民往墨利弊損益之處確切研究據實條列以便妥訂招工章程又聞近年陸續赴墨工商已有一二千人如得華官到彼遇事有所稟承不致散漫無紀啟外人陵侮之漸一面辦理兩國換約之事俟約章互換後照約遣使派員常駐如此辦理既予華傭疏通之路亦慰墨人盼望之心如鈞署以爲可行擬俟此函達覽之後請電

示大略以便遵辦再日前墨使函詢墨國銀元流入中國是否經中國政府批准當復以係沿海各省商人行用非政府批准昨又函稱彼國政府欲中國准墨國銀元永遠在中國境內商務通用以便添入約款等情據彼所請自係未悉中國官商情形之故未便答復擬俟晤談時詳細告知以上各節伏乞代回堂憲爲禱所有與美外部問答一件致外部照會一件戶部華民注册章程一件限禁各國客民進口章程一件金山總領事稟一件與墨西哥公使往來函三件均一一鈔稿附呈以備察核

二十一日奉北洋轉到鈞署號電照戊子約稿增減之處與敝處原擬辦法大致相同因假道一層已載第三款內故未另提賠償一層改爲互交罪犯二十年改十年自換約日算起一切已具前函十一月三十日接到外部照復於敝處照會各節不置可否但一再申說前日問答之詞揣其用意蓋謂彼國無需修約現擬修

約者乃允中國政府之請耳以此自明則異日約稿發交議院不致爲衆人所訾又述從前中國自禁一節並云當按照戊子約稿商訂約章則命意仍重在自禁二字十二月初四日赴外部按前去照會與之面商其中如十年之期及互交罪犯兩節均無難詞惟注册例之删去映相及六箇月後再展限期則堅持不允謂此經議院議定非渠力所可挽回弟因述鈞署電文大意除公使領事署外寓華美民亦要注册照相外部慨然允許謂此係中國自主之權儘可酌辦察其詞色似並無爲難阻礙之處是日在彼凡約中應有之意大致說定回署後即將約稿繕就注册一層初擬另訂報施專條不列約內後思彼既云注册爲保護地步因將此層作爲第六款雖我意重在抵制措詞却不露迹業於初六日送交外部是否就此允洽或另有更動尚未可知惟據律司云如外部允准後即須將草約畫押方可發交議院核議前奉寒電云先

寄草底再行酌定畫押茲不敢延緩先將約稿寄上乞轉呈堂鑒請示又外部復文一件問答一件一并鈔稿附呈再查歷年與各國訂約及修約均係奉　旨遵辦之案是以約中載有各將所奉議約之據公同校閱一層此次應否由鈞署撮要具奏請　旨飭遵伏乞回明堂憲裁酌爲禱

此間自送約稿去後半月未接外部照復又經備文催訊至二十四日始准來文云前去約稿內有數端據美國政府之意須删去而用別項加入寓美華工須及早照例注册如於展限期內議修新約或致窒礙爲難擬將議約之舉俟注册後再行商辦云云察其用意似恐一經議約華工不免觀望致注册之例迄不得行是以忽變前議當於二十六日備牘詰其何以前後來文歧異幷告中國政府之意原擬先修約後注册現許注册修約同時幷辦已屬顧念邦交之意不得變易前議希圖延宕切實照會去後至本

年正月初三日接到外部復文訂初四日晤商屆期赴約外部謂交犯一款與限制華工保護華民均不相涉允另訂專約不列款內寓華美民注册一款議院謂美第令華工注册中國無盡令美民注册之理堅不肯允初七日復赴晤商始允寓華之美國工人亦聽中國注册弟以美工在華寥寥無幾名爲相抵實非持平殊乖中國政府議立此款之意因力爭寓華之美國教士必須注册外部籌思良久始云另擬辦法凡寓華各項美民除公使領事署外每年由領事造册報知中國政府則已包括教士在內弟驟聞此語頗出意外因謂如此辦理足見持平當即囑將此款訂定早日送來十一日外部送到約稿大致與前所談無甚出入惟字句間尚有須核改之處復於十二十六等日將擬改之處晤商兩次斟酌妥洽又上年金山領事黎榮耀等稟陳修約事宜中曾云例准住美華工其妻及幼年兒女自華來美應准登岸又云戊子年

以前回華工人領過仍准回美執照者如有眷屬財產來美此約行亦應准其來美因將此兩層先後添入第二款之末外部均以易啟冒名影射之弊議院必不肯允且云勿因此節耽誤全約弟亦明知事勢難行姑以此塞粵民之請彼既不允遂作罷論十七日將更定之稿送去十九日晤談悉照去稿不易一字此去歲臘月望後至今辦理議約情形也查美自戊子廢約以後駮辯數年迄無轉圜之望華工注册一事搆訟經年耗貲尤鉅終歸無補此次因勢利導新約既成舊行苛例亦挽回過半但使華工此後循謹守分當可彼此相安至寓華美民注册一層方初議時不獨慮彼族不允即使果允而中外情形不同將來辦理亦殊棘手乃外部擬此辦法每年由領事造册報知鈞署既免事端又得大體此固　國家積年德威所感亦由堂憲指示胥協機宜而該外部顧全睦誼結懽中國之誠心亦不容沒也茲將擬定草約底本寄呈

憲鑒其交犯專約俟譯出後續寄一切詳細辯論情形具歷次問答節畧中計前後晤商六次第一第二次問答上年已經鈔寄茲將近日問答節畧四件與外部往來照會六件一并鈔稿附呈以備察核再草約定後向例即須會同外部簽押以便發交議院核議除本日撮要電陳外所有月餘來辦理議約各情謹詳晰布陳伏乞代回堂憲核示爲禱

二十三日北洋轉到鈞署漾電諭令定稿簽押當即照會外部適外部以事他出至本月初始回訂十一日畫押屆期弟帶同隨員繙譯等前往外部將條約六款華文英文各二分校對清楚與外部大臣葛禮山互將所奉議約　諭旨閱畢隨即畫押蓋印訖美係民主之國外部簽押後尚須議院覆核茲先將約本送呈俟美議院覆定後再當電達由鈞署另繕正本請　旨批行此約本第三款末假道數語與前寄之稿稍有更改緣外部總文案勞楷粗

解華文謂此節洋文不下十數句何以華文僅祇數字疑此中或有錯誤是以臨畫押之前一日重新譯就繕過其洋文則仍原稿並未更動理合聲明本日已將前後議約情形具摺上陳另備公文錄稿咨呈冰案交犯專約據律師云美與各國所訂交犯款目以俄為最詳時亦最近現就俄美之約參以中國情形酌量增刪釐為十一款於本月初一日送交外部外部因近日英俄捕魚爭論海界一事極費經營昨經面商須稍緩核復俟英俄魚案事結卽議度亦不致過遲茲將擬稿並問答節畧一件寄呈注册一事此時華工已知其中確無苛虐情事曩之堅拒不肯者現變而為踴躍爭先且惟恐美員辦理不速致限內不及注完日前金山領事稟請求照會外部添派人員辦理弟謂華工已願注册而限內不及竣事咎不在華工使著儘可不問繼思踰限之後或致華民有為難等事因就金山領事所稟情形備牘照會旋准外部照復

並鈔美戶部及稅務司往還文件送來茲幷譯稿附呈蚩蚩之氓本無成見惟回念去年出都時金山商人迭電告急情形及弟到美之初美西各邦拘拏華人景象爲時未久局面頗殊亦初念所不到耳墨西哥約款一俟稍暇與墨使逐款商定迅即繕本寄呈

以上各節伏乞代回堂憲爲禱

此間自約稿發交議院後議紳以爲可行者十居六七卽機利亦以注册既准彼此一律照辦事屬持平並無異議昨晤外部第問約本何時可以到京請　旨批准答以計程總須三月杪方到外部云俟此約兩國批准後即議交犯專約弟意欲促其將交犯約早日議定外部謂現議英俄捕魚爭界案倘未完結苦不得暇而中美目前並無緊要應交之犯姑俟新約批准再議似不爲遲語倘近情弟亦未便勉强計此件亦不致久閣大約在四月內總可議定也墨西哥事已於上年第九第十號函畧陳梗概近思墨與

歐洲各大國業經訂約在先其中得失利弊歐洲各國諒必洞悉斷無喫虧之理因商諸墨使盧美路囑其將墨與英德各國所立之約鈔來以備采擇頃已送到日內擬即譯出擇其可用者列入款內其中國與巴西前定之約於墨事不相類者稍爲删去此稿計四月內當可寄呈惟上年敝處第十號函中曾陳及在美華工注册領照之後新來者無册照則影射頂冒之技俱窮因擬及早疏通華工赴墨之路以爲補救銷納地步思欲先派員到墨察看情形仍一面辦理兩國換約之事現尙未奉鈞署示復殊深翹盼又近接墨使來函云因銀價日賤爲害殊深皆緣歐洲商務最大之國壟斷居奇擬於本年西九月在墨西哥都城會議云云弟按鎊貴銀賤中國深受其病亟應設法挽回墨國銀元行用於中國沿海各省甚多若乘此機會中外合力籌一補敝救偏之策於商務確有裨益惟中墨此時尙未換約並無駐使在彼屆時應如何

派員預議之處未敢擅專茲將與墨西哥公使來往函稿各一件譯錄附呈以上各節伏乞代回堂憲從速賜示爲禱

上李中堂書

此間自九月下旬議院將注册例展限半年被拘華人一律釋放近日民情亦尚靜謐十月二十七日爲議院復開之期總統諭文言及中美交涉署謂注册新例已經展限華人當可從容注册云云本月初六日往晤外部與商華民在美長久相安之策外部之意一勸華民注册一擬修約保護一請中國自禁而尤以注册爲保護關鍵諄諄致囑業於初九日發電求鈞處轉達譯署請示在案維自禁之議當初發自總署今欲申明此意似非所難修約一節自光緒十四年廢約行例之後迭經前任使臣駁詰終無轉圜之望今彼既云修約保護則現行之例或可酌量删除亦屬有益無損此兩事計總署尚可允行惟注册一端兩年以來衆口同聲

指爲苛例前使臣在此屢與外部駁辯某初來時亦踵前人軌轍擬以全力堅持迨數月以來檢閱卷宗詳訪輿論知此事已誤於前有不容再誤於後者請爲中堂陳之查光緒十七年五月間機利始創新例條目煩苛多至二十五款十八年春間經上議院各紳駁正祇存九款又多改易機利原文避重就輕按之從前已行之例並未加苛惟添此領照注册一款而仍删去收取照費一層蓋注册一事美國各部院已豫籌於數年之前非自機利始也惟機利立例之意重在不注册即載回中國美國各部院之意重在注册則可以稽查此其小異耳聞定例之初華工之安分者頗思注册以免後患而平日包攬華工出洋者則不利於稽查由是勾結紳董唆聳領事延訂律師紛紛上控不知因不注册而即載回中國誠可謂之苛例僅令注册固不得謂之苛例也迨本年五月間總察院批詞仍以注册爲合例而包攬之輩計窮旋偵各省拘

人於是相率注册者遂有一萬三千餘人昨戶部送到注册章程披覽一過其命意亦與中國戶口册保甲法大致無異而辦法加詳誠未見有苛刻之處第念地球各國寓美之民概不注册而獨華民注册似於國體有礙擬以此爲駮詰之端及詢之律司則云歐美各國寓美之民初來時卽須注册一次屆五年入籍之期又須注册一次本年五月總察院批詞亦有此注册例係仿入籍例而行之語如此則與國體本無所損某又函詢金山領事紳董畢竟注册有何妨礙及早實陳可籌抵制乃近日迭接稟函絕未實指注册有礙之處所規畫者但期於注册之後任便往來而已由此以觀此兩年中紳董之呼籲領事之條陳使臣之駮辯皆墮包攬輩術中而於保衛民生顧全國體實無絲毫關涉此某所謂巳誤於前者也惟是交涉重件襲謬踵訛固所未敢改絃更張亦宜以漸此例迭經前任駮辯痕迹已重此時驟許彼族施行及任聽

華民自便均於使臣將來辦事有礙因思不如趁外部諄囑之際示若勉允所請作爲轉圜之方且爲修約自禁等事豫留商量地步但自機利創例至今中國申滬等報傳閱已久幾於人人胸中有此注册苛例四字此時驟聞使臣允行此例勢必衆口諠譁謂爲失體又此間包攬之徒意所不便不難巧騰口說簧鼓羣愚如昔年商務芻言之類恐局外之人爲其所動方鑿圓枘之淸議又將從此而起此某所謂不容再誤於後者也某初膺使節閱歷未深謹將以上情形覼縷布達其修約自禁等事俟與外部籌商後隨時續陳統望鼎力主持並乞指示機宜俾有遵循無任感禱

正封函間奉到九月二十九日賜書祇悉壹是承諭半年爲期更迫有何抵制之策儻彼竟悍然不顧又將何以處之具仰燭照之神數萬里外情形洞若觀火無任欽佩某九月杪發電時亦祇謂騰出此半年工夫尚可徐圖補救免致再被拘挐乃近日海外民

情自被拘釋放之後局面又變其謹愿者知包攬之徒不足恃已極願降心相從依例注册其狡黠者謂依例則有傷國體違例則貽害身家持此兩語以爲嘗試使臣之地然其中謹愿者大率十之七八狡黠者不過十之二三至領事商董之意則祇圖注册後之實利不復爲不肯注册之空談揆度情形將來六箇月期滿之日或不致再滋紛擾又外部既提修約自禁等語則届半年之期業已與商修約即有不注册者亦可設法推延拘禁發遣等事似可無慮某所慮者注册之爲苛例自兩年以來業經幷爲一談牢不可破必謂前使臣在此相持日久卒未見行後至者畏葸無才至令苛例横施僑氓受侮必有以某爲辱國者此等議論諒所不免亦不敢辭然第可局外之人資爲談助若使總署亦持此見則此月餘來搜尋積牘苦心剖析既屬徒勞且於修約自禁等事以後必多窒礙而光緒十四年彼國所定廢約行例之苛禁允無轉

圜之望矣某貲淺望輕致譯署函中未便爲直情徑行之語尚乞
中堂俯鑒此衷隱爲調護於函致譯署時力主此論以釋羣疑大
局幸甚僑氓幸甚

致譯署總辦函 五件

中美新約議院於本月十三日業已核准當經電達鈞署奏請用
寶在案此約初議時外部即與議紳參酌原無意見相歧之處迨
畫押後各紳亦謂持平尚無異論自四月間稅則議起以致擱置
良久其中袒工黨者遂不免意存嘗試騰說多端弟雖壹意堅持
未爲所動然因散院在邇不無焦慮茲幸衆議克諧浮言盡息昨
外部親來使署曲致殷勤謂此約核准不但華工生計所關亦於
中美邦交有益誠確論也交犯專約目前擬暫緩議俟開院後再
商一切容後續陳近接墨使盧美路來函謂中墨約款現經墨政
府擬定另訂一稿寄來弟詳加披覽較上年送來之稿頗有增删

仍釐爲十五款其第一至第八大致悉同前稿第九第十係就前
稿各款合并而删其繁冗內有墨國人民至中國遵照中國法律
歸中國審署聽斷之語此從前中國與各國定約所無其意蓋因
墨國未必有人來華姑作此公道體面語然較諸前稿實勝將來
中國如欲與他國改約亦可引此以爲嚆矢似有益無損第十一
款請將墨國銀元在中國境內通用十二十三款卽弟所擬增之
款不准派充兵勇及禁止拐販出洋另訂招工章程是也十四十
五均同前稿至互交罪犯減輕稅則二事均未列入現思交犯一
款或與另訂專約不列此稿之內稅則一項據赴墨委員黎守來
稟墨稅甚重必須議減查行用墨國銀元一節墨使來函既云墨
政府所注意或卽將減稅一事相抵作爲酬報專條愚見如此未
知果克辦到否
七月奉到鈞署口電以日本奸細二名在美領事處延不交出當

經晤商外部並迭次催問隨時電復在案查此次外部葛禮山之意極爲秉公謂保護二字不過代爲照料安分良民至關涉兩國軍事仍應遵守局外公法不容偏袒頗怪田署使年輕不諳交涉及上海美領事辦理不善前月三十日外部來文抄送戒飭該署使公文一件密電一件反覆詳明具見恪守公法篤念邦交之意現美領事已將倭奸交出惟據外部云接田署使來電謂二倭係學童所挾圖籍亦非行軍之用務請中國詳愼讞明勿遽正法弟告以中國素來寬仁如非眞奸必不輕於誅戮外部又云現已催令田貝回華即日起程此案俟田貝到時完結最好默察其意蓋因中外通商以來往往一國有事各國互相勾結聯成一氣此次美國固不願徇庇倭奸致乖公道亦不欲因此一事辦理過重貽各國口實是以諄囑特達鈞署特爲縷陳所有與外部往來照會二件並外部抄送之件譯錄呈覽　再本年五月七月間迭據駐

秘貴參贊嘉里約許領事稟稱該國現聞巴西墨西哥兩國開辦招工之信有葡萄牙人與秘國田寮私立合同潛赴澳門招工請咨閩粵飭禁等情當經批示以私招工人顯違條約應由該參贊按約照會秘外部請其照律懲辦並將來如有載到之華工應由中國官員扣留聽民自便批示去後查秘與中國立約設官爲日已久私招之風固不可長而現在既准墨國招工則秘國事同一律似難兩歧不如亦與明訂招工章程盡除從前苛虐之弊俾出洋華工多一去路未始非策愚見如此伏乞代回堂憲請示爲禱

八月十二日奉鈞署眞電祇悉約本用寶後札交赫德由英寄美如不捺擱計程月杪可到昨外部晤時催訊弟未告以由赫寄遞因此約初訂時聞英人在美者頗不慊意謂中美交厚恐於英人商務有礙即外部告議紳亦謂與中國和平立約冀可振興商務是以衆議翕然固知此約之成非赫德所樂聞也電詢金山日報

一節七月間敝處接金山總領事張道稟函謂倭人向匯豐銀行借銀百餘萬在紐約購軍火係金山匯豐司事粵人廖姓來告弟當即商之科士達擬照會外部設法阻禁科云如顯係軍艦可援公法阻止如密購器械局外之國例不禁商人販賣刻下北洋在美亦有採辦之件美不禁阻此其明證又自中倭開戰以後美國武員貽書自薦願往中國投効者及各商廠求售新樣軍械者不下一二百函幾於應接不暇以此推之倭在美購械訂員皆事所或有惟如該日報所稱募軍千人與輪船公司訂立合同云云則皆事理所無倭不患兵少所聘不過一二將弁安用遽募千軍輪船載客自有常例何必訂立合同此眞齊東野語不足爲據聞中倭未開仗之前俄國極願調停因英使忌之而罷竊審此時各國情形美最樸厚俄雖悍亦伉直惟英外和內狡其臭味與倭相投中國現方以全力禦倭自不容更猜忌英人另生枝節然亦不可

不隨事預留地步愚昧之見未審鈞署以為然否電詢借銀還銀一節據科士達云金價目前已極貴日後當漸平外洋借款祗圖生息長久不在剋期繳本將來鎊價落時還銀當不喫虧墨西哥鷹洋該國每歲約鑄三四百萬元均由英商陸續運載至中國及印度南洋各處行用墨國並無富商積聚墨使云國新財絀自係實情弟意墨甫議約此事不必與商如目前定計需借自應在美妥籌但得年限稍久誠如科云借鎊亦不喫虧即希鈞署酌奪為禱中墨約稿自墨政府改動後弟又另擬酬報專條二款其交犯一款仍用原稿列入於八月初照會墨使寄墨政府現尚未接復文據墨使云當可應允想不日即就緒也派赴墨西哥委員余守六月杪自華盛頓起程係由陸路沿途察看美墨交界情形於七月初九日抵墨黎守六月杪由金山附輪船海道前往周歷墨國西南瀕海各埠至八月十三日始抵墨都沿途大畧情形已據陸

續函報開辦事宜尙未接稟應俟稟到之日詳細布陳　再接奉
七月初七日大咨並各照會稿內日本啟釁情形一件稱俄英政
府事前勸阻等因查六月初旬美國亦曾勸倭人勿干韓政敝處
當時與北洋電音往復數次想其時北洋因頭緒繁多未告鈞署
故照會稿有俄英而不及美惟此次敝處照會美外部似不宜漏
敍故稿中將美國添入特此附聞又當時美外部之意不願會同
俄英勸阻蓋因兩國皆思收漁人之利而英用意尤狡料難說到
一處也茲將六月十三日以前電稿四件鈔呈察核再駐美使署
繙譯官莫令鎮藩因聞倭人啟釁自以世隸旗籍懇給假回華効
力僉其壯志奮發義不容阻已如所請另備公牘交其賫呈冰案
又洋員專威路研精化學三十餘年前月來署上書自陳有新法
破敵弟以其術頗近渺幻未敢深信詢諸科士達謂訪聞其人誠
篤不苟非詭語欺人者茲金山華商志切同仇籌集美銀六千元

公聘此人隨同莫令回華効力弟已飭莫令逕赴北洋俾可試驗
其法儻果有實用亦不負海外僑氓踴躍敵愾之意用再附陳
九月二十四日接到鈞署漾電祇悉約本甫於九月初八日由滬
寄英轉美如到英後不擦擱計程十月下旬可到日來外部盼望
甚切緣此約議院覆准已七十餘日議紳中之好事者謂京師至
華盛頓向來函牘祇四十餘日此次久不見到頗疑我國有輕視
彼國之意不免又向外部煩聒外部慮其別起波瀾故每見輒詢
弟明告以約交赫寄則耽遲之故自有任其咎者不致疑我藐視
但總以早到早換為佳因寓美華工盼互換後可得按約往來之
利益也美境華民目前諸臻安謐惟煙賭二事積弊已深亟須設
法挽回湔除惡習紐約一埠華民不及萬人整理較易且距使署
不過半日程擬就此地先行振頓現已粗有端緒稍緩當詳細函
陳日國所屬古巴一島比來市埠日形蕭颯與十年前局面大異

體察情形不得不稍改章程期歸核實以節浮費本日已具摺上
陳另備公文鈔稿咨呈冰案以上各節伏乞代回堂憲爲禱　再
中倭戰事外洋祇憑新報所述往往抑揚失實原不足據自平壤
一戰之後謠傳益多近日洋報載我有議和之說美外部葛禮山
意甚關切昨密語弟現屆天寒轉瞬冰雪載途倭性不耐中國須
打一大勝仗後方可言和否則從旁伺隙者多後患正長恐一波
未平一波又起諄切相告弟念此事　廟堂自有主裁且相隔數
萬里未悉近日軍事機勢如何不便懸揣第思局外之論不無可
採且外部眞切相關之意殊不可沒用再密陳
迭奉鈞著沁豔江豪魚陽眞文咸九電業經隨時奉復在案電語
簡略茲特詳晰陳之沁豔二電係奉　旨垂詢之件本日謹繕摺
密陳另具公文鈔稿咨達冰案中美條約他國有不公輕藐之事
必須從中善爲調處本年六月間倭釁萌動之初美卽勸倭毋干

政韓外部曾以所言示駐美英使英使謂其語太切直非局外中立之道美亦以英俄各有私見不願與之會商兵釁開後此間日報謠傳大率揚倭抑我外部意謂倭軍雖銳國小財絀曠日持久終非我敵於晤談時屢屢言之及九月下旬英代辦函告外部倡中國棄藩償費之議外部因其用意偏袒在情理之外是以堅辭不願預聞迨弟奉鈞署電示一再往商外部尙慮英人匿情不告恐我爲其所愚最後接魚電始知　朝廷包荒之量度越恒情仁者樂天殆非管窺蠡測所及外部亦允告總統會同調處此事已具節次復電惟其中始末曲折容有未盡用再備陳借款一節銀行初時並無阻難議已垂成乃因洋報謠傳之故妄相揣度謂招股不易遽罷前議良可慨歎然中國地大物博衆所稔知利之所在不久彼自轉圜度不致居奇過甚也使署繙譯莫令鎭藩禀請回華効力並攜洋員專威路等同行前已函達不意本月初六日

到橫濱換船走漏風聲爲倭人詗得派兵在神戶截查竟被搜出證據當時獲住由駐倭美使電告外部始悉其詳並聞該洋員與莫令訂立合同期以到華後兩月之內盡燬敵艦據日報云此人兩年前曾以此創獲新法告美政府政府謂其術近於殘忍不用該洋員聲名甚著莫令既與同行又事機不密致有此失昨日報又云洋員二人倭照西例已令立誓釋放惟莫令解往廣島羈押查西例兩軍戰陣被獲之員不准加害但須拘禁俟戰事定後釋放倭待洋員既用西例計莫令亦不至遭害惟中途被執致該洋員新法不及一試以摧敵鋒爲可惜耳　再上海所獲倭奸二名前外部密電飭田夏禮交出時頗謂田著使年輕不諳交涉諄屬俟田貝回任後辦理當時科士達曾譏笑外部謂田署使並無不合乃葛禮山不諳中國法律之故語含諷刺後拜亞自英國回又深怪葛禮山謂不應將二倭奸交出科拜二人均係前任外部自

謂老於世故是以葛禮山於此事甚爲關心每見輒詢弟答以屢經函電諒必待田貝到後辦理昨因莫令被拘電詢南洋始知業已正法會外部接到田使來函得悉此事咎我失信當面誚讓意甚不平且謂致渠無顏見人是中國有意輕藐云云弟因成事不說告以邇來中美邦交方睦皆其秉公辦事之效切勿因小誤大渠意稍解特恐其再令田貝到鈞署饒舌是以發電奉告平心而論葛禮山爲人樸實公正無洋人機械惡習其居心似在拜亞科士達之上倭奸應誅自是我用我法原與外人無涉慮其鑒於此事以後稍學乖巧則辦理交涉事件不免又需多費氣力耳附泐奉聞並乞代回堂憲爲禱

中美新約於十一日寄到知照外部後訂即日互換是日申刻賫約本帶同參贊繙譯到外部衙門公同謹閱互換並另書換約憑單簽押訖當時問外部交犯專約何日會議外部答以議院新開

公事甚繁訂半月後晤商現值西人年節已近未知屆期有無推
延弟意如交犯約不日可定即將草約同總統批准新約一并寄
上否則先將已換之約寄呈前奉鈞署來咨恭錄七月二十九日
硃批並鈔錄堂憲奏稿知中墨訂約一事已經上陳當即照會
墨使盧美路囑其速告政府早日議定迄今尚未接復文弟察墨
使人頗老練墨政府似不免疲玩容俟復到之日相機訂定即行
電聞前派赴墨委員黎余二守已將途中察看情形陸續稟報並
繪墨境全圖譯錄疆域人口土產清册繕送到來茲另具公文咨
呈冰案倭奸正法一事外部經弟婉言解說後意已稍釋而議紳
中之袒倭者羣起而攻外部請將關涉此事文件悉交議院閱看
會議以伸公論外部情急續又有照會到來嚴詞詆讓中國失信
其意欲占地步冀免各紳掊擊弟當復以此事由外部誤會並非
中國失信現已旬餘聞外交股議紳不欲苛求生事或可就此收

塲茲將與外部往來照會二件譯呈察核秘魯亂黨迄未平靜私招華工一節現亦未據續報惟該處華民因中倭戰事日報謠傳抑揚過甚大受土民欺侮近來殘殺之案迭見秘外部因內亂方殷自顧不暇該參贊領事屢有函稟到來除詰問外部一法別無良策時局至此交涉之事益難措手亦不獨一秘魯爲然也

上李中堂書

頃見洋報述中國有議和之說相去數萬里此等謠傳之詞原不足信惟既有所聞不敢不一陳其愚兩國開仗以來閱時三月雖彼此互有勝負然韓境業爲倭據我水陸各軍尚未決一大戰奮揚威武目前似非議和之時且士卒必屢經戰陣而後技益精膽益壯將帥謀畧亦由閱歷而出合中國十八省之財力與倭虜三島決雌雄尚復何所疑慮曠日持久正以用我之長中堂智珠在握洞見敵情必不輕於言和意者局外之國妄揣當軸厭苦兵禍

謬託見好實欲坐收漁人之利姑爲是說以冀一當乎昨美外部葛禮山密語某謂中國必須見一大勝仗後方可言和否則從旁伺隙者多後患方長恐一波未平一波又起此語不爲無見中堂身繫天下安危海外欽爲偉人伏望堅持大計需以歲月虜技自窮待彼情見勢絀就我轉圜屆時相機應付收束自易時局幸甚哈槍七千桿分批起解於本月初旬已全數解清兩次收到匯款八萬六千元所有槍彈價水脚保險等項另具清單呈核槍價每桿九元二角五分較從前購價實減二角五共減美銀一千七百五十元合庫平銀二千三百餘兩惟今昔鎊價不同從前每桿合庫銀不過八兩現合庫銀至十二兩五錢有零鎊價不平中外貿易無一不喫外人之虧然低昂鎊價實惟英人壟斷使然歐美兩洲一律用鎊所受病者獨用銀之國耳中美新約用寶後譯署札交赫德寄美此君有意遲延至今尙未寄到某來此年餘稔知中

美交厚實觸英忌蓋慮其有損彼國在華商務故時思以術離間之前月赫德見金山日報載有白人在美代倭募軍千名與輪船公司訂立合同云云即託言無名氏函寄封送譯署署即據此電詢囑令設法防閑實則購械訂員凡我國力可辦者即倭亦可辦無從禁阻至日報所述在情理之外萬無此事赫德非不心知其謬不過冀借此以離中美之交此等伎倆深可痛惡聞本年倭衅初起俄使頗持正論冀以調停息爭因英使恐中俄交密將不利於英力阻而罷果爾則釀成倭衅英與有咎不審譯署各堂現已燭其狡詐否此時我方以全力禦倭自不容猜疑英人更生枝節然各國情僞不可不知中堂暇中盍爲總署別白言之乎惓惓愚忱不盡覼縷

致譯署總辦函五件

自威海失陷議和之使遄返西人論說紛紜略謂倭志在兵薄都

城多索賠費並割據已得之地方允議和又謂英俄兩國必不終守局外之例但須中國事到萬難方肯出而遏阻藉收漁人之利等語弟之愚見誠慮倭欲難饜和局未易就緒又詳查英俄兩國添兵赴華確有實數與其坐待事機危迫令彼族效卞莊刺虎故智不如早爲聯結量許利益儻得就我範圍差足摧敵鋒而全國體惟中外相隔數萬里軍情瞬息變更未敢遽臆見遙度是以電請堂憲裁酌可否代奏旋奉　諭旨垂詢當經詳細電陳在案近日外洋新報言已簡派合肥相國爲全權公使現方入都　陛見即日遄赴東瀛我　國家以至仁育物不忍多殘兩國民命和議果成洵足挽回浩劫自是薄海生靈之福萬一倭人所索過奢事難應允不知俄國果肯出而助我否朝鮮爲我藩屬二百餘年凡內治之政中國並不遙制現倭雖名使自主實則以後國政均歸倭人掌握俄韓接壤度俄未必甘心讓倭如俄師乘此機會入韓

則現踞奉省之倭軍歸路已斷我兵奮力進攻所失城池不難全復惟慮英人心忌中俄之合或從旁阻撓耳如可酌許英人利益俾不致陰助倭軍於大局當有轉機去冬　簡派王爵棠方伯赴俄唁賀想　朝廷已有結俄爲援之意未知彼國政府意見如何鈞署必早洞悉弟身在墨州此心無日不在　輦轂之下正未知此函到日和戰局勢又如何也輾轉籌思不勝焦灼前奉電示寄美廷　國書底稿當即譯成西文親交外部轉告總統旋據外部轉述總統之意業經電復在案美廷自上年十月應許勸和之後即飭駐中倭田滕兩使隨事助我無如倭情叵測非口舌所克勸阻此時默察總統外部意中似均有愛莫助之之勢俟　國書到日當再與妥商隨時電聞

近日洋報載和議垂成傳相已允割臺灣全省償費四萬萬倭暫踞旅順等處俟交款訖歸還等語此信果確將舉二千餘里沃壤

數百萬人民盡皆委棄與敵在　國家屈意求全俾兩國生靈免於鋒鏑之禍原屬如天之仁特慮臺省人民沐浴　聖化二百餘年其間豈無忠義之士不願從虜一旦棄之化外永爲異類必將悲憤飲恨誓不俱生屠戮之慘在所不免且設令此後西洋各國別起衅端踵此爲例指索沿海省分將使江浙閩廣一帶人人自危土崩瓦解之禍成於俄頃傳相卽老誖似不應謀國不忠至此兵費四萬萬如用以禦敵卽月耗千萬足支四十箇月以中國土地之廣人民之衆若與倭虜苦戰三載豈無轉敗爲勝轉弱爲强之一日而乃汲汲出此下策將氣運使然乎抑人謀不臧乎此函到日如果所議已成亦屬空言無補若猶未也狂瞽之見或可備堂憲芻蕘之采秘魯亂民因爭總統搆兵日久前月杪接貴參贊來電現秘都已失總統出奔各國使署幸尚無恙惟華民則已大受焚掠之慘古巴一島困於日國橫征苛斂該處酋長現謀自立

爲國於上月揭竿起事日廷方籌遣兵征討尙未抵境將來戡定與否殊難逆料幸其尙與華民無害較寓秘之民稍勝各處兵衅紛紛皆由人事不盡關乎刼運平心論之敵國外患雖甚迫切實則蜂蠆之毒民心內潰禍伏未形不啻膏肓之疾縱觀時局彌切杞憂以上各節伏乞代回堂憲爲禱

自抵美後凡所擬稿楊公從未加墨祇於稿底批照繕二字獨此函中間十餘行爲公塗乙過半方屬稿時亦知與公意不合但言爲心聲不容勉强又其時肝病已動下筆輒不能忍今悉照原稿錄存以見當年海外情事亦卽後來內渡就醫之萌芽也戊戌九月記

葛禮山平素爲人淸正不阿凡遇外交事頗能揆情度理一秉至公不似他人視事勢以爲遷就軒輊上年中倭衅起其於中國尤切惓惓時發正論以持事理之平雖與議紳牴牾卒不少變初念

本年四月初間倭約雖定尚未互換密詢弟近曾得政府消息否儻需美國幫助極願効力窺其意似亦因此約喫虧太甚頗思從中挽回一二當時答以擬即電詢葛籌思良久云如發電不必說我意恐他人知之謂此事美國政府不應干預耳後迄未奉鈞署電復而葛亦從此臥病不得再見至今思之其情尤可感也總統與葛交情素厚又因葛屢次以病乞退而挽留未許卒至歿於其位故此次飾終之事極爲優渥初六日舁柩入總統宮殿設奠各國公使均往就弔發引之日總統及各部大臣乘火車送三千里至詩加古墓次視窆一切經費均由公家給帑皆向來所未有總統諭國人謂葛天性忠厚愛國愛民輿論翕然以爲不誣現在接任之員尚未選定此後交涉之事恐不免稍換局面交犯專約議紳前已嘖有煩言若外部又非原議之人將來必更費一番筆舌尚未知克蔵前議否昨奉電示暫緩赴日擬俟交秋後再定行止

此時臺灣尚議割棄小呂宋設官一事更難措手並慮彼族有意
外訕笑之詞且俟屆時斟酌出之可耳
美廷現派奧爾尼爲外部大臣係由律部大臣調任此君人亦和
平但向祇照例酬應往還並未深交不知將來辦理兩國交涉事
件如何該外部甫經到任所有交犯專約目前未便催令定稿此
中隱情不敢不爲台端詳晰陳之弟觀自上年倭事起後我軍屢
戰不利美各部院之淺見者雖存藐視之心然祇謂我武備廢弛
終以地大物博不敢輕量及見此番降心議和割地償費凡所要
挾一一曲從並未稍收樽俎折衝之效以爲中國人才不振如此
蕞爾倭奴尚不敢抗何況他國由是輕藐之意大著近來凡有公
會一見中國官員衆輒目笑存之令人難堪此時若與斷斷辨論
交犯之約如何關係輕重不幾類於放飯流歠而問無齒決乎尤
可異者墨使盧美路二月初來文有通商和好約款不日即行商

議等語近日晤見詢其約稿已否商妥據云未得政府消息查墨都距美僅五六日程即謂該國公事向來疲玩亦不應濡滯若此墨使又云中墨立約之議將及十年此次耽遲由墨政府然十年來遲疑不決則中國政府爲之此雖一時搪塞之詞而該國目前不願急於定約之意已可概見弟揣度其情必因近見洋報紛傳中倭講和之後有廢去舊約另定新約之說意在俟倭約定後援以爲例果爾則前擬中墨約稿必有更動矣墨係偏僻小國中國與之立約祇爲消納在美華工起見自上年派員察看後始悉彼中情形與向來所籌辦法尚多未合今春本應陳奏亦因倭事方亟不暇及此現擬即日詳細上陳弟之愚見交犯約墨約均有成議在先但値此時勢不便催問與之强聒應俟倭事稍冷各國輕藐之意漸息屆時披郤導窾相機應付尚非難事古人所謂雖有鎡基不如待時也

本日將派員查明墨國情形並墨約暫難定稿各節具摺上陳鈔稿咨呈冰案目下墨政府意在延宕固不便求之太急而愚計所及此中利弊實亦不免躊躇摺中未敢敍入謹爲鈞署約略言之查與墨立約本意在疏通工路補救商艱自派查之後據委員余思詒函稱途經巴梳詢華工在美境者月得工値美銀四五十元在墨境者僅及其半墨境按月有稅而美境無之是以華民視由墨來美不啻登仙該員抵墨都後詢問該處華民據稱歷年統計到墨華民大約不止萬人始到傭工習業一半年後即四散謀生弟上年秋間囑墨使盧美路寄書回國淸查寓墨華民實數據所函覆現在墨國全境僅有八百六十八人是華民陽借赴墨爲名實則潛行來美已可槩見訪聞巴梳一埠近來屢有華工深夜撲河偷渡致遭槍斃者已非一次蚩蚩之氓利之所在雖死不懼照此情形即與墨定約之後亦不過以美爲壑於疏通去路一層意

適相背此躊躇之一端也墨國地廣人稀一經認墾即爲永業其言誠足動聽然查向來華民出洋大抵工人孑身先至而後商人繼之即所謂商者亦不過販運華民日用之需並無鉅貲營運今謂開墾之利過於經商擬先令華商出貲購地俾工人可源源而往華傭所墾者即係華商地段之工如此則工貲亦出自華人恐工値既未必多而商情亦難踴躍至創設輪船糾集公司等議尤爲造端宏大雖據該委員等一再稟稱確有把握殊未敢信此又躊躇之一端也即此兩端皆非立約本意現既查悉情形自不得不審愼出之第意此半年數月之內如墨政府仍來就我商議准照前款立約無甚更動則與定稿簽押儻或有意居奇妄冀多得利益正不妨暫行擱起蓋審度事勢祇可如此隨宜應付非與上年初議自相矛盾也除將該委員等前後稟件另備文咨呈察核外輒布區區之愚不審鈞署以爲然否又查華民之在南北美洲

各國傭工者工値皆廉惟美國獨多至數倍美雖禁工而相待亦尙從厚卽如此次中倭衅起秘魯檀香山等處禀牘紛來均言因聞中國戰事失利致僑氓大受土人陵侮而寓美之民安堵如常人情厚薄卽此可知竊謂目前辦法總以勸導華民及早滌除煙賭械鬬等惡習俾美國憎惡之心漸減十年之後不用限制仍與各國人民一體同沾利益斯爲上策紐約一埠距使署最近自上年十月起飭該處領事官租賃公所延訂講生每逢朔望及房虛星昴日召集僑氓宣講　聖諭反覆開導勸其速將煙賭械鬬諸弊悉行改革本年正月又自撰戒諭文一首附刊上年中美新約之後隨同散給雖未敢遽期有效而爲正本清源之計祇可如此茲幷附錄呈覽以上各節均乞代回堂憲爲禱

告諭寓美華民文

諭寓美華民知悉爾等來美數十年矣初時美國以禮相待彼此

無猜繼而工黨忌嫉又久之而議紳憎惡定立苛例致傭工之人一離美境不准復來堂堂中國人民獨不得與他國之民同霑利益此豈獨彼族之過哉推原其故爾等平日取憎於外人者厥有數端一曰鴉片一曰賭博一曰械鬬此等惡習雖在中土人皆厭之況乎遠適他邦身為羈旅而乃犯其禁令礙其風俗其被苛制不亦宜乎本大臣奉　命來駐斯邦凡爾工商皆我赤子欲為爾等謀生計為兩國全邦交是以奏請　朝廷權允美國所定注册領照之例訂行新約六條俾爾工商得安生業自兹以後新約既行苛禁自解第念爾等若不滌除積習痛改前愆終非正本清源辦法兹當換約之始特為爾等剴切言之鴉片之害廢時失業促命損年此人所盡知不必再言吾所恨者爾等異域傭工得貲不易一經吸此貲財損耗所積幾何況中美續約華商不准販鴉片來美今華商違背約章販運此物以罄華工之貲工人之愚固屬

可恨商人之見利忘義亦何可恕此宜痛改者一也賭博之禁中國立法甚嚴即西律亦未嘗寬縱今爾等狃於粵中積習白鴿票番攤館各埠林立此等開賭棍徒皆係不工不商之人罔顧廉恥誘取人財其爲害尤甚於煙館工商之嗜賭者往往因此無底之壑盡喪其貲淪落外洋不得生還鄉里良可悲歎此宜痛改者又一也金山堂號最多近聞紐約間有仿設雖云藉聯鄉誼實則隱分黨類各埠械鬬之案往往由此而起試思同在異邦且同係粵省之人何必分曹樹黨縱有睚眦細忿儘可請鄉人評定是非或以聞諸領事官剖斷曲直安得遽起爭端釀成鬬案此宜痛改者又一也爾等果改此三端惡習自不至取憎於外人從此兩無猜忌不獨美國議紳決不再施苛刻之例即工黨亦可消其忌嫉之私從此按照約章與各國人民同享一體均霑之利益爾等生計既裕中美邦交日篤本大臣有厚望焉

致總署電四件

沁電謹悉請詢張將兩船名洋文並船現泊何國速電示再巴西距美約四千五百海里派員查驗往返須四旬由巴到華約兩月程船是否可用非水師出身之員不知底蘊僅查船身礮械速率一切數目似無益應否照辦乞代奏請　旨示遵

威海失利門戶洞開遣使被却更無庸委曲請和若以擬賠倭費聯結英俄請其助剿俄水師由元山收復高麗英水師助收旅順威海兼防長江以南兩軍資糧由我應付較之倉猝募兵購械收效必多事平之日量予利益以酬其勞視敷衍倭事了局後復啟他族生心得失懸殊可否代奏乞裁奪示復

總署來電

奉　旨楊儒電奏聯結英俄助剿等語西國有守局外之例楊儒所奏是否西人有此議論抑係出自己意著即詳細電復欽

此養

養電奉　旨垂詢謹悉查倭事初起美外部屢云各國惟美眞守局外之例英俄皆思乘機得東方利益及戰事喫緊英俄各添兵艦赴華均多至二十餘艘俄并添陸師數萬英添印度備調兵西人屢論其用意難測畧謂俄懼倭拓地必以力制英忌俄制倭思分其利兩國必不終守局外之例近又謂倭意在兵抵京城議和索費佔地願望極奢惟憚英俄出而干預等語儒歷觀歐美戰事局外二字係門面語十餘年前俄土搆兵土已力絀求和英不利俄所爲出兵助土是其明證大約苟有利益卽可借端出場竊意目前事機急迫應否先密商駐京俄使酌許利益俾轉達政府俄允方商英使彼不甘讓俄勢無不允俄英協助倭氣自沮但得收回險要顧全藩屬卽重酬兩國不爲失體或倭聞助勸內怯自願轉圜求和要挾必少謹遵　旨詳細電覆敬乞代奏

頃外部密詢倭約定後中國政府意見云何美極願幫助因未悉
近日情形無從効力等語其意甚關切又聞俄因此約有礙彼國
已聯結德法詰問倭廷是否意在助我乞密示

佐軺牘存鈔稿　先君平生嫌於矜己雅不欲傳示後人而
父執以　先人心力所在不宜湮沒謂可擇尤要者刊刻傳
世謹就二編中奏摺書函告諭電報四類輯爲二卷初編諸
稿已見薛公集中故不錄云男同范等敬識

復庵遺集卷六

無錫　許珏

禁煙牘存一

與旅京同鄉諸君擬試辦本籍禁煙書（光緒二十五年七月二十五日）

前年在里見鴉片之禍日甚一日據友人云曾取土店出入帳簿考之每歲錫金約耗洋銀三百萬元聞之大駭嗣後謹記於心時時擬籌一除弊之策去年蒙　恩召對後曾上一愼外交飭內治之疏（所言內治即指禁煙一事）留中未發續又上書當道備言今日洋藥耗財病民即舉吾鄉之事爲證諸公皆未置可否獨趙大司寇深以爲然而亦慮議禁之不易今春見總稅務司刊印海關逐年付還洋款本息數目盈絀表感念時局艱難非杜塞海外漏卮更無救時之著因擬一江蘇通省京官公呈稿徧商同志會胡中丞敦促返晉匆匆首塗遂不果上然寸心耿耿時刻不忘近讀　朝廷屢降

諭旨清查關稅釐金鹽課中飽諸弊而諄諄不准加派民間
聖慈高厚凡有血氣莫不感激涕零竊思今日中國受病根源在
每歲賸增此二千數百萬之洋債縱使自今以後各省官吏人人
潔清自矢征榷所入涓滴歸公亦不過每歲多得數百萬而止耳
尙少二千萬非另籌一常年可恃之鉅款暗中補救則不獨司農
終歲仰屋歎息將恐海內有土崩瓦解之憂緣此二千數百萬之
款係歲歲輸出外洋內地存銀逐年搜括必至日少一日民窮財
盡後將何以自存因取前擬公呈稿重復删改請先就錫金兩縣
試辦事體重大不能不約旨卑思就實有把握處做起也惟事關
兩邑必須詢謀僉同茲將此稿排印寄呈淸覽如閣下以此事爲
可行或稿中尙有未妥之處即祈惠函指示以便改正遞呈時並
擬借重台銜此事關天下大計今欲以數書生之志力就百里之
地倡之未免近愚然古來至艱至鉅之事其轉旋樞紐恒萌芽於

一二人方寸之中及其精誠所至金石爲開天心悔禍亦隨人事爲轉移古人以人爲天地之心良不誣也吾邑自泰伯南游草昧肇開三千年來代有賢哲實爲海內文明之地顧高二先生倡道東林至今四方宗仰今日鴉片之禍或當由吾邑首先滌除以爲天下之倡亦使當世知錫麓惠泉之間聖賢遺澤猶未湮也

錫金同鄉官公呈都察院文 光緒二十五年十月二十八日

具呈候選道許珏等爲時局至艱 國恩至渥擬請除積弊以裕邦本勵衆志以答 皇仁先就本籍地方試辦禁止吸食鴉片俟有成效再行推廣謹陳大畧籲懇代奏請 旨飭下地方官申明禁令妥爲照料事竊職等自夏秋以來每閱邸鈔恭讀 上諭淸查各省關稅釐金鹽課中飽諸弊諄諄不准加派民間 聖慈高厚凡有血氣莫不感激涕零竊維練兵籌餉爲目前自强首務而今日餉源之匱由於甲午倭人一役每歲驟增此二千三四百萬

之洋債今計各省清查之後歲入所增亦不過三四百萬以抵洋債所出尚少二千萬之數理財之道開源不如節流節於官府不如節於民間之多剔弊竇於內地不如塞漏卮於外洋爲尤大緣今日二千數百萬之洋債係歲歲輸出外國內地存銀逐年搜括必至日少一日非力杜漏銀出洋之弊萬不能挽回補救也鴉片流毒中國將及百年道光年間

宣宗成皇帝廟謨深遠決計爲民除害其時中國未悉海外情形大臣辦理此事寬嚴操縱不盡合宜致成兵衅自後議禁一事無人敢言當日廷臣謂此害不除更數十年後不獨無可用之兵并且無可籌之餉迨至今日斯言已驗人第見近年中外交涉受侮日甚而不知召侮之源實在此也書曰民爲邦本鴉片禍民則邦本壞矣職等查近年海關貿易册洋藥進口每歲尚五萬餘擔輸出價值之銀計在三千萬兩外如使民間一旦悔悟痛改前愆自

相禁止不吸鴉片則每年存留內地之銀已較歸還洋債之數有盈無絀是　國家雖有按年應還之款而民間不復有逐年輸出之銀譬諸一家父母雖有訟累耗費之項而子弟能悔過自新不復浪用各積私財亦足以紓父母之急孔子謂百姓足君孰與不足其理固顯而易見也積弊果除邦本果裕而猶慮餉源不足練兵不精者未之聞也抑職等又思環球各國幅員之大惟俄英美三國與中國差相頡頏顧俄地多荒漠英地多分散美亦新造之邦皆不如中國之文明繁庶然而各國富強中國獨貧弱者非盡由於軍械之未精也地利之未闢也工作商務之未講也實人才不如也人才所以不如者官方不飭士氣不振爲之也其所以不飭不振者則吸食鴉片使然也查咸豐九年鴉片弛禁之後官員士子兵丁三項人仍禁不准吸食今欲力除積弊必以申明此禁爲先然此三項人兵丁易禁官員士子較難現職等之意擬由民

閭自相禁止則官員吸食一條　朝廷自有權衡無待臣下瀆陳至士爲四民之首欲正民風先端士品士品既端民志亦勵職等籍隸江蘇無錫金匱兩縣請以縣境言之金匱係無錫分縣同城而治兩縣幅境延袤不及百里男女大小丁口不過七八十萬而檢查本地販賣煙土鋪店帳簿每日需耗洋銀六千圓一月即需十八萬圓一年共需二百十六萬圓合庫平銀約一百五十萬兩以每人日耗洋銀一角計之吸食者約及六萬人然其中因游惰而吸者居多因疾病而吸者究少吸食之人惟年老者氣血已衰不易戒因病而吸者不吸則所患復發不能戒除此兩種人外無論富貴貧賤無不可戒之人職等現擬就縣境廣設戒煙醫局多方勸導除年老疾病之人姑聽照常吸食外其年未及五十與現無疾病者由局配製戒煙丸藥減價發給並派醫診視就其煙癮淺深以時遞減俾不至因驟戒成病務以誠意勸化先士子而後

及農工商在士子究屬讀書明理者多即平民吸食者身受其害一經開導各有天良未必遂無滌慮洗心之日照此辦法未吸者可以不犯已吸者可以速戒近年錫金兩縣歲購洋藥之銀不下一百五十萬如勸戒之後吸食者能十減其三每歲可免耗銀四五十萬能十減其七每歲可免耗銀百餘萬以兩縣之地每歲增百萬之銀流通民間數年之後閭閻富饒之象自必大著記曰民以君爲心君以民爲體又曰未有上好仁而下不好義者也今
朝廷至仁育物不忍以洋債累民如果民有餘貲亦必不肯自私其財坐視　國家之急職等擬酌度本地禁煙後情形如每歲爲鴉片所耗之銀果能視前數大減即當按年籌款若干萬仿照西人國債之例就近交納本省藩庫以備戶部歸還洋債之用稍盡食毛踐土之心查沿海州縣數百凡被洋藥荼毒者如能聞風嚮應仿照辦理則急公奉上人情所同計交納之數每歲當不下數

百萬其內地各省所種土藥照上年總稅務司單開之數六倍洋藥如能一律悔悟民間自禁吸食則各省日漸富饒未必遜於沿海州縣同屬　朝廷赤子豈能無感於中且仿西人國債之例踴躍樂輸於前仍從容取償於後是則一轉移間小民脫鴉片之禍

國家免洋債之累下以勵衆志上以答　皇仁俾海外各國聞之知中國萬衆一心力除積弊亦確信其有自强之機或可稍戢覬覦陵侮之意惟人情當習慣成俗委靡不振之後驟聞此議不免以造端宏大有長慮却顧之思故必試行之於一縣有效而後可推行於一府一府有效而後可推行於一省此職等擬先就無錫金匱兩縣試辦之本意也或謂洋藥納稅訂入約章今欲議禁慮英國未必允行此未悉外國情事之言也查光緒初年英國紳士恥其政府以鴉片貽毒中國創立禁煙公會意在勸止印度種販曾經出使大臣郭嵩燾據實奏聞迨光緒十七年夏間英政府

因下議院紳主禁煙之說者人數過半遂告議紳謂中國如爲保護民生起見欲禁止鴉片入口或再加抽重稅但須先期知照英廷決不因此起衅其禁煙會紳曾具說帖備詳始末由出使大臣薛福成函達總理衙門有檔案可查是則謂禁煙而英人不允一節目前決可無慮或又謂海關歲收洋藥稅釐幾及六百萬兩如禁止吸食之後驟失此款司農必至仰屋無策不知沿海各省人民果能不吸洋藥塞此漏卮則存留內地之銀日多即急公奉上之富民願輸貲入戶部還洋債者亦必日多每歲所收或倘不止六百萬之數且職等所請現僅止就本縣百里之地試辦一二年後其效即見儻不能去此積弊吸食如故或本縣即能稍稍收效而鄰境未必仿行則於海關歲入稅釐所失仍屬無幾若果人心思奮沿海萬里如響斯應悉願湔除此則中國轉弱爲強之機不獨洋債可清餉源可裕而我

宣宗成皇帝昔日爲民除害之心至此亦庶幾大慰四方萬國咸
欽
皇上丕承
祖烈奠安民生則　國家億萬年有道之長基於此矣惟是試辦
之初衆情不一應請　旨飭下兩江總督江蘇巡撫學政轉飭地
方官申明官員士子兵丁吸食之禁及平民開設煙館誘人聚吸
者按律懲辦其地方所設戒煙醫局不准匪人生事阻撓一并妥
爲照料則衆志愈堅官紳一氣職等自當竭誠經理仰報　朝廷
軫恤民艱之意兼勵閭閻湔雪國恥之心庶千慮一得之愚於時
局不無小補職等數月以來就本籍服官京外各員家居紳士再
三函商意見相同用敢合詞上陳籲懇代奏恭祈
皇太后
皇上聖鑒謹呈

呈江蘇巡撫鹿中丞文 光緒二十五年十一月二十日

竊職等前在鄉閭目擊鴉片之害日深一日擬仿照宋藍田呂氏鄉約辦法鳩合同志實力勸戒終以例禁久弛狂瀾既倒非一簣所能障塞相與歎息因循不克舉辦丁酉秋職道珏回里詢悉縣境爲鴉片所耗之銀就各家土店出入帳簿考之每日需耗洋銀六千餘圓其不由土店購買逕自赴滬販吸者及土藥之購自內地者尚不在內大約每年共耗洋銀在三百萬圓外聞之大駭竊念以百里之地耗財若此之多無怪民力困窮閭閻凋敝且非獨耗財已也士大夫一經耽此則志趣卑污習爲苟且而人才日壞小民一經嗜此則身家傾蕩流爲匪僻而風化愈漓敝邑百年以前道德經濟文學之儒未嘗不項背相望自道光中業迄今數十年來日以寥落近則俗尚益偷號爲難治追原禍本未始不由於此然此猶第就一邑言之也頃年中外交涉受侮日甚自甲午倭

人搆衅以後膠州威海旅順廣州灣相繼割棄馴至中國自主之權漸見侵奪太阿之柄日以倒持蓋觀於敝邑人才風化衰漓如此而各省人才風化亦大畧可知竊意及今若再不悔悟奮興力圖挽回恐一二十年後大局且不堪設想所謂挽回之道其要在萬衆一心力除積弊而已中國積弊之深固不僅鴉片一事而鴉片實爲夷禍之原今日欲徧天下同時祛此積弊其道誠難而未始不可先試辦於一邑俟有成效以爲推行各省之漸職等懷此意已久本年夏秋之間恭讀　上諭清查各省關稅釐金鹽課中飽諸弊諄諄不准加派民間仰感　聖恩高厚怦然有動於中竊謂今日但剔內地之弊竇而不塞外洋之漏卮仍恐無補時艱因就本籍服官京外各員及家居紳士再三函商數月以來屢經討論其大旨一在廣設戒煙醫局以爲更新之地一在嚴禁城鄉市鎮各煙館以絕傳染之源而其要尤在申明官員士子兵丁不准

吸食之例禁俾士子先恪守懷刑之訓則小民自漸萌悔過之機
所慮錮習已深未易禁除且以一隅倡始尤屬力爲其難創辦之
初衆情恐不能一非有 綸音特降無以震動人心因敬謹繕具
公呈於十月二十八日請都察院代奏而總憲某公謂此僅一邑
之事何用上瀆 宸聰改奏爲咨逕達冰案職等竊仰鈞座蒞吳
之後整飭百度綱紀一新職道玨昔在蜀中丁文誠公幕府稔知
清風亮節吏畏民懷上年十月蒙 恩召對曾於 西苑侍坐之
頃幸親風采祇領誨言無任欽佩職等此舉揆之大君子善俗宜
民之盛心諒不責其多事惟是試辦之始在紳士祇能任勞任怨
尤賴地方官同德同心必求鈞諭嚴切誥誡俾官紳一氣庶能相
與有成司員楫等供職京曹拘於官守未克趨侍訓誨職道玨擬
待明歲春融之後遄回里門偕同在籍紳士恭叩鈴轅面求鈞示
所有籌款設局一切章程俟到籍後再行具稟茲先將公呈錄稿

稟呈伏祈垂鑒

附鹿中丞復函 光緒二十五年十二月二十四日到

頃奉公函辱承獎假甚愧甚愧鴉片流毒中土釀成今日貧弱之患諸君子具大識力欲舉數十年痼疾而湔除之并以宏濟九州之心先試行於一邑省覽來教忻佩無涯所稱廣設戒煙醫局嚴禁城鄉煙館亦屬扼要辦法蓋此事積習巳深傳染巳衆繩以官法鮮有實濟徒開需索滋擾之門惟紳士居處相近勸誡易入以潔己之心施救人之術品望服衆自不難於信從利害切身亦何慮其玩視雖煙館林立驟難淨絕根株惟有嚴查窩藏匪類有犯即封禁之此後只准閉歇不准添設行之積久自可逐漸銷滅矣諸君子關心民瘼既能力任其難官斯土者自宜維持襄贊居時當諄囑切誡以期弼成盛舉也

錫金兩邑倡辦禁煙約言 光緒二十六年四月

吾邑倡辦禁煙之舉原爲中國日益貧弱外人陵侮紛至沓來冀從此下手爲發憤自强之本吾邑果行之有效即鄰近州縣皆可倣照辦理風氣既開將來必且推行各省故創辦之始諸同人須放開心胸不作欲速見小之想竪起脊梁不存畏難苟安之思定識定力堅持弗懈不爲浮議所奪此開章第一義

鴉片之禍甚於兵戈自道光末迄光緒初中間粤匪捻匪回匪等亂幾徧海内然二十餘年以次削平獨煙禍自道光初年至今已及八十年流毒日深其暗中消耗人才敗壞風俗更非兵戈之比至綜核歷年鴉片所耗之銀較之從前軍興糜餉奚止百倍而迷者不悟視爲固然此次吾邑辦法不當以嗜好視之直以寇賊視之能戒一人斷癮即爲自拔來歸能禁一方斷煙即爲恢復故土沈文肅有云明其爲賊敵乃可滅旨哉斯言故凡一切設局製藥等費如與籌餉同觀則自覺用財無多凡限禁煙館議捐土店等

事如與逐寇比較則自覺用力尚易

吾吳人心樂善好義凡遇水旱疾疫救災捍患之舉無不竭力勇爲近年各善士籌辦義賑櫛風沐雨口不言勞爲海內所稱鴉片之禍昔人比之洪水猛獸然洪水之患不過一時猛獸之害不過一方今鴉片流毒天下禍近百年其視洪水猛獸固遠過之若尋常水旱疾疫更不可同日語矣願諸君子本拯濟飢溺之心爲挽回氣運之舉禁絕鴉片造福無窮所謂能禦大災能捍大患非此而誰

天下者府廳州縣所積而成者也府廳州縣者城郭村堡所積而成者也城郭村堡者比閭族黨之戶所積而成者也能禁數十戶不吸煙則一村成乾淨土矣能禁數百村堡不吸煙則一縣成安樂國矣能禁千百州縣不吸煙則天下皆躋於仁壽之域矣然則勿謂縣邑之小不足以倡天下也錫金兩邑爲圖者四百有餘先

從各圖自爲清理分別勸戒由漸而入數月之後必有悔悟觀感力滌前非以策後效者羞惡之良人性所同勿謂沈溺嗜好之中無佳士也

大抵吾輩辦事之最難者或因是非與利害截然相反往往爲之無功半途中止假如其事本非而流俗相沿未嘗無利其事甚是而一朝整頓不能無害則不得不隱忍徘徊未可輕於一試今與人言及人才衰耗風俗敗壞之由輒謂果能力除煙患自然有利無害詢其創辦此事揆之人情天理有無錯謬則謂用意極是絕無一人斥其非者則是非與利害固已合幷一途其無窒礙可知然又往往動色搖手以爲大難亦可謂大惑不解者矣茲吾輩既願力爲其難請海內諸君徐觀其易凡我兩邑明理之士不以禁煙爲非且害者概請題名於册以爲衆志成城之劵

呈江蘇巡撫鹿中丞文 光緒二十六年四月二十八日

上年十月二十八日以先就本籍地方試辦禁止吸食鴉片呈請
都察院咨行鈞座電核在案茲職道玨於本年三月二十四日由
京到籍旋於是月二十八日接到無錫金匱縣照會內開奉府憲札奉
署臬憲朱札案奉護撫部院陸札開准都察院咨據江蘇紳士許
玨等以先就本籍地方廣設戒煙醫局等因飭將設局開辦情形
並醫治方法詳晰通報各憲備案並發原呈等因到縣奉此合行
照會等因伏念職道玨昨叩鈴轅荷蒙指示歸告同人咸深欽感
現邑中戒煙醫局已於本月十四日開辦其醫治方法亦確有效
驗可憑惟兩邑城鄉煙館多至二千餘家湔除之難不啻傳染之
易非申明律例嚴禁煙館恐無收效之候又現雖開局伊始而悔
過嚮善者頗衆到局求戒日恆數十人非籌有常年鉅款源源接
濟則經費無出或恐廢於半途再四籌思擬就土店勸捐於正俗
防民之中寓酌盈劑虛之意稽之於衆詢謀僉同惟禁煙館與捐

土店二事均非地方紳士力所能辦緣痼疾已深積成玩俗為此
合詞籲懇鈞座嚴札飭下地方官剴切出示曉諭商民務使汚俗
及早改除善款不至無著庶風化有轉移之望人才得鼓勵之機
謹將現籌辦法詳晰開呈鈞覽伏祈鼎力主持迅賜核准施行無
任感激期望之至
謹將錫金兩邑試辦禁戒吸食鴉片事宜繕具清摺恭呈鈞鑒
一設立醫局戒煙必須設局然非延醫隨人隨時診視則顧戒者
恐因戒煙致病尙有所顧慮不肯輕於一試玆職等延訂醫生
山東榮城縣人劉希明常川駐局其治法先服煎藥二劑煙癮
頓時卽止隨服丸藥初時日服一二十顆逐日遞減半月後藥
完煙癮永不復發查劉醫到錫年餘已戒過三百餘人確有奇
效原定規則每戒一人酬洋銀五圓玆由職等延訂來局議定
每戒一人酬洋二圓由局致送惟其藥係秘方須該醫親手調

製一日診治不能過十人定以二十人爲一班（兩日診治一日製藥）逢三六九日前班癮斷接診後班又本城儒醫汪藕生世業岐黃於醫治戒煙一事尤確有把握茲劉醫在局因須手製藥餌一月診治不滿二百人恐來局願戒者衆無以慰邑人湔除宿疾之望現兼訂汪醫診治其應送酬金每月終彙計若干人由局總送現當創始之際經費尚未籌定暫借城中峻實學堂前院爲戒煙總局此後來戒者多院宇不敷應再陸續添設分局

一配製藥丸戒煙藥方多矣要以林文忠公忌酸補正兩丸方爲最妥茲局中按照前方慎選藥料配製計忌酸丸一料價洋八角（煙灰一兩價不在內）補正丸一料價七角二分（不用煙灰）凡願戒之人如貲力有餘自能照方製藥者無庸局中代籌茲專爲貲力不足之人計仍分兩種其一按照半價兌給其一并不取價惟藥既減價施送恐不免有朦混冒領希圖轉售等弊應先由正經士商

具保編號給單以後照單領藥每五日給發一次除忌酸補正兩丸方外如四物飲南瓜飲二方皆文忠當時屢試屢驗恭錄進呈者近日又有兼採西法戒煙用金雞納霜與川連二味日服少許亦能斷癮此外并有不用藥物如青松毛食鹽之屬亦可戒除宿癮茲將諸方另刊傳布惟局中配製之藥則祇用忌酸補正兩丸以歸畫一

以上設局製藥二事業於本月十四日開辦

一嚴禁煙館錫金兩邑煙館林立城鄉不下二千餘家以職等耳目所及計之凡其地有一煙館則一年之中游惰失業之工商佻薄無行之子弟在館吸食漸漸成癮者一館殆不止十人是有二千餘家之煙館即歲添二萬吸煙之人矣聞五年前城鄉煙館尚未滿千家十年前并不及五百家今乃載胥及溺靡所底止茲戒煙局之設一月所戒多不過數百人一歲能減少數

千舊癮之人已爲至幸而一歲之中新吸成癮者轉增添二萬人戒者如是其難吸者如是其易此何異以杯水沃薪車乎故不禁煙館則未來之患無窮防不勝防也查咸豐九年鴉片弛禁之後祇准民間納稅販賣仍禁在鋪開館在館吸食有吸食者照違　制律杖一百房屋發封入官刑律甚明今欲遏止傳染之原必先申明此禁庶可少挽狂瀾又民風視士習爲轉移律禁士子不准吸食鴉片最爲正本清源之意茲擬籲懇憲台剴切申明舊禁並嚴札州縣官出示曉諭地方士民不得瞻徇姑息務當恪遵國家定律切實懲辦本地紳士可以因勢利導恩威並用寬猛相濟百年痼疾或可瘳乎

一重捐土店土店之罪浮於煙館煙館流毒法無可貸而情尙可原蓋開煙館者大抵因吸煙失業貧極無聊之人作此下賤生涯苟延殘喘人固受害己亦未享其利也惟土店則損人益己

坐擁厚貲吸者愈貧販者愈富且自海關稅釐幷征之後內地百貨均有地方善舉捐款獨洋藥分文不捐動以海關已納稅釐爲詞實乖事理之平查光緒十一年中國與英所訂稅釐幷征之約其第五條明云洋藥於內地拆包零賣後仍可抽釐曾侯密陳辦理情形摺內聲明內地幷未全免稅捐將來若於土煙加重稅釐以期禁減則洋藥亦可相較均算另加稅釐原奏所敍甚明用意至爲深遠今土店出售之洋藥無論批發遠近皆係拆包零賣正與條約所載仍可抽釐之文符合竊意今日洋債急迫庫帑空虛鹽引加價米石抽捐凡民生日用之需搜括殆徧獨此損華益夷之酖毒條約例得加捐者轉置之不論不議之例得毋明察秋毫之末而不見輿薪乎惟此事關係重大非一縣所能獨倡必合江蘇全省籌之若地方善舉所需捐款則爲數無多自可隨時辦理查錫金兩邑土店歲耗鴉片價

銀計在洋元二百萬外茲擬每百元捐洋一元以爲地方戒煙經費之用所捐僅百分之一斷不致因此區區而煙價卽昂且果能因憚鴉片價昂而遂立志不吸此尤職等之所期望者蓋多一不吸之人卽少漏銀數十元出洋正與設局戒煙之旨相符也現當開辦之始經費尚屬有限日後分局愈多戒者益衆但使一月有五百人戒煙則醫藥之費已需一千元此外局中一切開銷尚不在內非有常年鉅款不能持久擬懇憲臺迅賜核准逕札錫金兩縣出示曉諭俾土店一律遵行則造福斯民實無涯涘

以上禁煙館捐土店二事就整飭綱紀之中寓裁抑奸貪之意不獨錫金兩邑可辦卽鄰近州縣皆可仿行顧職等知足以及之而不能操其權言足以達之而不敢必其事是所望於名世之大賢爲天地立心爲生民立命環顧天下非鈞座其誰與歸謹布兼誠

伏祈采擇職等幸甚海內幸甚

上鹿中丞書光緒二十六年

洋藥拆包零賣之後仍可抽釐一節荷蒙鈞諭以爲可行本擬繕具公呈上塵壽鑒第念事關通省非一縣所能倡辦故此次同人公呈但請諭捐戒煙經費而不及其他惟是時局艱危至此米鹽日用之物尚且加價抽釐豈有酖毒害人之鴉片條約議准於拆包零賣之後仍可抽釐者而反置之不問不獨坐失鉅款抑且無以懲奸職道尋繹曾侯原奏光緒九年四月總署致曾侯函內嘗有拆包零賣即未便另收稅項之語迨十一年七月曾侯與英定約時乃議得洋藥於內地拆包零賣後仍可抽釐一層載入約內第五條幷於摺內聲明內地並未全免稅捐然迄今已閱十六年從無人議及此者蓋由總署但記九年四月本衙門與曾侯之函而未留意十一年七月曾侯與英外部訂定之約也此乃整飭釐

金項下絕大款目與議加細民日用等物之釐不同茲謹將曾侯原摺鈔呈尊覽其應否飭局籌議之處伏候鈞裁

上鹿中丞請加捐洋藥說帖 光緒二十六年四月二十八日

光緒十一年中國與英所訂稅釐幷徵條約其第五條載明洋藥拆包零賣之後內地仍可抽釐一節迄今已閱十六年從無知其事者上年在都與總署章京某君談及此約某君疑而不信繼又與總署大臣某公言之某公謂恐係一時誤記乃檢曾侯原奏送閱始憮然不語既而復謂國勢衰弱至此縱有條約亦何足據職道竊不謂然洋人於我恫喝要求凡條約所本無者輒攘而有之我於洋人思葸却顧凡條約所本有者尚委而去之以此相形則所謂弱者不在國家之大勢而在臣子之一心矣嘗欲慷慨論列一明此義顧身無言事之責苟有所陳說人不以爲多事即以爲希榮不容不默爾以息乃以近日所覩之事機則正時會可乘有

不能已於言者職道於三月下旬到籍卽聞錫金米商因釐局飭令包認釐捐一事合市驚譁已一再叩轅瀝陳苦況求免包釐等情職道夙欽鈞座仁慈愷悌愛民恤商無微不至必能仰邀洞察俯順輿情顧念釐局定此新章亦緣洋債急迫始爲此剜肉補瘡之舉職道愚見竊謂米捐應如商人所請免其包認而仍由地方紳士另籌可捐之款以備國家歸還洋債之用因就洋藥一項援引光緒十一年稅釐幷徵條約將內地拆包零賣之後仍可抽釐原文稟呈鈞座請飭釐局核議如釐局不以此言爲謬卽可參酌上年戶部土藥加捐三成之例核定數目稟請奏咨立案惟此次議捐之旨專指拆包零賣爲言則毋庸仍就每箱核算應以土店銷售價値爲準以免外人藉端饒舌查錫金兩縣銷售洋藥價値每歲計洋銀在二百萬元外如按値百抽五之數計之歲可得洋銀十萬元合計通省所得當在百萬以外一省如此各省仿行其

裨益度支良非淺鮮較之區區米捐其廣狹至不侔矣且事由民間自請根據條約斷不慮洋人從中阻難所謂時會可乘者此也反覆籌思似覺有利無害惟事體重大應仍請鈞座察奪是否可行伏祈裁定

與錫金各扇董公函

錫金戒煙醫局於四月十四日暫借竢實學堂開辦迄今月餘凡到局報名醫治現已戒除斷癮者計二百九十餘人開局之初因係試辦恐無把握故經費皆由籌墊並未集捐刻下成效已著來局戒煙者日多若不從長計較寬籌經費則無米之炊焉能博施濟衆又上年十月同人在都察院遞公呈時聲明擬就縣境廣設戒煙醫局現計錫金兩邑城鄉四百餘圖似非城中僅設一局即可以慰衆人湔除宿疾之望弟等之意如能每扇各設分局一處就近勸戒收效自廣第念各扇財力不同一律設局經費不易玆

擬通融辦法商請台端暫將本扇各圖自願戒煙之人按期函送城局酌貼醫藥之費似屬兩便儻能先行捐貲若干隨後陸續送人來戒抵算則於城局更爲有益茲寄去上年在京所刊公呈及輯錄　諭摺各一册以明吾邑倡辦此事宗旨又都察院咨文錫金兩縣照會開局時試辦章程近日增訂規條及來局戒煙保單刻樣各口口分敬祈轉交各圖董俾可家喻戶曉庶幾境內萬衆一心同除積弊以爲自强之基無任盼切

錫金戒煙總局增訂規條光緒二十六年五月

本局自開設以來凡願到局戒煙者按照報名前後挨次依期排定近日願戒者衆已挨期排至六月中旬深恐守候需時阻人悔奮之機又本局初開時原係試辦並未集捐現在經費支絀勢不能以無米之炊博施濟衆茲更訂規條數則如左

一眞正赤貧之人無力自備醫藥之費者仍照前章按三六九期

淸晨到局服藥每期以二十人爲限過二十人卽歸入下期其臨期不到者亦歸入下期一體醫治

一家道小康毋須本局貼費者但先一日到局報名掛號自備藥貲洋銀二元（當交本局帳房）隨到隨卽服藥毋庸守候

一貧力不足須本局酌貼半費者到局掛號當繳藥貲洋銀一元三日之內准予服藥亦毋庸久候

一自備藥貲二元者除服煎藥兩劑外給予丸藥三百顆貼藥貲一元者服煎劑外給予丸藥二百顆由局出費者服煎劑外給予丸藥一百顆

一除自備藥貲者毋庸覓取保人外其由本局貼半費及出全費者在城須覓公正紳士商人作保在鄉由各鄉圖董作保

一此章程自六月初一日爲始

復庵遺集卷八

無錫　許珏

禁煙牘存二

上督院說帖請設籌餉公所附章程

竊維籌餉一事至今日爲極難粵中尤難自闈姓白鴿票番攤等以賭規充餉細民罄家蕩產而司國計者習焉不察祇知取盈由是民力日竭而餉源始絀民貧爲盜復以防盜之故募勇緝捕多養游惰之兵由是餉路益廣而國計亦窮職道自奉鈞札會同司道籌餉早夜以思竊謂已往之誤改正良難未來之患防維宜豫就粵而論種種取民之法雖似竭澤而漁然工作之勤甲於海內商路之廣不乏來源但能勸導有方不患措施無術昨見戶部奏摺此次賠款粵省每歲派二百萬又謂房間捐輸按糧捐輸廣東已電奏開辦擬通飭各省一體試辦職道竊慮畝捐一事窒礙良

多萬一他省辦理不善奸徒播散謠言人心一搖亂機四應至時咎有所歸必指粵東爲首辦之區不免代人受過後悔已遲以管蠡之見論之目前籌餉之策約有三端仿照泰西國債之法召集紳商諭以環球各國皆能上下一心故收富強之效中國夙稱禮義之邦而空言無實下之視上有若越人視秦人之肥瘠自今以往凡屬紳商各殫忠悃激發同志下逮編氓苟利國家惟力是視民出私財國家計本付息永永無窮其一切章程悉從西書譯出先由通商各埠試辦此則用力少而收功多策之上也甲午乙未之間戶部奏行息借商款其時各省所借多者百餘萬少亦數十萬迨至還款之日或爲疆臣移作別用或勒令報効失信於民獨粵東因稅務司簽字之故計本息二百七十餘萬按年清還無絲毫含糊蒂欠今若仍用前法民情亦尙樂從但得整借零還即爲急脈緩受此雖一時挪移之計差免萬家嗟怨之聲策之中也承

充膏牌餉仿行印花稅按照部奏鹽斤增價茶糖煙酒加釐窮搜盡括悉舉而納之於賠款之中更無餘力可備徐圖自強之用策之下也國債辦成祇須歲籌息款照前息借則須本息兼籌二者難易不同然但能取信於民皆可源源接濟其膏捐印稅等項如果辦成除歲付息款外尚可留爲舉行新政之資較之悉償賠款者氣候寬舒規模差別至粵省現辦房捐一事聞綜核所收爲數無幾而局費員薪耗糜已踰三分之一尚須量爲變通庶可久行無弊戶部所稱按糧捐輸一節查廿二行省中惟四川有之緣蜀賦至輕爲各行省所無且其土地膏沃畝收恒倍是以權宜辦理數十年然尚懔遵

祖訓不准加賦故至今未敢勒爲定章粵省情形與蜀絕異負山瀕海大利不在於農愚見房捐雖經開辦勢難持久第此時未便中止應俟國債息借兩端辦有成效然後飭停其畝捐一項應否作爲罷論飭行府縣明白出示曉諭宣布

朝廷惠恤小民之意不辦畝捐暫行息借其借款亦聽紳富中急
公好義之士量力呈繳不爲抑勒顯示維繫人心之用隱寓試行
國債之基但積誠以相孚自旋至而立效連日會商司道擬先設
一籌餉公所不曰局而曰公所欲合官紳中有識之士皆得直抒
所見條陳利國而不病民之法庶幾積思廣益相與有成昨藩司
面稟鈞座仰蒙俯准茲將設立公所之意詳晰上陳所有開辦章
程另摺繕呈伏祈垂鑒

擬辦籌餉公所章程

一公所之設所以輔善後釐務兩局而行釐務事有專主故另刊
關防公所凡有文件擬仿善後局統用藩司印信以示事權歸
一

一公所既以輔善後釐務之不及該兩局提調應飭遇事隨同商
議以便呼應

一公所擬設文案一員以司酌擬章程稟行文件支應一員經管
銀錢出入及照料一切雜務

一公所開辦所有繕寫清書司閽丁役擬由善後稅釐兩局或從
藩署原有胥役酌撥當差以節各項縻費

一藩司之有籌餉公所猶臬司於積案局發審局外設緝捕局之
意第緝捕係官府之事與紳民無涉公所取義專為聯絡官紳
冀通上下之情以後凡有裨於籌餉之事無論候補人員在籍
紳士如有確見均許詳晰條陳親至公所投遞由司道公同妥
議稟請督撫憲施行

照會粵紳文

為照會事照得廣東辦理籌餉事宜案經詳稟督撫憲豫准於十月
十一日開設公所其切要宗旨在聯絡官紳通盤籌畫以期有益
餉源無滋擾累上年拳匪肇禍變起非常現雖和議告成而賠償

兵費至四百五十兆之多庫帑久虛償期至迫昨經戶部奏定廣東每年應派二百萬兩粵省素稱富庶工商之利甲於東南近因時局艱難歲出之款有增無減正供之外至取闈姓等項充餉爲民上者每一念及正俗阜財之義未嘗不惡然自慚顧際茲度支窘迫之時不得不從世俗權宜之計究之民氣日漓盜風滋熾綜核出入功不補患茲若再加每歲賠款二百萬兩將欲爲竭澤之漁何異厝積薪之火本司道等前經稟准督撫憲籌辦房捐畝捐等項現房捐業經開辦所取無幾而民間已有浮言若畝捐係按糧加輸官司雖征之於業主而業主不能不取償於佃民剜肉補瘡即元氣亦隨之俱耗揆度事理窒礙至多體察民情拊循宜亟現擬面稟大憲暫緩舉行惟此項二百萬之賠款轉瞬即屆限期若非先事預籌必至臨時貽誤查中國數千年凡與敵國用兵事定議和從無償還敵國兵費之說此係曲從西國之例則勢不能不

仿西政舉行歐洲各邦向有國債一項其始皆由用兵而起兵事既息勝敗攸分則舉國之人激於公義各出私財以紓公患國家按年計本付息永永無窮一劵尚存世享其利遇有緩急仍許轉售他人故國債股票民間視同恒產用能上下一心國勢蹶而復振凡諸往事具載西籍可譯而知我中國夙稱禮義之邦尊君親上之誼人所飫聞然自流失相沿儒生則襲紙上之空談有司第行官中之故事堂廉既隔天性漸漓第今日環球各國皆以君民一體爲治若我中國長此痿痺之痼疾不求血脈之貫通是不獨負先聖垂敎之心亦無以抗列國爭强之俗豪傑之士無所憑而亦興忠義之民但有感而即應本年和議初成閩疆臣中有請辦丁捐之奏者　朝廷以事同加賦有違　祖訓迄未允行是　國家軫恤閭閻之意至爲優渥若地方有司不能奉宣　德意率先士民共矢忠悃上答　皇仁亦有司之恥也粵省文物昌明財力

雄富紳士勵志節商賈急公義向非他省可比歷屆籌捐報効動成鉅款茲若合志同心倡辦國債以一省開廿二省之風氣不獨東粵之光亦中華之福也目前籌款之方此爲最上之策次則息借商款一法甲午乙未之間各省一律舉辦比及還款之期他省間有移作別用者惟粵省辦理此款二百七十餘萬本息悉數清償未有絲毫含糊蒂欠差足取信於民成案可循舉行尙易此二者皆上無乖政體下不擾及民生惟是近日博訪周咨僉謂中國情形與泰西異君民之情固隔官商之分亦嚴既未置腹以推心安能如臂之使指扼要之論切中事情本司道等一官鞅掌職守所拘治簿書期會之時多親賢士大夫之日少深慚固陋未廣見聞茲特就城東隅廣雅書局設一籌餉公所凡紳士之志切匡時富商之才堪裕國者但有眞知確見惠然肯來即當開誠布公虛己以聽總冀有裨於國計相期共濟夫時艱除出示曉諭外用特

備文照會貴紳請將以上所稱國債息借兩端各就地方情形詳晰講求於何者爲宜折衷一是俾使賠款有著擬即將畝捐等項一律停止此外利所當興弊所當革何者宜開源何者宜節流凡本司道所未及周知者均望條列以聞冀收集思廣益之效相應照會卽希察核據實見覆以便施行須至照會者

上督院稟條陳籌餉三端

竊查此次籌還各國賠款前六月中粵省電奏時尚未見戶部指派數目倉猝之間但慮籌款稍遲貽誤和局是以有擬辦房捐畝捐之議不意近日部奏遽欲各省一律試行查目前房捐雖經開辦然所收無幾計每年僅及二十萬金畝捐則尚未舉辦粵中向無魚鱗圖册吏胥據私簿爲世業各縣額徵僅憑歷任徵數取十年內外數之最贏者定爲比較責成糧書包徵現欲按畝計捐勢不能丈量清理若按糧攤派迹近加賦恐違 列聖貽訓殊非

朝廷軫恤民隱至意司道等自詳准設立籌餉公所以來博訪周諮體察粵中目下情形可以擴充整頓撙節之款約有數端謹具列如左

一洋藥一項每年通省進口約一萬二千餘箱每箱四十顆每顆約重三斤如按生土計膏抽釐每生土一斤加抽膏釐一兩應每箱抽銀一百二十兩每年應共抽銀一百四五十萬兩即使稽查不密走漏一半每年亦可抽銀八九十萬兩近有人建議欲仿香港搜查私膏辦法惟全省之大非香港一隅可比搜查必致騷擾但由商人設立公司承認充餉最爲扼要現已飭員至香港與向來承辦洋藥華商洋藥到港例入屯棧洋商完稅後待華商簽名納釐方准批發總匯之處稽核最易妥議按土計膏辦法俟其回省面稟如無窒礙即可舉行至四川雲南土藥由西江來者其銷數之旺不減洋藥但毗連廣西之境設立總廠嚴查加貼膏印花一律核抽計每年

所收之數卽照洋藥一半計數亦當有四五十萬統計洋藥土藥兩項歲可收銀一百二三十萬兩

一粵東行鹽正引額配一百零七萬包同治年間私鹽充斥每年祇配銷六七十萬包及光緒初年前運使國設法整頓是年卽配引至一百四十萬包正雜餉項陡增一倍後任漸就廢弛銷數亦漸就短絀及前督憲張察悉情弊特設河海三營認眞巡緝此一二年內辦理得人正引亦銷至一百三十萬包此皆有案可稽近年正引每年銷數均在一百萬包以內如能力加整頓每年多銷正引之鹽三四十萬包卽可增正雜之餉三十餘萬兩

一查善後局每年出款項下陸勇三萬七千二百二十七員名薪糧經費等銀二百一十五萬八千五百餘兩現在粵省無警長養多兵又無好將帥認眞訓練游惰之衆日久益滋後患現擬

將此項陸勇如裁減二成應可節存銀四十餘萬兩核計以上三款每年已可彙成二百萬兩之數洋藥膏釐如有商人認餉承充其款指期可得裁營一事陸續挑強汰弱計期亦不過半年以內惟鹽務整頓稍費時日但係名正言順之款較之按畝派捐似有區別又近聞鄂中來電各省賠款如有七成報解已足敷用此說果確又可少籌六十萬兩畝捐一項更無庸議司道等一再會商粗有把握擬請憲台早日電奏前擬辦畝捐近察度情形不免窒礙現已停止不辦但得明奉　諭旨庶使各省聞之均置此項不議則葆養閭閻元氣所全者多鈞座造福至宏不獨粵東一省矣

上督院稟籌議加重膏捐

籌餉公所開辦之後訪察輿論均以加重膏釐一事最為裕國而不病民查各省銷售洋藥每歲約一萬二千餘箱土藥進口數亦

相埒而膏牌經費商人承餉每年僅收銀十二萬兩與售土之數不符遠甚訪聞沙宣洋行經理之人黃姓頗知大義勇於任事因札派公所委員王典史藻印赴港面晤黃姓與籌按土計膏之法該商慨然承命願爲設法并欲以此項賠款悉攤於按土計膏之中該委員即回省稟知此十月杪事也惟洋藥總數該商握其樞紐稽查自易土藥則川雲兩幫路徑紛歧處處可以走漏商辦恐未易收效十一月下旬復飭公所文案委員虞令汝鈞赴港察看情形旋據虞令回稟該商現正議合川雲兩幫并須待新加坡吳商到港合股方可來省承辦一切詳細情形另具說帖呈覽惟是粵省商人承餉一節近年流弊滋多此項按土計膏之餉關係絕大司道等一再會商職道擬日內帶同虞令親至香港一行與該商妥訂章程預防流弊約計三五日內即回理合稟聞

上督院說帖請招商承辦膏引

竊維廣東開辦膏牌經費未有扼要辦法特以顧忌洋人莫敢過問竊嘗加意考求諗知確有可辦之理查煙臺專條二三節洋藥運入中國由海關封存具有保結之棧房完納稅釐後方許拆包搬出塡給運單只准華商持用並不許洋人包送惟聲明貨包未拆暨包上海關印花號碼均未擦損私改即無須再完稅捐等項是拆包後之洋藥即可收捐又第五條載此等貨包在行銷洋藥地方開拆者如有應納稅捐等項明收暗取均不得較土煙加增並聲明係照貨價計課即應將洋藥與土煙價值相較均算是洋藥土藥一律辦理即與約旨不背又第七條載所發運貨憑單於海口運往內地行銷處所之時仍不免其輸納稅捐英國即有廢棄專條之權是指未擦損印花拆改之貨包而言與第三條互相發明又第九條載派員查香港至中國偷漏之事應即作速派員是偷漏當查即可在香港船頭關查收洋藥進口之數目但抽取

經費不得黏連洋藥貨價之內以致有所藉口當經札派公所差遣委員典史王藻印訪勸沙宣辦土洋行買辦黃竹友商議辦理章程嗣據復陳事屬可辦應作爲洋藥華商報効國家按土計膏抽之於拆包零買之時廣東全年進口洋藥至一萬二千箱之多合計可成鉅款川雲各土藥須一律辦理旋接黃竹友由港來信擬聯合同行集十股開辦尚有同行總商馮恕堂陳煥明兩人請諭勸會辦以免歧異當即會諭勸辦去後復由王委員赴港諭查復稱尚有潮幫雲幫未合尚須設法善聯前月底特飭公所坐辦文案委員虞令汝鈞挈同王委員赴港考求辦法章程並察看各幫聯合如何情形復稱該商等以開辦此事商家自有應得之利商情均尚踴躍惟開辦之始人頗難求用項亦大請稍假時日以便籌畫詳密免致滋弊喫虧並稱已邀允南洋粵商吳夔甫來港合力舉行須俟年內可以到粵等情至其辦法係就香港船頭關

計數每土加煮膏引票一張內只載明計應共熟膏若干兩買土製膏憑製膏人照納膏費繳銷某年月日給票等字樣並不載明數目每兩膏應納費若干另行通示以別於土凡洋藥入內地某行承批若干箱歷歷可知每土必有引賣若干土繳若干引代收若干費引票存根編號查收可期得法惟川雲土藥散漫無紀走漏甚易由川雲幫議定辦法應請分咨湖北雲南督撫准其在宜昌關雲南發土會館專查入廣貨裝一面在粵中酌定地段設商廠四十處專查土藥來源既明查緝自易委員准商指稟云云伏念餉需孔亟籌措維艱據該商擬承膏引經費一節所有章程辦法證以條約本無違背揆諸情理事在可行查有候補知府黃守恩煥與黃竹友等爲海外舊交復由司道等飭其督同原勸委員切實勸辦尅日舉行官司力任維持之責以期趕速收效所有會議變通原辦膏牌章程歷次委員到港勸商並商議辦法各情形謹具

說帖恭呈憲鑒章程續經改定原章不錄

詳督撫院酌擬膏引辦法開列章程

爲詳請批示遵辦事竊查廣東進口洋藥以及川雲各土漿行銷最廣製成熟膏日以數千斤計近年開辦膏牌未得扼要之法抽收尙難起色光緒二十七年十一月二十四日奉憲台檄行准戶部咨開議覆御史瑞璐奏請推廣膏捐一節不失以徵爲禁之意各省情形不同應飭詳核市情妥籌辦理務期有濟於事無擾於民奉 旨依議欽此遵飭司照依會局遵查體察辦理司道等再四籌商當以借土計膏離土收費於條約並無違礙擬借資商力籌議辦法曾經歷次派員赴香港勸諭洋藥華商候選同知黃寶田並招新加坡華商分用知府吳丕球合力舉辦以上各情繕具說帖曾於上年十二月二十四日禀奉督憲批仰候劄行粵海關稅務司核議具覆飭遵等因復經職道珏帶員赴港與職商黃寶

田面議訂定三款於十二月二十八日列摺呈奉督憲批膏引如何抽收前後手摺均未詳晰聲敘至稱承辦商人如難得手應由公家將三十萬兩發還是承辦之商無論事之成否均無虧損而公家原有之膏捐轉成無著似不得不再加斟酌等因奉此茲據職商吳丕球由新加坡到粵謁見議辦膏引與職商黃寶田協力認承司道等於接見時即以原有之膏牌經費十二萬兩責成務使不至無著據稱洋藥每年進口至一萬二千餘箱之多川雲各土藥數復相埒膏引辦定一月所收之數足抵膏牌全年之數縱使辦未得手公家原有之膏捐自當惟該商是問司道等見該商人甚樸誠議辦事宜具有條理當飭令具稟聽候詳辦本月二十五日該職商吳丕球黃寶田等稟稱職商等向在香港南洋新加坡等埠經商瞻念宗邦不忘 帝德先後報効國家職商丕球蒙奬分用知府職商寶田蒙奬候選同知醇邸出使德國道經港坡

職商丕球痛念拳匪肇禍賠款難支曾邀集南洋華商擬通籌鉅款合力承辦全華膏碼條陳利弊稟求代奏章程稟詞聞已邀達政府惟此事非合二十行省同時舉辦由商等向印度政府投充鴉片總商尙難開手茲奉憲諭以粤省攤派賠款至二百萬兩之多籌措萬難擬從膏捐考求扼要辦法於洋藥入口拆包批發時借土粒計膏收費於煑膏之人查洋藥土藥一律辦理借土計膏離土收費於條約並無違礙洋藥進粤口每年約一萬二千餘箱職商寶田處稽數自有把握惟川雲各土藥須一律歸商抽辦方免洋人藉口誠恐獨力難支舉職商丕球合股承辦職商丕球於十二月二十八日得接奉司道憲電諭正月間遵由新加坡束裝到港與職商寶田商定按照土粒於批發時用膏引票計數按引根收費於承批拆兌之行棧川雲各土均照洋藥斤兩核抽章程另詳淸摺辦有成效鉅款既足無事更張設有窒礙兩月之間已

有分曉職商丕球卽向新加坡邀集同志湊成三百萬兩在港截買洋藥開全粵熟膏公司便可統握利權力顧餉項總期務底於成現在膏引開辦之初未能定餉擬由公司先借繳銀三十萬兩准分兩期借繳以先應賠款之期初辦六箇月內所收餉銀若干除公司二成半經費及二成半花紅外將借項償還其餘作爲正餉儘繳至第七箇月如尙未能扣淸所餘若干卽於逐月勻數扣歸借款總以扣淸爲止設此事萬難得手六箇月內一無可扣之款公司又難開辦應請收回官辦所有前借之三十萬兩由公家照數給還如開辦之後日有起色六箇月內已將前借三十萬兩扣淸自第七箇月起除二成作公司費用以二成作花紅及老本息外以六成繳餉並請准按照賠款年限以三十九年爲期惟洋藥一項須與洋人交手簽字開辦必得交職員等以辦此膏引事宜之權應請督撫憲照會各國領事及稅務司有文憑回覆俾得尅

期舉辦本省各生土行棧應到公司領牌領簿取引票以便稽查其餘辦理章程謹具條款呈候訓示幷承認原有膏牌餉銀每月一萬兩甘結一紙等情據此查廣東進口洋藥每年至一萬二千餘箱之多川雲各土藥數復相埒洋藥有洋關貿易册可稽川雲各土有釐廠可考核計每年洋土藥熟膏每兩以一錢二分收費六成充餉實不止一百二十萬之數至於二成經費二成花紅商利所在商情所關似未便再加刻覈際此餉需孔亟舍此更無可籌之鉅款交權辦理俾得與領事稅司剖論定議簽字開辦揆之公法交涉事宜亦屬實情司道等爲力顧賠款起見是否有當爲此備文並附列章程一扣詳情憲台察核俯賜批示祇遵實爲公便

酌擬承辦廣東全省膏引公司章程（按此係商人原擬章程其後續有修改案繁不錄）

一此次承辦膏引擬用拆包後計土核膏之法所有洋藥暨川雲

及各省入口並本省土漿均一律辦理與條約並無違礙惟與洋人交手須有交辦之權應請督撫憲照會各國領事及稅務司有文憑回復後方能舉辦一面仍請奏咨立案以重商業而裕餉源

一洋藥每土一顆計重四十八兩至五十兩不等以六成核熟膏三十兩每熟膏一兩抽經費銀一錢二分每三十兩熟膏計應抽經費銀三兩六錢土顆拆包批發後由公司塡給與承批之行棧熟膏引票每熟膏三十兩引票一紙連附批發貨單付執爲該行棧發售與煮膏之人抽收經費之證據公司憑引票存根向各行棧收取繳餉公司白川雲各土漿一律辦理

一承批之各行棧憑公司引票向煮膏之人收經費繳公司充餉公司持引根收銀如各行棧代收餉銀每百兩給銀二兩以作酬勞

一凡應收經費之行棧如有拖欠以及違抗不繳應請隨時稟請查封由公司隨時稟送究辦按土給引遷根查引在何棧由引查熟膏若干瞭如指掌萬無含混

一開辦之初斷難定餉應由公司先借繳銀三十萬兩分兩期攤繳准二月內借繳銀十萬兩三月借繳銀二十萬兩初辦六箇月內所收餉銀若干除二成五公司經費及二成五花紅外所存五成餉銀將借項遞扣其餘作爲正餉儘繳至第七箇月如尚未能扣淸卽於逐月儘數歸款設如此事萬難得手於六箇月內一無可扣之款屆時如欲收回官辦所有前借之三十萬兩應由公家於四箇月照數給還但無庸給息

一六箇月後如辦有頭緒卽永遠先除餉銀二成作公司經費二成作花紅及老本息外以六成繳餉無庸造册報銷所收餉銀按月淸繳

一洋土二藥每月膏引之餉當以常關及官設卡廠抽收數目與公司核膏引票比較以定多少便知餉數以杜含糊

一請准承辦按照賠款之期以三十九年爲限期內不得更換新商

一川雲各土漿核膏辦法本有自主之權應請准公司在各要隘地方自設卡廠專查土洋二藥不得過問百貨並請通飭官辦釐廠將各項土藥收釐護照關會商設膏引卡廠加給核膏引票並飭官廠將收釐之數與商廠給引之數相較俾知有無偷漏以資共濟而保餉源如有官廠之護照無商廠之引票即係走私任公司查拏嚴究儻仍巡緝未周猶有偷漏應由公司在各地方自行設法辦理

一川雲土漿以及洋藥運入內地向多偷漏擬請通飭本省各府州縣文武員弁實力維持保護儻有販棍走私以及藉端阻撓

均飭一體裁緝查拏從嚴究辦本省邊界尤爲切要以杜越境私銷

一請督憲移交海關部堂准商人在常關將洋藥拆包核膏黏貼引票並飭關上將抽收之數與商辦抽收之數對較俾得兩數符合以昭劃一而杜私放遺漏之弊

一公司股商均係商人集股而成應繳餉項由籌餉公所每月派員查核一次

一公司設有稟請札委員弁協辦事宜均有專責儻有越分誤公應准隨時稟請撤換

一准商等設立輪船及招募巡丁以爲解運查緝之用請給旗簿祇領

一廣州灣及各口走私最多之地自應擇地設立卡廠並准隨時稟請飭兵輪查緝應用煤斤由商按日核數繳價

一請督撫憲移文雲南湖北兩省准商等設立公所以便查辦一設雲南省城一設宜昌關近地

一膏引係爲賠款浩繁起見凡有華洋交涉事宜公司請有律師辦理官應力任維持之力

一所有川雲各土既准商家在雲南省城宜昌關近地查知廣裝土藥來源既明查緝較易萬無捕風捉影之弊惟確有走漏之處巡緝萬不可少開辦時由商等禀求轉請督憲札廣協鄭副將梧州協江副將各招勇一營勇糧由商籌給其西江歸江緝私其東北兩江歸鄭緝私駐卡口隨時酌量分派

一緝私之例如有挾持軍械預爲拒捕者格殺勿論照鹽梟治罪其無軍器者以私販懲罰

一本省各生膏行棧應公司領牌領簿取引票方許販運洋藥土藥其牌係懸於行棧其簿與引票係販運入口之用於入口時

到卡報明若干引運往何方行棧卽由運客出具期程及繳餉
限單此單應將運客所攜之簿蓋用卡廠騎縫戳記卡廠則攜
限單以取餉運客則攜簿引以爲憑其所攜之引票每過一卡
蓋一驗戳如過期程下次卽作舊引不能再往販運至繳餉期
限應於期程到行棧限七日內清繳如有拖欠准送地方官押
追

一沿邊各口禁止攜帶熟膏入內地售銷其緝私賞罰與生土同

一賞格宜從重如查緝得私膏以九成充賞一成充歸公司其作
綫之人卽使往日走私均不計其既往照例賞給如作綫至百
斤者恐日後爲私匪尋仇應永增給勇糧一名由公司發領撥
入各卡當差

一應准商人稟請知府一員到公司督辦公事並懇照永安堂成
案頒給關防一顆以便開用

一福建省宜咨移照數增抽俟開辦稍有頭緒即可行文照膏引
辦理以免攙奪

一所議章程係就應議大略先請示遵遇有因時制宜相應變通
辦理以期有利無弊與一切未盡事宜隨時稟請核辦

上督院稟陳覆晤商英領事情形

竊職道於本月初一日奉憲台傳示致英領事函稿並英領事復函飭將推廣膏捐抵償賠款一節與英領事晤商初二日詣轅稟見請示旋經廵捕傳諭祇悉查商稟中所指各國領事係爲澳門廣州灣等處緝私而言澳門屬葡國廣州灣屬法國必須由官照會商人方有辦理之權是晚回寓即將商人呈請試辦膏引始末渾敍大意又摘錄商人章程與外國有交涉數端並錄光緒十一年稅釐並徵專條內三款足與商稟相發明者繕文三件擕往於初三日十一下鐘帶同委員虞汝鈞繙譯薛永年至英國薩領事

署相見後寒暄畢委員告以來意即舉第一件文示之薩閱後即云此項鴉片若再加稅萬萬不可現在廣東釐金極重盜賊充斥無物不貴若再加稅民間生計愈窘必致滋事擾害地方傷及洋人各國必要派兵船來此時更難收拾況我英國現正爲東三省事替中國出力尤不應加稅職道見其所答非所問支離閃爍意在搪塞了事因告以廣東現有膏捐經費辦理已久此次不過推廣並非加稅商人具稟承辦此係我國內政不必定要貴領事允准且係按照光緒十一年約章辦理並非違礙有損邦交其時副領事同坐在旁即就案頭檢洋文一册送薩閱訖薩不語良久徐云制台何必寫信來說與我商量職道答以制台因看重貴領事故通知貴領事欲得貴領事隨處相助薩初見時隨口狡辯意氣甚銳後見職道持論堅定不肯鬆勁意已稍挫及聞此言則容色頓改和平云陶大人待我們本好我亦並非不肯幫忙實恐內

地窮民易鬧亂子職道云此不必慮貴國在香港收鴉片膏釐較省城更重何以不鬧亂子薩云香港他物皆不收稅獨鴉片重稅故其事可行中國若能仿照便好職道云此事緩日再談制台命我來意我已說畢總之無論貴領事答應不答應我們賠款所關勢在必辦薩云我在此做領事若中國要加稅我實無此權力答應制台須告知上海盛大臣呂欽差與我國現在上海之欽差商量若事屬內政則領事並非中國之官何必與我來說及職道云即此足見貴領事明白因即起辭職道初去時有商人同往詢其能否接見薩變色云我不必見商人及瀕行時虞委員詢其有港商隨後若來可接見否薩連云接見接見職道上轎時薩殷殷送至輿前執禮甚恭是日在彼談論有一點鐘之久總之括要只是兩語中國若要加稅領事無此權力答應若事屬內政則不必問領事以上皆當時確實詳細情形此外支離嘲笑中國之詞甚多

皆於膏引事無甚關涉故不贅陳

詳督撫院開辦膏引請咨部核奪

爲詳請據情電咨外務部核奪飭遵事竊查光緒二十七年十一月十四日奉憲台札開准戶部咨開議覆御史瑞璐奏請推廣膏捐一節不失以徵爲禁之意各省情形不同應飭詳核市情妥籌辦理務期有濟於事無擾於民奉 旨依議欽此欽遵飭司照依會局遵查體察辦理司道等再四籌商當以按土計膏離土收費於條約並無違礙擬借資商力籌議辦法曾經歷次派員赴香港勸諭洋藥華商候選同知黃寶田並招新嘉坡華商分用知府吳丕球合力舉辦旋據該商等稟具章程請給札開辦於正月二十八日會詳蒙督憲批飭職道珏晤商英領事詳細稟復再行核辦等因職道珏遵於本月初三日晤商英領事業將詳細情形稟明在案現値賠款緊急籌措萬難廣東在各行省之中尚稱富庶此

無可籌遑論他省如使解期失信彼將蹊占利權內政愈失時事益不可爲就外患論與其使難緩之賠款失信各國不若就可據之條約力爭利權一省開辦各省皆可仿行以內治論與其窮搜盡括支支節節而爲之不如重抽此病民之物多取之而不爲虐伏查洋藥既拆包入內地即與土藥之來自川雲者同爲華商之物按引計數而收費於批發後零買煮買之時洋藥土藥一律辦理係就原辦之膏牌推廣事屬內政外人不能過問於條約實無違礙況承辦之商即香港沙宣洋行之經理人黃寶田果有窒礙黃商斷不肯冒昧承辦此本司道等所以決信其可辦也現據吳丕球面禀黃寶田等並無退縮疑難惟問官中是否給札交權開辦外洋條例商權頗重官中但據和約專條准辦商人自信確有把握惟土藥緝私商力不及之處須官力任維持之責惟是開辦之始不厭求詳擬請據詳電咨外務部核議定奪飭遵以昭愼重

而符奏案是否有當理合詳請憲台察核批示祗遵

詳督撫院具報開辦膏引

爲申報事竊廣東遵　旨籌辦推廣膏捐一節就原辦膏牌成案變通招商吳丕球黃寶田稟具章程以按土計膏給引按熟膏收費於專條並無違礙兩次詳奉憲台批示並蒙據詳咨請外務部核明電復各在案二月二十六日據該商續稟陳明未盡事宜曁聲已稱由該商向香港洋商說明此項辦法既合專條無礙商務可以辦得稟及章程各一扣由本藩司面呈憲台察核奉諭飭先行給札試辦一面催令繳餉仍候外務部復准飭遵等因奉此隨即會同司道等傳該商面諭據稱願即奉札分赴香港新嘉坡提款儘本月二十外尅期繳借餉銀十萬兩開辦四月二十內再繳借二十萬兩以符原稟當分札該職商吳丕球黃寶田飭照兩次稟列章程妥愼籌辦去後理合備文申報察核

與虞和甫書二件 光緒二十九年

疊接葵甫竹友來電云大局有變請到粵挽救等語弟此時已奉使命粵事勢難兼顧因念此必由台從暫時離粵羣小以爲有間可乘暗中唆聳英商爲之是以於初二日發電請閣下速回粵照料一面電囑吳黃兩商速請律師據約駁辯即是挽救之法旋奉復電候船即行私心稍慰未知日内已抵粵否初五日接吳黃兩商禀函并鈔錄英領事八月十三日照會制台請停膏捐文一件及制台八月十九日札飭籌餉公所立將膏捐新章撤銷文一件尋繹再四果不出所料因憶本年二月初三日弟與英領事晤談之時該領事反覆陳說大旨謂中國若要加稅領事無此權力答應若但辦膏捐此係中國内政不必問領事其時閣下在座共聞此語今照會制台之文與此大異且自二月初至七月杪幾及半年省城議推廣膏捐該領事豈無聞見何以噤不一言乃直至八

月十三日陡發此議其爲閣下旋閩之際乘隙而發萬無可疑至英公使照會外務部原文則又於現行膏引章程全不相符蓋由英領事含糊朦禀郎英使亦爲所愚惟當道於條約全未究心遽札公所將膏捐新章撤銷試問以後每月十萬之賠款將從何出此則聽人播弄不顧國家大計其咎不在洋人而在華人大抵此等鬼蜮伎倆如果細意推求不難水落石出但念弟此時既已去粵祇可付之一歎不爲已甚惟望律師據約駮辨理直得伸自於大局無損不審近日尊處辦理機勢如何律師駮辨能得力否甚切系念茲將電稿鈔去昨已將此意電告外務部丞參請其回明堂憲堅持定見勿爲所搖弟現定九月二十四日乘德公司船在滬放洋計二十七日可到香港屆時望閣下與吳黃二君同來一敍

本月初一日藩台來電以拱北稅司申呈一節囑弟與赫總稅司

面商又接吳黃兩商來電謂香港英商意存阻止告北京英使懇軍機外務部大臣據約辨論等語維時弟已請　訓且面奏出京之期不便在都延滯接電後頗費躊躇聞數日前總稅司有函致外務部丞參論廣東膏捐事因索觀之見其大旨祇不欲商人在香澳六廠徵稅而仍許由稅司代徵其言新捐太重恐走私愈多亦是實情尙非立意阻撓因即請外務部左丞鼎臣瑞君良與赫面商稅司代辦一節赫旋復函應允由九拱兩稅司代辦其函中慮走私一層有礙海關稅釐囑於內地商人所設緝私之處如遇有未向海關完過稅釐之洋藥或按私貨查拏入官歸公或令膏捐之下照納一百十兩之稅釐送交稅務司歸入正款以冀互相贊助云云其言亦頗近情因於初七日電復藩台請派員與九拱兩稅司會商又恐商家未必周知是以由義善源轉呈想閣下及葵竹兩君早已得悉矣未審方伯接電後現在如何辦理至商人

電稟香港英商意欲阻止一節弟已將煙臺續訂專條逐款簽出幷曾惠敏訂約原摺送交政府以爲他日駁辨地步但商稟所云似係傳聞之詞未必實有其事刻下續有所聞否赫稅司前後兩函鈔錄附去可卽送藩臬諸公一閱八月十七日

與丁慎五方伯書光緒十八年十月

虞令回省泐布一緘想登籤覽所有維持膏引之法已囑虞令面陳此事須仗鼎力始終主持能堅守一二月滕薇漸消風波自息查省城開辦膏引如洋商不願自當推沙遜新舊兩行爲首事今沙遜行主並無停阻之言獨一巴巴利小土行妄生異議聞英領事照會督撫之先卽有中國官員與該行往來行踪詭秘且傳有所撰文字大抵詰責膏引之詞後數日領事照會督撫卽稱奉到英政府來文云云其中所用詞語與在巴巴利士行所見者一字不易此則甚爲可疑且照會中有請將膏捐新章停止之語查膏

捐乃上年十一月戸部奏准推廣奉　旨依議之件督撫札行司
局遵照辦理豈一領事所能遽請撤銷而八月十九日院札遽飭
籌餉公所停止膏捐新章竊意督撫大吏條約容有未明　諭旨
豈可違背乃任聽劣員播弄輕重倒置若是幸公力顧大局體恤
商艱爲民請命八月二十四日兩院會電外務部之語甚屬明晰
想英使得外務部照復後亦心知其非是以不再嘵瀆風波平息
者一月乃本月二十四日外務部來電英使仍執有背約之語定
須停止新章所引數端語多不倫大約仍由英領事唆聳所爲當
即擬成復電交處令帶省呈請速發不知兩院閱過後曾照發否
來示有停止膏引而膏牌事在必辦之語此則萬不可行正墮小
人術中彼一二劣員始終阻撓其私心亦謂歸宿必出於此第思
從前膏捐止辦十二萬尚不能如數解繳茲稱歲繳餉銀六十萬
恐其必無此鉅數不過甘言動聽冀以阻止膏引耳查膏引章程

督撫若能實力保衛商人嚴密緝私則早有成議一百二十萬之歲餉並非虛懸無著之款現據虞令面述閩省已擬仿行弟在滬時蘇皖兩省亦各有人來抄錄新章擬仿粵中辦理此事於國計民生所係甚大望公一力肩任爲禱再弟在上海時與英國領事滿思禮閒談詢其近日英政府曾有議及中國膏捐之事否彼云並無所聞祇見廣東新聞紙曾提及此亦無關緊要云云此事弟到洋後當訪悉明白即行電聞又昔年在英國時與倫敦禁煙會紳頗多熟識如果英政府眞有阻撓之意則干我內政於理亦爲不直尚可囑禁煙會紳發議駁之從前光緒十一年曾惠敏與英訂稅釐并徵之約英外部初亦堅執不允後得該會紳幫助之力始克定議前事不遠可以取法總之我公能堅定不移辦成膏引一事不獨爲粵計實爲天下計此事亦關氣數豈一二寡識之小人所能阻撓李中丞人極正派未審於知人之明何如弟固不願

與小人結仇然彰癉之公自不可廢再商人黃竹友所任用之簡某既極荒謬應即飭令竹友早日撤去而膏捐公司決須實力振頓其商人延訂律師一節最關緊要但必須督撫批准彼方能上堂辨駁此事華商理直殆可操必勝之數現南洋大臣即延訂西國正副律師辦理一切交涉案件已十數年未聞有礙邦交也

上岑雲帥書 光緒二十九年五月二十七日

粵省出款日繁官吏習爲聚斂掊克小民無微不至而明明可籌之款則又以不諳條約自相疑阻昨在粵時奉委會同司道籌餉經營半載辦成膏引一宗由商人具稟承餉每年認繳一百二十萬於粵省派賠之款已得大半其章程係按照曾惠敏煙臺條約續訂專條第五款辦理與約章並無違礙於上年六月開辦商情極爲踴躍閩省已議仿行乃八月間駐京英使至外務部饒舌指爲違約外務部電粵省督撫核復而德制台惑於人言遽飭司道

將膏引新章撤銷商人以所辦章程並未違約籲懇廷訂律師據約駁辦而制台又不允商人既負屈莫伸公家亦坐失鉅款可爲浩歎廷既來海外職在簡書未便越俎代謀茲幸鈞座重到天南民有來蘇之望遙想藎籌碩畫必能裕國恤商如將此膏引一宗飭商照舊承辦其一切零星瑣屑掊克之捐槪予刪除則全粵之民受賜多矣若慮外人故智復萌則廷已將曾侯原約逐款詮釋明白幷附錄曾侯訂約時密摺可據以爲駁辦之資茲繕錄一分謹呈鈞覽

煙臺條約續增專條約稿（現將粵東膏引辦法與此約並無礙之處逐款註明）

大清國 大英國 國家因查光緒二年七月二十六日 一千八百七十六年九月十三日在煙臺所定條約第三端第一第二兩節所擬通商各口免輸洋貨釐金地界及劃定洋人居住地界各辦法均須再行商酌又查煙臺條約第三端第三節所載之詞於認眞整頓洋藥貿易之法尙欠

詳細抑且深願聲明於行銷洋藥之事須有限制約束之意是
以定此續增專條
查曾惠敏原奏稱專條首段加入於行銷洋藥之事須有限
制約束之意一語以聲明此次議約加稅之指而暗伏將來
修約議加之根是惠敏當日定約時已預為後來加稅地步
目前如欲加洋藥海關進口之稅必須修約若照粵東膏引
辦法此約固已包括在內詳見第五條下
一煙臺條約第三端第一第二兩節所擬辦法現在議定應由
兩國國家日後再行商酌
二煙臺條約第三端第三節所擬洋藥辦法今議定改為洋藥當
運入中國者應由海關驗明封存海關准設具有保結之棧房
或封存具有保結之躉船內必俟照每百斤箱向海關完納正
稅三十兩並納釐金不過八十兩之後方許撥出

三現在議定凡照上節所載正稅釐金兩項完納之後該貨主
即可在具有保結之封存處所眼同海關將洋藥拆改包裝其
貨包各種式樣尺寸應由海關官員會同該口領事官預先酌
定聽貨主擇用如貨主於此時請領運貨憑單海關即當照給
不取分文其所請憑單或每包一張或數包一張悉聽貨主之
便凡有此等運貨憑單之洋藥運往內地之際如貨包未經拆
開暨包上之海關印封記號碼數均未擦損私改即無須再完
稅捐等項此等運貨憑單只准華民持用而洋人牟利於此項
洋藥者不許持用憑單運寄洋藥不許押送洋藥同入內地

查此款載貨包未經拆開無須再完稅捐則貨包既拆之後
應完稅捐即不能不照章輸納今粵東膏引係計膏收費於
拆包之後但於未拆包之前預給引票以免走漏與此約並
無違礙

四現在議定給發憑單章程各口一律其憑單式樣開列於後

載運洋藥憑單

爲給發憑單事照得單內所開蓋用記號碼號之洋藥遵照每百斤箱應納正稅釐金章程業經納銀共　兩按照憑單背面附列　上諭批准（光緒十一年六月初七一千八百八十五年七月十八）日在倫敦所定（光緒二年七月二十六一千八百七十六年九月十三）日煙臺條約之續增專條凡照此憑單載運之洋藥無論在於何處祇查貨包未開海關印封記碼號均未擦損私改則一切稅捐等項均免輸納

記號　碼號　第　何處進口　發單日期

海關稅務司簽名

五中國國家應許此等貨包在行銷洋藥地方開拆者如有應納稅捐等項或當時所徵或日後所設或由明收或由暗取均不得較土煙所納稅捐等項格外加增亦不得別立稅課如此

等稅項係照貨價計課即應將洋藥與土煙價值相較均算其較算之法應於洋藥之市價內扣除進口時所納釐金

查曾惠敏原奏稱於第五條議得洋藥於拆包零賣仍可抽釐是內地並未全免稅捐將來若於土煙加重稅釐以期禁減則洋藥亦可相較均算另加稅釐今按此款所載或當時所徵或日後所設或由明收或由暗取均不得較土煙所納稅捐等項格外加增即原奏中所指拆包零賣仍可抽釐內地並未全免稅捐是也現粵東所辦膏引即款中日後所設計膏收費即款中所謂暗取膏引章程洋藥土藥一律徵收洋藥並未視土藥格外加增是與此款一一脗合此款又云如此等稅捐係照貨價計課應將洋藥與土煙價值相較均算即原奏中所指將來若於土煙加重稅釐以期禁減則洋藥亦可相較均算另加稅釐是也查洋藥價昂土藥價賤是

以定章洋藥百斤徵稅釐一百十兩土藥百斤徵稅釐六十兩行之已久外人並無異言近來洋藥之價日增即除去釐金算較土藥亦多至一倍有餘如照貨價計課是洋藥計膏收費應照土藥加增一倍現粵東膏引章程不問洋土藥每膏一兩抽銀一錢二分是已重徵土藥而洋藥反輕矣與此約更無窒礙上年英使照會外務部詢問粵東土藥每百斤已否加抽至一百十兩因欲阻撓膏引新章反議加土藥舊日稅釐於此款照貨價計課一層全未理會眞是無理取鬧而粵東大吏並未據約辨駁遽飭司道將膏引新章撤銷殊不可解

六現在議定此次所定續增專條應與（光緒二年七月二十六／一千八百七十六年九月十三）日所定煙臺條約視同一律其實力鄭重之處亦與逐字載入煙臺條約無異此專條應於畫押以後六箇月開辦施

行此指兩國批准文據已在期內互換而言儻期內未能互換即自互換之日開辦施行

七專條所載洋藥章程議定照行四年四年以後兩國如有欲廢棄章程者無論何時皆可先期十二箇月聲明一經通知屆期即爲廢紙惟議定儻查所發運貨憑單於海口運送洋藥前往內地行銷處所之時仍不免其輸納一切稅捐等項則無論何時英國即有廢棄專條之權儻續增專條既經廢棄則洋藥辦法應仍照現在所行之天津條約所附章程辦理

查此款內稱儻查所發運貨憑單於海口運送洋藥前往內地行銷處所之時仍不免其輸納一切稅捐等項則無論何時英國即有廢棄專條之權上年英領事照會粵東督撫即據此條爲言查膏引章程係到行銷處所售與煮膏之人始按引收費並非於海口運送內地時令途中輸納稅捐該領

事引此爲證殊與膏引章程實在情形不合

八續增專條既經開辦如查其中有應行變通更改之處兩國

國家儘可會同商議酌改

查此款載明其中有應行變通更改之處即可商議酌改現在賠款如此之鉅除粵東膏引辦法本與條約不背外儻或另有應行變通更改之處亦在可以商議酌改之列用特附誌於此以告當世有籌款之責者

九煙臺條約第三端第七節所載派員查禁香港至中國偷漏之事應即作速派員

十此次專條所改之煙臺條約暨此次議定續增專條一併由兩國　朝廷批准其批准文據應在倫敦作速交換定約大臣各奉本國　國家之命議定續增專條畫押蓋印此專條係在倫敦繕立漢文二分英文二分共爲四分

光緒十一年六月　初七　日即
西歷一千八百八十五年七月十八日

與程雨亭書 光緒二十九年十一月

春間寄奉煙臺條約續訂專條注釋各册想蒙披閱嗣又送呈二百册請攜至粤中徧贈僚屬弟之愚見今日民窮財盡岌岌可危外洋賠款數鉅期迫各省派償羅掘幾罄惟就洋土藥想法尚可抽收大宗款項以紓民力乃粤省膏引公司僅憑外人一言阻止推原其故皆由通省官吏不明條約所致猶憶去歲議辦此事之初委員中僅一處令汝鈞商人僅一黃竹友於專條各款所載了然於心蓋處令閩人閩省於數年前曾擬此辦法黃商則沙遜洋行經理洋藥之總商也此外則無一人知此專條用意者惟在督撫前訕笑阻撓而已當時陶制軍臥病牀蓐非其私暱不能進見德靜帥惟洋務局員之言是聽幸藩臬二公尚能同心且籌餉原

係藩司專責念舍此亦無別法可籌故能力排衆議克底於成不意弟甫離粵枝節横生教猱升木悉由洋務局員所爲此中曲折公但密詢虞令可悉其詳自來海外念此事若不剖析明白聽其從此憂然而止不但粵商膏引之辦法莫屈負伸且使曾侯立約之苦心有懷未白是以排印此册廣送同人亦冀有一二勤恤民隱之君子細繹此約更立良法不至長爲外人所刼持夏間雲帥抵任曾將此事詳告請其飭商復辦近接來函知粵省現行膏牌外人且從而干預幷江鄂兩省就土征膏已行之法亦爲牽動現方靜候部議外人之得步進步固屬可恨然物必先腐而後蟲生不能不歸咎於粵省洋務局員之開門揖盜也本年七月間得外務部友人書亦謂各省膏捐英使時來饒舌現惟妥訂章程收之於拆包以後過與爭辨於事無益弟察度情形既不能據約力爭惟有另籌辦法適譯義國稅則見其中有重征煙稅一條似可仿

照辦理因於中秋後專摺上陳欽奉　硃批交外務部議奏茲將摺稿錄呈台覽并請閣下於謁見雲帥時密呈一閱（弟不錄奇雲帥者恐督署洋務局員聞知送信與外人橫生枝節又蹈上年故轍也）聞粵西軍事未能速了餉項奇絀巽公有請開捐例之奏部意捐例已成弩末仕途流品混淆已極斷不宜再開若洋土藥加稅每年所入遠勝開捐雲帥向來疾惡鴉片甚深儻以管見爲然可否請其以重稅洋土藥普免雜捐具摺上聞雲帥負天下重望　朝廷倚畀方隆其言易入如得　諭旨允行寓阜財於正俗之中非獨於籌款有裨也

上岑雲帥書（光緒三十一年十一月）

粵東財政闕益艱困竊謂自乙未辛丑兩次賠款歲出之項驟添四五千萬雖不加田賦而商稅日增民力久已不支求其多取而不爲虐者祇有重抽鴉片稅一法前年敝處請加徵洋藥一疏部復交駐英張在使與英外部商辦嗣英外部復文謂必須土藥與

洋藥一律加徵方能公平商辦查土藥自設八省膏捐以來徵收已過洋藥之數目前洋藥必應加徵似無疑義前在粵時招商承辦膏引按照條約並無違礙因大府不肯與外人駁辦歲失百萬之款此事鈞署當有案牘可查竊意該商原定章程如有未妥之處儘可酌改何至全功盡棄今粵省籌款既別無良策曷不就此想法改章續辦如能堅持定見事在必成彼族雖狡亦無詞可措夙仰執事威稜震俗懾服外人敢獻愚忱伏祈采納

復庵遺集卷八

復庵遺集卷九

無錫 許珏

禁煙牘存三

上蘇撫陳中丞說帖光緒三十三年五月

竊查上年十月政務處奏定禁煙章程十條頒行各省內第二條分給牌照以杜新吸第四條禁止煙館以清淵藪最爲扼要蘇省經司道詳准以本年正月初一日起限扣至六月底即屆封禁煙館之期惟禁令必宜凜遵而下情亦應曲體此項開設煙館之人似須先期告戒令其預謀生計以免屆時失業之歎職三月二十六日到籍訪查錫金兩邑城鄉煙館約有二千餘家計店東及幫夥不下七八千人日來邀集城鄉紳士妥籌安置之策並密詢各煙館屆六月之期能否恪遵告示一律閉歇據各紳等稱上年諭旨初降人心震動一時戒吸者頗多各煙館均有改業之想後

聞以正月初一日起限衆情稍怠及屆三月底照章應停止燈捐乃地方官反將燈捐（近年所辦膏捐錫金兩邑皆向煙館燈吸徵收故邑人統名之謂燈捐）每兩加增二十文從此人情疑沮謂政令反覆若此則六月閉歇之期諒亦徒託空言未必實行復見省章有停止燈吸即作爲膏捐之文試思錫金兩邑安能開設二千餘家膏店則其陽奉陰違開燈密室不言可想是禁止煙館一條已屬有名無實可爲浩歎職思加價之與燈捐截然兩事祇因向來地方官辦理不善以致今日衆人誤會轉生阻力因又就開設煙館之人擇其稍明事理者告以六月底必須停歇違則封禁據稱定章不敢違唯必須將四月初一日起每兩加徵四十文之燈捐迅速停止則該煙館既蒙體恤於前當不至抗違於後再三研詰衆口一詞竊思此項土膏加價既曰土膏自應在土店膏店徵收本無取諸煙館燈吸之理刻下距封禁煙館之期已近惟有籲懇鈞座電飭各屬地方官自五月

起將此項加價改向土店膏店徵收庶界限可淸並出示曉諭各煙館其四月分業經收取之款照數發還以昭大信如此則屆期閉歇自無異詞禁令既肅衆情帖然他邑情形職不敢知但就錫金兩邑以推人情恐亦相同或謂洋藥稅釐併徵之後遇有加捐之事土店向不承認此項加價儻土店不肯認繳勢必無著如欲按照舊日膏捐之數循章提解蘇滬兩釐局將於何取償似亦不能不慮查光緒十一年煙臺條約續增專條內第五款載明貨包在行銷地方開拆後如有應納稅捐等項與土煙一律照貨價計課云云是洋藥於拆包零賣之後本可抽捐此事詳見曾惠敏當日奏摺職昔年曾詳加注釋兹將此册附呈台覽則流俗之論不辨自明矣至分給牌照一條原定章程由地方官出示曉諭發給格式令吸煙者照式開報蘇省經司道詳准省城派候補人員會同拒煙會紳董辦理外縣遴紳設局經理限三箇月內一律報明

今禁煙起限已逾四月此項分給牌照之事尚未悉省城如何辦理外縣無可遵循又査章程第八條責成地方官督率紳董以期實行在定章初意重在責成地方官而上年司道詳准謂州縣以一身而理庶務勢不得不假手書差偶一失察百弊叢生論熟悉地方情形莫如紳董計惟本地方自治之意用官督紳辦之法是今日禁煙之能否實行官紳已分任其責惟是紳董之在本地祇能從容勸導其風行雷厲與民更始之效全仗地方官不避嫌怨實心任事方能日起有功合無仰懇鈞座迅賜嚴詞通飭各屬以儆怠玩管蠡之見謹以附陳伏祈鑒核施行

與無錫縣伊峻齋金匱縣趙嶼秋兩大令書 光緒三十三年五月十四日

禁煙事實行當遵政務處奏定章程煙館勒限六箇月內一律停歇改業逾限概行封禁爲第一要義蘇省經司道詳定以六月三十日爲限今距封禁之期不及五十日而停歇者寥寥並聞有書

差需索之費以致有欲歇不得者又土膏加價一項不應就煙館燈吸徵收昨弟玨親至蘇垣謁中丞面遞說帖蒙允飭司妥議惟是現距六月底已近如待省中議定轉行文已於事無及因與中丞熟商祇能相機辦理當蒙許可謂俟有成效並可推行他邑茲同人擬定簡明辦法數條專爲屆期禁止煙館而設繕摺呈覽並懇速賜出示曉諭以堅小民遷善之志嚮而息非分之覬求無任懇切盼禱之至

與伊峻齋大令書 三件 光緒三十三年

弟與閣下相識已逾十年雖過從未久而學術經濟素所欽佩茲幸仰託仁帡凡有造福桑梓之事必於明公是望禁煙一事上年欽奉 諭旨諄諄爲挽救目前貧弱之故近奉 寄諭各省大吏著照奏定章程切實辦理儻再有鬆懈定與嚴懲不貸 詔書一再宣示業已深切著明乃弟昨至省垣訪查現在辦理情形極爲

鬆解聞祇係操筦榷之柄者借膏捐一端巧辭游說中丞惑之查通省膏捐歲不過十二三萬金如從三月底停止煙館燈捐七月初就土棧膏店起征加價界限分明其間只少收三箇月膏捐通省所短不過三萬餘金以蘇屬之繁庶此三萬金何處不可設法彌補前聞執事云錫金兩邑報解之數每月二千餘元通計三箇月不過六千元弟曾告中丞云如釐捐局爲此六千元之故致錫金兩邑不得實行禁煙則邑紳尚可認墊此項惟求迅飭地方官切實出示曉諭煙館必須至六月底一律封禁業荷中丞慨允許以相機辦理又查閱本月初七日新聞報載有淞滬釐捐總局移蘇臬司禁煙局上海道文有既經予限飭禁而應繳之捐仍復勒令照完未免政近煩苛特予豁免以示矜恤而彌隱患俟禁定後再行飭令售膏之店照章起捐以示限制云云則與鄙人所見不謀而合惟此件公文未知係何月日之事擬請執事轉詢釐局總

辦展雲老公祖查明並希見復爲禱 五月十四日

頃奉賜函敬承壹是並悉以禁期瞬屆已囑三廳查戶造册擬俟到期之日雷厲風行廓清毒燄仰見藎籌周密欽佩良深承諭前摺所擬辦法第一條應候憲示弟珏昨已發函請中丞迅賜示復第二條須商金邑乞公即與嶼秋公祖斟酌停妥早日施行第三六七八條需款頗鉅尊意必先籌足方可放手辦理尤見慮事精詳曷勝心折查前奉省局來文土膏起征加價於收加價錢內按照舊日膏捐之數循章提解蘇滬兩釐局餘剩之款留作本處禁煙之用原文甚明惟弟等現擬辦法六月三十日以前此項加價不得就煙館燈吸徵收應予豁免至七月以後此加價自應歸膏店認繳除循章提解釐局外按計每月餘剩不下二千元此項尚非無著之款惟六月以前則須籌墊現擬由弟珏先借墊一千元弟建綸弟壽楣各借墊五百元此外則儒寡會公款可挪移三千

元至各紳富聾應氣求願出貲墊款者尚不乏人總之此舉係奉
旨嚴飭實行之事弟玨又係奏請回籍隨同地方官專辦禁煙
之人即使他處辦法不免鬆懈而錫金兩邑決不肯因循粉飾貽
患後來況上海切實奉行已有成效以執事之賢必不甘居人後
惟尊處必待上臺行文則輾轉稽遲未知何日始到可否請閣下
據實巡稟撫憲請示之處伏乞裁奪至感至禱 五月十七日

前聞膏店執照尊處已由省局發存三百張查日前新聞報載上
海奉到執照與向來煙館之照無甚大異既無禁設煙館一層亦
無發照領照章程經上海縣李大令另擬辦法四條奉瑞觀察鑒
定札發遵行等語不知尊處所奉之照與上海前奉之照是否相
同抑已改定敬祈即檢一張交下以憑察辦為禱 六月初二日

與趙嶼秋大令書二件 光緒三十二年

昨今兩奉惠函並照會一件敬承壹是膏店執照先後領到二百

九十五張查核開載云云確與向來煙館之照無甚大異因陋就簡可爲太息論理須援上海辦法申請但爲期已促多此周折非省憲所樂聞今擬由公所另紙載明續定省章及錫金兩邑現擬辦法排印多紙黏同省局執照給發茲將擬稿呈請鑒核如有需增刪之處并希與峻齋公祖會商改定交下爲禱 六月初六日

頃奉手教敬悉壹是煙館歇後改爲膏店查照尊處疊次照會省章土膏加價一項所收錢文除照舊日膏捐之數循章解交省城牙釐局外餘作地方禁煙經費云云弟珏意如認定禁煙宗旨膏店總以少開爲宜而省憲既以膏捐爲重則不得不通籌兼顧錫金兩邑城鄉煙館共有一千三百餘戶每月解省局膏捐計洋二千餘元現擬限開膏店三百戶則此二千餘元之膏捐必須就此三百戶勻攤方不偏枯勻攤之法祇能就舊開煙館之街巷劃分地段令其自認較有著落金邑天四圖舊有煙館一百四十三戶

每日售膏六百五十九兩現擬限開膏店三十二戶則此項膏捐不得不就此三十二戶勻派大抵既願承開膏店決非乏於資本之人是以先就天四圖試辦弟玨手定一表將原有煙館之數銷膏之數現限開膏店之數逐層分列交與公所發給之人此表附呈一閱凡來領膏店執照者須照此認捐或量減一二成俟一月之後如確係銷不及數准其具稟改定加注執照中並給與冊簿二本令其按日塡寫銷數循環倒換以備查驗此弟玨所擬限制膏店而仍兼顧舊日膏捐期公款有著之辦法也弟謙培之意竊謂禁煙之與收捐事難兩全蓋禁煙期銷膏之少而收捐求銷膏之多近來　明詔屢頒但飭實行禁煙從未提及膏捐一語以省章與綸音相較孰輕孰重不待智者片言可決且煙館改爲膏店銷數諒不能旺似宜曲體羣情不必拘泥省中疊次來文致多窒礙擬就凡來領膏店執照者但查本人舊開煙館捐數加十之五如開燈時

認捐四兩現改膏店認捐六兩隨到隨塡照給付以盡三百號爲止於膏店所加有限人情自必樂從此弟謙培所擬限制膏店不復計及膏捐之辦法也日內來領照之人聞知敝處擬此兩種辦法尚未決定不免觀望敝處亦未便遷就致乖禁煙宗旨正在躊躇茲奉惠示所稱孫太尊函詢各節足見此舉以俯從民便爲宜現已決定用弟謙培辦法矣六月二十六日

與伊峻齋大令書 二件 光緒三十二年

煙館停歇幫夥類係無業之人日久賦閒易生怨望自應爲之妥籌生計庶與前定章程符合不致徒託空言茲敝公所於前籌墊禁煙經費項下酌提銀洋一千元就禁煙公所設立借錢局以作肩挑貿易定於七月十六日開辦酌擬章程六條開單函送敬祈核明迅賜繕發告示徧貼城廂內外通衢要道俾衆周知是爲至禱七月十四日

昨准來文奉省城牙釐總局排單札催膏捐將七月以後銷數確查具報等因并蒙示及錫邑原報銷膏數目每日一千二百六十餘兩按月應收解錢七百五十八千四百六十文現敝公所僅發照六十七戶日認銷膏五百二十七兩零核與原定銷數不及其半將來短絀萬不能賠繳等情具見藎慮周詳顧全額款至意查此次各膏店所認數目原爲塡寫領照暫認此數俟至本月底尙須核實重定現數日來錫邑境內續領膏照共已七十三戶每日銷膏共五百九十八兩零五分按照每兩加價四十文算應每日收錢二十三千九百二十二文每月應收錢七百十七千六百六十文較之舊解之額每月尙不敷錢四十千零八百文查淸城鄉揚名鄉兩扇領照無多日內必有續報之戶俟至月底當與解額相去無幾擬卽截數將空白執照奉繳作一結束以淸界限前擬另設勒限減癮官膏店五處亦爲籌抵解款起見後思其中辦法

頗多窒礙蓋　諭旨煌煌祇曰禁煙今以區區膏捐多方遷就殊屬不值且錫金兩邑號稱富庶但能實行禁煙即撤開膏捐另籌他項以抵解款尚可設法何必沾沾出此下策遂將前議作罷今執事慮及賠繳一層鄙意禁煙關係兩邑盛衰大局當從長計議將來銷膏日減自當由敝公所隨時設法補苴決不相累請紓廑念七月二十三日

與趙嶼秋大令書光緒三十二年八月初五日

疊奉惠函並膏店執照及城廂膏店加捐清單領悉一一查上年政務處奏定章程第五條清查煙店項下載明由地方官查明注册存案給與憑照後不准再有增開之店其隨時閉歇者即將憑照繳銷不准留存又蘇省續議章程第四條此次清查之後永遠不准添開以示限制合觀兩條詞義至爲明顯今敝處於七月十二日業經遵奉來函截數已將空白執照呈繳册報省憲在案茲

尊處因聞城鄉尚有擬開膏店之人復將前項執照發下按諸定章似屬不合照此辦法於清査之後不准添開以示限制一層殊形窒礙第念執事因顧全膏捐不得已而出此茲擬於本月初十日爲止此後永遠不再給發以符定章至城鄉各膏店認銷膏數尊處派友稽査類多隱匿現議酌加以重公款固屬正經辦法第此事似應歸三廳收捐之員一手辦理敝公所但管發照未便與之計較錙銖蓋敝處宗旨在於禁煙如知有隱匿等情即應勒閉以肅禁令毋庸遷就議加也原單奉繳即希察入諸祈鑒原爲荷其各店報減銷數及繳照報閉之戶統俟截止發照之日造册送呈

與伊峻齋大令書 光緒三十二年七月初五日

竊照各煙館前有違限抗違之徒已承査出封屋責懲在案此等陽奉陰違恐一時未易盡絕有犯必須速辦方可稍示懲儆擬請

台端可否將來公所收膏捐之員早日委定並兼辦禁煙善後事宜以後有事即由委員在公所就近辦理以期迅速而免周折遲誤遴員檄委後並乞轉致孫太尊爲叩

與常州府陸勉齋太守書

敝處於本月十六日設立借錢局先籌墊洋銀一千元仿照從前揚州因利局章程辦法迄今半月未有煙夥過問蓋緣章程中有戒煙後方准借給一語非此輩所樂聞至習藝所之設殊屬不易凡人至以煙館爲生必其平日懶惰已極不肯吃苦故甘心作此下流行業豈因煙館既歇即能發憤習勤聞上海設立煙夥習藝所至今報名寥寥足見此等惰民未易就範是以敝處遲回未辦弟之愚見自上年八月初三日欽奉　諭旨禁煙期於力挽近來貧弱之弊本年三月又奉　寄諭各省大吏著照奏定章程切實辦理令勒限閉歇煙館特奏定章程之一端此外應按照章程辦

理者正多日來輾轉籌思其最要者係章程第二條分給牌照以杜新吸第三條勒限減癮以蘇痼疾但此二事必待省城定有辦法然後外縣可因地制宜仿照舉辦前閱省章於分給牌照一層諉之本城拒煙總會由紳士姚姓經理後聞因朱竹石廉訪與姚紳意見不合多方挑剔姚紳亦知難而退牌照既未分給則勒限減癮事更無從辦起竊意目前實行禁煙當使上等人漸知愧恥則下流社會自不至故態復萌且此次煙館一律閉歇固由地方官三令五申有此成效亦由國家教澤未泯法令尚行如春雷一震萬彙昭蘇但能從此下手力圖振作譬諸瘖者思語跛者思起氣機所感殆有動於不自知者若謂煙館既勒限閉歇此外奏定章程應以十年爲限則死灰復燃之機恐轉瞬卽成炎炎之勢矣風聞近日省城自司道大吏以下吸食如故將何以間執衆人之口鄙人所慮在此而不在彼敢以質諸高明至分給牌照勒限減

癮二事究竟應否及時舉辦亦乞指示爲感

復釐捐局孫展雲太守書光緒三十三年

煙館雖一律閉歇仍賴稽查不懈方有實濟藎慮周詳無任欽佩承示膏店宜少開方合禁煙宗旨卓識偉論尤爲今日省章痛下針砭敝處上月由兩邑會送到膏店執照共六百張竊意如准此數開設膏店是改兩戶煙館爲一戶膏店不過改一名目而已於禁吸之義安在因擬兩邑合共三百戶以爲限制庶幾挑膏銷數較舊日煙館燈吸可以驟減惟膏捐係賠款所關故前擬辦法兩種有兼顧膏捐不兼顧膏捐之別六月二十五日接到嶼秋公祖函詢各節當即詳晰具復諒早轉達冰鑒自二十五日起領照者不復如前觀望現截至七月初四日止已發膏照一百三十二張共認銷膏一千零七十二兩有奇查兩邑煙館舊認每日銷膏者計三千四百二十兩七錢五分如必湊足舊日原額捐款計非發

照四五百張不可尙復成何政體且上年政務處奏定禁煙章程內清查煙店一條載明現開之店以後須漸令收歇不准再有新開詞意森嚴於現開之店尙欲令其收歇且聲明不准新開今省章一味顢頇煙館停燈卽爲膏店而漫無限制流弊胡可勝言竊思目前但期賠款有著何必盡用省章鄙意現發之膏店執照宜卽日停止城中四鄉另設膏店五處名曰勒限減癮官膏店每店認銷膏二百兩合一千兩併前項已認銷之數共二千零七十二兩較煙館燈吸時每日確已減銷一千三百五十兩之膏而就加價一項核算每日可收錢八十二千八百八十文一月可收錢二千四百八十六千四百文以抵向來循章解省中釐局之款有盈無絀於禁煙宗旨既不背而於賠款仍得顧全昨已函商峻齋公祖茲再爲大君子縷晰陳之如其中尙有思慮未到窒礙難行之處務請切實指示以期磋商盡善

與伊峻齋趙嶼秋兩大令書光緒三十三年十一月

接誦手書知疊奉上臺批札膏捐不能短缺分文續發膏照以解額爲限制期於禁煙籌款兩不相妨藎慮周詳無任欽佩惟是銷膏多寡之數必視吸煙人數爲進退苟吸煙之人日減則煙膏安得多銷若膏捐長此無虧則禁煙何從收效斯理易明無待多贅昨已將蘇省征收膏捐有妨禁煙之處呈請御史臺代奏仰蒙聖恩寄諭江督蘇撫體察情形酌核辦理茲將呈稿錄寄冰案此後各州縣自可儘征儘解得免賠墊之累應請飭處停發膏照以存限制儻將來因解款虧短上臺有督過之言惟地方紳士是問

上端午帥書光緒三十四年

讀明公復奏摺稿統籌全局語重心長至爲欽佩第膏捐窒礙情形尚有未達清聽者在牙釐局以籌款爲專職自不肯任捐數之減收我公庶政殷繁各州縣稟報禁煙情形縱有不實不盡勢不

能一一洞察然念大疏既上玨即面謁縷陳亦徒滋煩瀆且自計假期屆滿淹留在里何補時艱遂於四月初旬北上到京之後縈念鄉里積弊一日不除沈痾一日不起伏思鈞座公忠體國廣益集思苟有以身親目擊之言效土壤細流之助知公必深所樂聞而不以爲多事此玨近日所以又有呈請代奏之事也竊計此稿早達冰案惟縷縷愚誠爲呈稿中所不及敍者不揣冒昧請陳崖略竊謂名實必相附以立義利不並域而居蘇省所謂膏捐本係燈館燈捐其後名目雖改仍就煙館燈盞計數定額官吏收捐時亦就煙館挨戶徵收改其名而未改其實此則開辦之初官吏苟且之咎上年四月省章停止膏捐起徵土膏加價夫既曰土膏即應土店膏店一律征收乃不及土店而祇徵膏店且即此煙館停燈改設之膏店是則輾轉巧立名目始終不出曩日之燈捐利之所在弊卽因之竊意今日爲捐款計惟有將此加價一項改向土

店徵收凡膏店購土時由土店照章扣存代繳則力少功倍計捐數必溢于舊額此名實相附之說也雖然此第言籌款之益而於禁煙固無效也以徵爲禁之說行之數十年矣究其所極則有徵而無禁蓋籌款一層既須兼顧則要需所在不能不委曲求全若無錫縣伊令立勳讀書既富更事亦多勤敏耐勞可謂賢吏及牙釐局一再札飭不准膏捐短少則雖政務處奏定章程亦不敢堅執遵守玨既不願膏店閉歇之後復准添開是以商同邑紳自本年正月起由縣將膏捐短絀之數按月照會公所代籌勢解茲將往來文牘另册鈔呈此於邑紳不失爲好義然地方有司亦豈甘受狥利之名玨兩次呈請准州縣儘收儘解微旨在此蓋禁煙與籌款二事離之則各有辦法合之則決難見功此義利不並域之說也鴉片流毒垂及百年開禁收稅已五十載懲於道光年間海上兵事從無人敢再陳禁止之議　聖明天縱　疊沛綸音薄海

生靈如釋倒懸之厄玨上年請假之時原擬隨同地方官按照政務處奏定章程逐條辦有頭緒然後入都荏苒一年愧無寸效然亦因此阻滯而悟禁煙機緘所在蓋栽種吸食販賣三者皆宜逐漸限制惟限制吸食爲最難統籌蘇省全局長淮以北自以限制栽種爲先大江以南必以限制販賣爲急限制販賣之法首勒閉煙館次禁栽種並膏店次勸改土業但使通縣境內無煙土可購必購之於境外則一縣吸食之人不限制而日少由縣而推之一郡由郡而推之一省不過數年漸有摧陷廓清之望年老病廢之人應聽終身吸食不在此數至於限制栽種亦有簡便易行之法斷非逐年遞減一成可以收效此事思之頗熟如蒙俯采容俟續陳

無錫　許珏

禁煙牘存四

上督院說帖籌擬禁煙入手辦法光緒三十四年十二月十八日

竊職道現奉鈞札委辦全省禁煙總稽查事宜並諭以認真整頓期收實效日來調閱卷宗咨訪輿論粗悉省城目前辦理情形伏讀上年三月初四日　諭旨諄諄於栽種販賣吸食各項令各省遵照政務處奏定章程切實辦理查粵省種煙之區甚少唯潮州府之海陽縣據報上年土藥出產約十萬零五千餘兩饒平縣出產僅二百數十兩此外概無所聞是粵省所應整頓者祇在販賣吸食兩項而已兹謹擬入手辦法數端伏候裁奪

一省城現設之戒煙公所戒煙局應請仍由巡警道廣州府照常辦理惟查驗官員一節聞州縣以下由廣府主政者已查驗十

數員府廳各員由巡警道主政者尙未調查擬自明年正月開
印後查訪明確一律認眞調驗

一禁煙大臣奏定查驗章程有分別官民以淸界限一條內稱凡
紳商士民之戒斷由民政部及各省督撫隨時隨地考察辦理
現省城戒煙公所但查驗官而未及紳商士民竊謂商民至衆
查驗不易紳負一鄉之望士有學籍可稽似應就省城官位較
崇譽望素著各紳分致照會請其按照政務處定章倡率士民
以期一體實行

一政務處奏定章程內分給牌照勒限減癮兩條爲禁煙扼要之
處然其事至爲繁瑣頗難著手職道所見江蘇一省至今未辦
本年在京聞直隸天津等處分給牌照之後流弊甚多頃查閱
卷宗粵省情形亦復相同且牽涉膏牌商情難饜欲求令行禁
止似須改絃更張另籌簡易之法但必周咨博訪詢謀僉同事

有把握方敢列摺上陳
以上三條限制吸食事宜
一外務部與英使商訂辦法洋藥進口自本年始每年遞減一成期以十年減盡現查粵海關洋藥進口之數上年一萬零三百九十七擔二十斤本年一萬零五十九擔四十斤（此係按西曆計算）以本年比較上年所減尚未及百分之四按諸原議每年遞減十成之一似有未符理應將本年少減之七百餘擔併入下年計算以便設法從嚴限制
一如欲照會外人限制來年洋藥進口之數須先將本年土藥進口之數查明確係減少若干方能間執外人之口查雲貴兩省土藥來自西江川省土藥來自北江此外潮汕雷瓊欽廉一帶土藥由輪船進口者亦復不少本年各屬進口土藥尚未截數呈報檢查舊卷光緒三十二年約銷土藥一千一百三十五萬

九千餘兩三十三年約銷九百二十七萬二千餘兩核計減銷之數在二成以上惟既稱約數自不比海關冊報數實可憑應俟本年各屬呈報之後確切查明定一限制之數以便照會外人俾洋藥銷數與土藥一律遞減不至畸重畸輕

一擬遵照政務處奏定章程從嚴將各土店切實限制洋藥土藥一律稽查每店就近兩年來屯賣數目酌中定額以後或半年或一季隨時限令遞減銷數各土店就現有家數暫給牌照仍勸諭及早改圖當知功令既已禁煙則販賣煙土即非正經行業其熟膏店尤應明定限期准其隨時報歇所有膏牌承餉應否隨時量減以示體恤

以上三條限制販賣事宜

右所陳係粗舉大概如鈞意謂爲可行當再悉心另擬辦法細目次第呈鑒茲事綮重擬請撥公地一區俾貲辦公並請刊發關防

以昭鄭重酌撥經費准設員司以便幫同料理分派稽查是否有當伏候示遵

詳督院擬定全省禁煙事宜章程請核准立案宣統元年閏二月初九日

爲詳請立案事案奉憲台札開禁煙爲今日要政粵東自奉 旨禁煙以來先由巡警局設有戒煙所又由廣州府稟設查驗官員戒煙所要無非禁煙之事今酌定辦法將府設之公所改爲禁煙局管理全省禁煙事務其查驗官員戒煙之事亦歸併該局辦理名曰廣東全省禁煙總局等因奉此查自光緒三十二年八月明詔禁煙定限十年以內將洋土藥之害一律革除淨盡三十三年三月 諭旨嚴飭各省於栽種販賣吸食各項遵照政務處奏定章程切實辦理儻有鬆懈定予嚴懲三十四年二月 諭旨飭內外臣工協力通籌認眞辦理毋論如何爲難必期依限斷絕毋得稍涉因循致干重咎 綸音訓誡至再至三凡在臣庶宜如何

洗心滌慮痛改前愆乃迄今已逾三載雖悔悟自奮者倘不乏人而泄沓相安不知振作者實居多數恭讀本年二月二十四日

上諭禁煙一事乃今日自强實政教養大端特禁吸禁種及籌款抵補洋土藥稅釐三事相爲表裏禁吸一事責之禁煙大臣及京外各衙門長官民政部暨各省督撫及管理地方之將軍都統等禁種一事亦責之各省督撫及將軍都統抵補稅釐一事責之度支部明知籌款誠艱要當權其利害輕重豈特此鴆酒毒脯以救飢渴而不爲民除害等因欽此仰見　聖天子痌瘝在抱欲海內臣民速出水火而登衽席盡袪沉痼以蹈康和斷不容再事因循遷延貽誤查上年四月民政部會同度支部奏定禁煙稽核章程諄諄以縮短期限力圖進步由各省查看情形辦理兹本司道遵札將全省禁煙事宜妥定章程六條列摺詳請察核俯准立案一面即由局出示曉諭並移行遵照是否有當仰候批示祗遵

擬定廣東全省禁煙事宜章程

一政務處奏定章程以禁種罌粟爲第一要義本省栽種之處無多前奉督憲札行不拘十年之限各屬統於光緒三十四年一律不准栽種通飭遵辦在案復經本局查明向有栽種罌粟之潮屬海陽澄海饒平等縣及韶州府嘉應南雄各府直隸州所屬嚴飭該地方官查禁誠恐愚民翫法射利故智復萌嗣後應責成地方州縣認眞查勘如有膽玩之徒仍敢私種立卽督飭差勇全行拔除並將栽種之田主佃丁枷責示懲種煙田畝追契充公本局並不時派員密查儻仍有栽種卽將查禁不力之州縣詳請撤參以儆泄沓

一膏土各店亟宜逐漸改業以符部章查政務處奏定章程第五條凊查煙店項下以後祇准閉歇不准增開又查民政部會同度支部原奏既聲明縮短期限復於章程第八條稱膏土各店

應設立期限於膏土營業以外兼為他項營業逐漸替換務於定限以內將土膏貿易一律停止現本局遵照以上章程將膏土各店自本局出示日起以六個月為一限每屆限期清查一次其有遵章兼為他項營業將膏土貿易早日停止者酌予獎勵其貪戀舊業至數限後仍不遵勸諭停止者即弔銷牌照以符定章

一給發牌照已由巡警道遵照政務處章程辦理惟聞報名領牌多非確實往往揑冒假造借牌購煙其弊不一而足至各屬未設巡警之處據報領牌並無確數查政務處定章分給牌照本與勒限減癮同時並舉現種煙既經縮短期限則吸食之期亦應一律縮短豈容姑息遷延嗣後除年老痼疾二項有關生命實難戒絕者驗明酌予從寬照前領牌此外領牌之人每屆換牌務將牌開認限某年戒斷空格內切實塡明期限以便後日

按册稽查無可欺飾若仍沉溺不悛屆時未能戒絕即照政務處奏定章程有職者斥革無職者注名煙籍不齒齊民

一開燈煙館實爲吸食淵藪迭經嚴諭禁止近聞省城內外偏僻之處私行秘密開設者仍復不免固由棍徒玩法牟利半由各署差役得賄包庇地方官查禁不力咎無可辭嗣後各屬內如再有前項開燈煙館一經本局派員查出即將該管正佐各官分別記過撤任以示懲儆並令各屬巡典每三箇月查明管內並無開燈煙館出具印結申該管直隸廳州縣加結轉報本管道府暨本局以備查考而昭核實至售賣煙具早申嚴禁現在各屬有無販賣之人并飭一體查明列報

一地方紳董爲鄉邑之望果能實心爲地方除弊則民間情僞素所稔習如鄉黨之中有吸煙人若干斷無不知之理現擇其品望素孚者分別照會該紳等以身作則剴切勸誡凡已設有巡

警者由警局查明吸煙人數造册呈報其未設巡警之處由縣會紳辦理務須查明實數不得稍涉疏漏並廣設戒煙分會務使鄉閭之中一律掃除煙毒儻有不率教者由各族祠堂值理處以相當之懲罰停其嘗胙並將姓名列摺呈報以憑提究庶化導創懲互相爲用足爲地方自治之初基

一自奉　詔禁煙以來稍明事理者非不自願戒除往往因戒不得法或致害生或成痼疾情亦可憫前經民政部頒發戒煙中西各方業飭州縣及各善堂依方製藥究竟曾否遵辦現擬再飭各屬督同各善堂實力舉行廣爲銷流並查明市肆發賣各戒煙丸散如有參入嗎啡等類者嚴爲申禁以重民命

上督院說帖請調驗武職人員 宣統元年閏二月二十四日

竊現奉憲台飭知附奏粤東設立禁煙總局片稿自當遵照會同認眞籌辦惟調驗文武各員一節文員自府廳起及州縣以下業

已分別次第傳驗而武營將弁深恐視爲具文雖有調驗之名仍蹈延諉之習擬請憲台移行水陸提鎮及中廣兩協轉飭所屬先將六項員數表依限切實塡注繳局查核如有應行調驗之將弁隨時呈報察核照章取結傳驗在各營將弁經奉憲台札飭斷不敢稍存玩視庶免延誤而昭核實是否有當伏候鈞裁

上護院說帖籌議禁煙扼要辦法 宣統元年六月初二日

竊本局自正月開辦至今倏將半載局用所費已及萬金課其成績不過查驗斷癮職官六十餘員及封閉開燈煙館二百餘間而已此於通省禁煙全局並無大益若長此不變則地方官之玩誤因循轉有所藉口而本局督率無方辦理未能扼要當先尸其咎竊謂今日任禁煙之責者當如治軍討賊以期滅此朝食而後可然不將致寇之源及養敵之患分別察究則寇且蟠踞窟穴牢固而不可去大抵種煙販煙譬猶倚賊爲利者也吸煙者則被賊脅

擄之人也吾於爲賊脅擄之人當力拔而拯出之內地種煙販煙萑苻嘯聚之類也發號施令以解散之足矣外洋販煙疆場侵掠之寇也宜堅壁清野以力拒之如此則賊勢自蹙寇自引退吾民出水火而登衽席矣今就省城河南見聞最近之地先籌扼要辦法兩端俟三月之後果能收效然後推及各屬由近而遠或者全省肅清之機將發軔於此乎謹將辦法開列於左

自上月派員調查省城河南各膏店銷數雖所報未必盡實然約計城廂吸煙人數不過二萬惟換發木牌尚有六千張未領故無牌挑煙者屢屢被罰以後擬無牌被罰者一經查獲即發交戒煙所勒令斷戒第省垣現祇巡警道在新城設有戒煙所一處勢不能容多人茲擬於老城添設一所東南關設一所西關設二所河南設一所茲添設戒煙所五處專收下等傭工作苦之流每所擬月戒百人計一月可戒斷五百人一年之內可戒斷六千人此外

能服藥自戒之人本局另延訂醫生愼選良方配合戒煙丸藥減價發售計一年之內亦必有數千人戒除斷癮凡此皆被賊脅擄之人宜力拔而拯出之者也

政務處奏定章程勒限減癮項下一年換牌一次每換牌時酌減舊癮幾成現巡警道換發木牌即照上年減癮二成竊意勒限減癮不宜延至數年之久查前據韶州府嚴守條陳家族禁煙辦法興甯縣茹令禀請改戒煙分會爲禁煙分局俱奉前憲批准所擬章程均限一年斷癮現採用其意自本年七月起限減二成以後每三箇月遞減二成至明年六月底即行減盡如不能按期遞減及屆時尚難斷癮俱一律編入煙籍其省城所有土膏各店營業本視銷數衰旺爲去留果能一年之中吸食之人減癮戒斷十居八九計土膏各店自能陸續閉歇此於發號施令中即寓堅壁清野之法藉以抵禦外寇於無形者也

以上兩端尙屬扼要辦法如果省城行之有效卽可飭各州縣一體仿照辦理惟設戒煙所五處照巡警道現辦規模每月約需經費銀三千兩此款尙無所出可否卽就土膏各店加抽查近日奉前憲札行廣州英領事函述港督意請粤垣抬高煙價與香港一律以免私煙入港似可乘機辦理伏候示遵

上護院說帖請通行各屬查禁吸煙幕友書差 宣統元年六月初七日

竊維禁煙之要首在官員其次莫如幕友書差吸煙者旣居多數而又爲一署之關鍵地方官禁煙不力未始非劣幕蠹書暗中阻撓若不嚴申禁令於禁煙前途大有影響似應通行各衙門局所查明如有吸煙幕友勒令辭館吸煙書差勒限戒斷如敢扶同隱飾與以應得之咎此則上有用舍勸懲之權下有不得不勉之勢苟能實力奉行當不難飭就範圍也是否有當伏候示遵

上護院說帖請開辦煙膏加價 宣統元年六月十六日

竊職道前擬禁煙辦法兩端幷擬於膏店加抽捐項以平省港煙價荷蒙批准照辦業已由局分移巡警道善後局遵照在案惟是添設戒煙所五處需款頗鉅自應即從各膏店酌定加價爲入手辦法查省港煙價相懸太殊港價每膏一兩價銀二兩五錢省價每兩僅一兩有餘若驟令抬價過高恐多阻礙現擬每半年加價一次每兩熟膏每次加價銀五錢俟三次加足於原價外計每兩實加銀一兩五錢與港煙價值相埒均取之購膏吸戶於膏店牌費毫無出入所加之銀以八成歸官二成津貼商人以示體恤擬先飭令膏商敬信堂承辦如該商意存把持託詞難辦即令各膏店公舉承辦儻各膏店仍不願承不得不另行招商承辦此次寓禁於征計所收加價開辦戒煙所外尚有餘款藉可彌補洋土藥稅釐且此由英領事譯送港督來函而起自無慮外人阻撓總之事在必行該膏商如果不顧公益唆聳各膏店希圖違抗惟有仰

懇憲台力爲維持從嚴懲辦庶雷厲風行於禁煙前途可收實效是否可行謹具說帖呈候批示遵辦

詳督院擬訂各縣戒煙分會章程 宣統元年七月二十二日

爲詳請示遵事案奉前憲台張批據香山縣稟請明定戒煙分會權限章程由奉批各屬戒煙分會應以贈藥勸戒爲主若不戒而遽禁欲合數十村之衆斷賣斷吸於一時即通行禁煙章程亦並未有此强迫辦法仰廣東巡警道會同禁煙總局明定戒煙會章程諭令該紳董等守定勸戒宗旨妥爲辦理不得於吸者賣者擅自僱勇拏辦致佔地方官之權通行各廳州縣一體飭遵並行香山縣知照等因奉此司道等伏查各屬戒煙分會之設係專爲輔佐官力之所不及州縣牧令公事殷繁深恐精力或有未周即禁煙或多貽誤各紳士於地方情形見聞較確苟能熱心公益盡力奉行自易漸收實效固不第守慈善宗旨僅以勸戒施藥爲義務

也惟是良莠不齊或以戒煙爲名挾嫌滋擾亦不可不防其漸現擬遵照前督憲張批行興甯縣茹令成案將各縣戒煙分會改爲禁煙分局以重事權官督紳辦庶官紳一氣自能相與有成所有擬就禁煙分局章程理合呈候察核是否有當卽請批示飭遵

擬辦各屬禁煙分局章程

一各廳州縣城內各設禁煙分局一所專辦闔屬禁煙事宜卽以原有之戒煙分會改設由地方官督同該會公舉紳耆辦理官爲局長紳充局董遇事官紳妥商酌辦以免偏私

一禁煙分局直接省城禁煙總局舉定局紳後妥定章程詳列職名稟請給鈐開辦

一各廳州縣除城內已改設禁煙分局一所外其各鄉戒煙分會悉仍其舊一切戒煙事宜商承分局辦理

一禁煙分局紳士如有吸煙者由地方官稟請撤換並不准再預

別項地方公事

一地方官及幕友書差如有煙癮匿不具報徇私袒護者禁煙分局得稟請總局聽候核辦儻挾嫌誣稟查明反坐

一各廳州縣如有開燈煙館及膏店私設煙燈者分局得干涉而懲勸之重要事件得稟報總局分別札縣或委員查辦

一各處戒煙分會如有未經設立之處由分局會縣勸諭開辦

一禁煙分局除禁煙應辦事宜外不准干預別項地方公事

稟督院請招商設立稽征公司 宣統元年八月十二日

竊本局開辦以來倏逾半載苦無成效焦灼莫名推原其故由於遏絕來源限制銷路兩者均無扼要辦法查禁煙要政不外禁種禁吸禁販三端廣東種煙之地無多所宜注重者禁吸禁販兩事而已然一言禁販洋藥則事涉外交土藥則關係練兵經費於遏絕來源一層殊不易言唯有限制銷路一層尚可因地制宜妥籌

辦法查本年五月十八日奉前督憲張札行英領事來函幷譯送港督一書內論禁遏私煙入港之法其意欲勸省城將膏價高抬與港價相埒庶彼此禁煙可收實效且煙價既昂吸戶有不得不戒之勢所言極中竅要來牘具在有案可稽第念目前省港煙價懸殊勢難驟令相埒必須分次遞加現擬每膏一兩先收加價銀三錢六分加至三次恰與港價相等適六月中省城河南添設戒煙所五處議籌禁煙經費由本局會同善後局傳諭膏商飭議加價乃兩月以來該商等一味支吾幷屢次抗傳不到藐法如此勢不得不另招商人承辦現據職商許景新黃鴻年等來局呈請煙膏加價寓禁於征幷章程一扣詳細考核均尚可行計抽收之款非特善後局膏牌餉項可照數撥還禁煙一切經費有著幷可彌補洋土藥稅釐一舉而數善備於禁煙前途大有裨益司道等往復函商意見相同特將該商所擬章程錄摺呈候察核請示遵行

如蒙允可即當會同善後局詳請立案給諭開辦

稟督院詳陳煙膏加價並無流弊 宣統元年九月十六日

竊本局前擬開辦煙膏加價據商人許景新等呈請設立稽征公司官督商辦並擬具章程稟請察核示遵在案嗣於八月二十七日奉批行戒煙總會稟豁免膏牌加增膏價飭令會同善後局詳慎核議當即錄批移請會核稟覆又於九月初一日准善後局移奉度支部電催開辦牌照捐以補洋土藥稅釐等因伏查禁煙一事　朝廷三令五申務在掃除積痼本局自開辦以來苦勸成績職道荷蒙委任夙夜疚心敢不竭慮殫精冀收速效竊以土藥禁種現已實行來源大減洋藥按年遞減自應照約限制非從禁販禁吸悉力調查設法收束不足以速進行而塞漏卮惟是土膏漫無界限銷數即難清查吸戶習慣成風禁令斷難遍及再四思維土膏兩業祇有淘汰歸併之一法煙膏價值惟有立限加增之一

法庶營業可冀改途吸食不得不戒此稽征公司之設實於禁煙前途大有裨益者也況部催開辦牌照捐稽延已及一年儻因區區二十萬元之膏牌致生瞻顧於煙禁固多阻力於籌款復甚懸殊揆諸輿論則易啟羣疑證之大局則尤爲失算憲臺神機燭照無難洞悉隱微茲特另具清摺將現辦之膏牌費部電催辦之牌照捐及擬辦之煙膏加價比較數目詳晰開列呈請鑒核儻慮有交涉窒礙則照約洋藥拆包以後外人不得干預譬諸百物市價漲落原無一定彼香港膏價每兩需銀二兩五錢豈我內地膏價獨不能與彼相埒乎即欲過問據理以對彼復何詞至於許景新等所擬章程不過草創規模原須開辦後體察情形逐加改正既係由官督辦緝私等事該商必待稟命而行操縱權衡自當上候憲奪由局認眞督率決無慮流弊之滋職道平素即志除煙害故在京屢有呈奏既專司其事則責有攸歸現據該商等以守候逾

月呈催請示遵行可否飭令司局將原稟章程核議速行定奪之處伏候批示祇遵

謹將善後局現抽之膏牌費與度支部奏行之牌照捐及本局擬辦之煙膏加價三項辦法及收數分別開列呈請憲鑒

善後局膏牌章程就所售膏價抽收每售銀一兩抽牌費四分煙土價值隨時漲落則膏價亦無一定是以商人包餉委員承辦均隨時以意增減查廣東上年洋藥進口一萬八千三百三十二擔土藥行銷九千六百零八擔計購入煙土價值幾及銀二千萬兩商人售出之價諒必有增無減然即照二千萬兩計算每兩抽費四分應抽銀八十萬兩今查善後局抄來上年膏牌之數統計全省抽收祇有十九萬二千零七十餘兩近且收不足額約計僅收洋銀二十餘萬元其故由於抽膏而不及土又商人承辦志在牟利半多不實委員又敷衍了事弊端難免此善後局現辦之膏牌

收數也

度支部奏定推廣牌照捐每購土一兩捐錢四十文購膏一兩捐錢六十文此捐係憑吸煙牌照收取查每土一擔析計之爲一千六百兩購土時應捐錢六十四千文以一擔之土煮膏可得一千兩購膏時又捐錢六十千文是每擔共收捐錢一百二十四千文折合目前銀價約得庫平銀八十兩如照上年廣東洋土藥進口行銷二萬七千九百四十擔之數則所收捐銀當有二百二十三萬五千二百兩此度支部所以迭次電催函詢何時開辦每月收銀若干也近准善後局移開此項捐錢須由店戶驗照收繳非將吸煙牌照數目及土店注册給照一事切實調查不足以資考核第查廣東各廳州縣吸煙領牌人數至今未册報者尚有二十一屬其册報土店間數禀請本局給照者僅有三十三屬若待一律册報齊全尚需時日且所報亦多不實不盡竊意部章雖云由店

戶驗照收繳似亦未可拘泥當酌量變通或仿照落地捐辦法凡城鎮市墟銷數各就本地彙總册報則簡捷扼要即不能照上年二萬七千九百四十擔之銷數但按二萬擔計算此項牌照捐已可收銀一百六十萬兩以洋圓計之應得二百二十二萬二千餘元較善後局現辦之膏牌已逾十一倍矣

本局現擬開辦煙膏加價宗旨在以香港煙價爲準的查香港煙膏現價每兩需洋銀三元五毫與省價相距太遠不能一蹴即至擬分三次遞加現定煙膏一兩收取加價銀三錢六分官督商辦一切經費均由商認所收加價官得六成商得四成計每土一擔煮膏一千兩應收加價銀三百六十兩除去商費四成官得加價銀二百十六兩如按二萬擔銷數計算應歲收銀四百三十二萬兩以洋圓計之應得六百萬元則較善後局現辦之膏牌多三十倍矣

以上三項辦法同一寓禁於征而抽收之數多寡懸殊何去何從不待智者片言可決惟是開辦之始必須面面顧到查善後局膏牌抽費係發各屬巡勇口糧每年二十萬元之款必不能少度支部牌照捐現雖尚未開辦然既經部電迭次催詢且係抵補土稅巨款勢難再緩擬先認定每年籌解一百萬元此兩項共一百二十萬元均俟本局開辦煙膏加價之後酌度收數按月分撥毋庸另籌唯是向抽膏牌歲收祇二十萬元今辦加價驟增至六百萬元無論局外衆情疑訝易生阻力即局內之人亦恐未敢深信然職道內斷於心自問確有把握者則以海關洋藥進口及統稅局土藥行銷之數均有册報可憑則抽收之數即小有出入決不至大相逕庭是在辦理得人耳第通省地方寥闊辦事之才無多勢難同時並舉是以先就省城河南佛山入手所以必需官督商辦者淸查販賣實數非假手商人莫由悉其底裏惟權必操之於官

商人仍須聽官指揮庶不蹈廣東向來商包積習此中詳細節目須開辦後方能列摺上陳再此項加價命意重在禁而不在征如一年之內果能收至六百萬元則第二年即將洋土藥進口之數減去一萬擔每膏一兩再加抽銀三錢六分計所收之數仍是六百萬元第三年將洋土藥再減五千擔每膏一兩再加抽銀七錢二分計所收數仍是六百萬元經三次遞加入款不減而洋土藥則已減四成之三矣此乃實行寓禁於征之策計屆時土膏之價亦正與香港相埒此後應否再行遞加之處當隨時察看情形辦理合併陳明

稟督院請通飭各屬實力禁種宣統元年九月二十二日

竊查禁煙辦法不出禁種禁販禁吸三項範圍之外廣東一省山深水曲地少人稠故貪種罌粟者尚不甚多祇有潮州之海陽饒平澄海大埔豐順及高州之電白暨南雄嘉應等處向有蒔種多

寡不等經前制憲周於光緒三十三年通飭各州縣勒限光緒三十四年一律不准栽種罌粟各地方官雖均遵照奉行實則並未淨盡本局自本年正月初九日開局以後即分派郭令桂芬章令壽椿前去會同各地方官按鄉履勘實行拔除並奉前制憲張批行將禁止不力之各州縣分別記過惟本年開局時已屆罌粟播種以後廣東天時較暖收漿早於他省各委員縱分道疾馳而路途遠近不一到境即有遲速收割已畢則形迹全消稽查自不免疏漏現復欽奉 諭旨廣東省限至本年不准再有栽種功令森嚴則防範益宜早計不能再爲鬆勁雖已欽遵通飭誠恐小民無知私種地方州縣公事煩多不能周歷稽查儻待播種以後紛紜拔除民間不免騷擾州縣復被嚴責似不如先事防維並隨時查禁剔除較易爲功擬請憲台查核將本年以後不准種煙 諭旨再行出示曉諭通飭各廳州縣實力奉行如果屢訓不悛則頑民

何足愛惜劣員更難姑容所有種煙地畝槪予充公各廳州縣官即行參革本局即於本年封印以前預派幹員分投密查免致到境後時再有挂漏各委員皆優給川資火食如敢收取程敬等項代爲隱飾同干參處似此雷厲風行庶於禁煙不無小補是否有當伏候批示祇遵

詳督院擬訂戒煙所章程宣統元年九月二十五日

爲詳請立案事竊本局籌定禁煙扼要辦法兩端並請加抽土膏捐項呈奉前護憲胡批准如議辦理內擬添設戒煙所五處專收下等傭工作苦之流每所每月以一百八爲限在老新城東南關西關南北路河南五處地方各設立戒煙所租賃民房供其飲食住宿並派委醫官製備丸藥每所約月需經費銀五百兩業將派委所長及總稽查幷各所委員銜名分次呈報移行在案嗣據各所員先後稟報開辦業已一律成立理合將章程十六條繕列清

摺呈候批示立案爲此具呈伏乞照詳施行

設立戒煙所章程

第一條　本所專爲貧民入所戒煙而設所有費用概歸官備

第二條　本所分設五處以便貧民就近入戒一設老新城天官里後街一設西關南路逢源街中約一設西關北路珠璣崗一設東南關天字碼頭一設河南龍尾導均經租屋成立

第三條　五所歸禁煙總局直轄有重要事件仍稟知總局核辦

第四條　五所共設所長一員總理五所事務設總稽查一員協同所長輪流赴各所稽察一切事務遇有應行興革之處隨時會商妥議辦理

第五條　五所各設所員一人常川駐所管理本所經費及戒煙人數並丁役人等皆歸約束遇有應行整飭各事商於所長總稽查酌量辦理

第六條　五所共設醫官一人醫生二人分赴各所檢查戒煙之人有因戒煙致疾者卽爲診治如有他項疾病或病症較重者卽令其出所愈後再行入戒

第七條　五所各設司事二人一專任文案兼司發藥等事一專任會計兼司庶務等事如遇公事忙迫仍不分畛域互相贊助

第八條　各所戒煙人數以一百名爲額如房屋不敷將來再謀擴充

第九條　凡來所戒煙者如領有煙牌入所即行繳銷

第十條　五所戒煙人數按旬造報總局查核

第十一條　五所費用收支數目按月册報總局核銷

第十二條　凡入所戒煙之人須有鋪保或妥實保人方能收入

第十三條　凡戒煙之人戒斷出所如以後復吸一經本所查出或被人告發即酌量議罰貧者送地方官罰充苦工二年

第十四條　凡入所戒煙者如係上等之人本所另設優待室兩間膳費由本人自備藥丸仍不取資

第十五條　管理戒煙人規則另行酌定

第十六條　以上創辦大畧如有未盡事宜隨時增減

上督院稟另擬煙膏加價章程宣統元年十一月二十七日

本月十五日奉鈞札內開宣統元年十一月初四日據廣東善後局會同布政司核議詳覆商人許景新等請承辦煙膏加價一案奉批該商人許景新等請設禁煙稽征公司加抽膏價既於外交內政均有窒礙難行之處自應毋庸再議以省煩擾候行禁煙總局轉飭遵照等因奉此當即轉飭該商遵照查司局會詳之文大指謂該商所擬章程未能妥協於外交妨礙者四於向章不符者三飭令停止妥議章程再行核辦鈞批則令毋庸再議竊思煙膏加價一事係本局六月間稟奉前護督憲批准飭商承辦當經會

同善後局傳諭膏商梁普興等飭議加價乃遷延兩月該商等一味支吾并屢次抗傳不到是以本局始議招商另辦並核計所加之款數逾百萬除開辦戒煙所五處外尚有鉅款可以抵補洋土藥稅釐非設立稽征公司無以握全省土膏之總要又恐蹈粵東商人承餉積習定為官督商辦適該商許景新等具禀到局其所擬章程先經本局函商藩學臬運四司巡警道取有復函僉謂可行本局始會銜具禀計自八月十二日遞禀之後至十一月十五日奉札飭遵中間相距三月之久始經善後局會同藩司指駁章程各條有礙外交內政豈本所具禀之前司道函商之時皆未見到耶竊謂善後局所指外交內政窒礙之處不免模糊影響之詞殊非實事求是之道惟既奉鈞批毋庸再議自應謹遵但細核批詞似係指許景新等章程窒礙而言非謂煙膏之不當加價稽征公司之不應設立文義甚明溯查土膏加價之議始於江蘇光緒

三十三年春間江督蘇撫各定禁煙辦法江甯則主辦官膏專賣蘇州則主辦土膏加價其後江甯之專賣不行而蘇省之加價則由漸而增現已加至每膏一兩抽錢三百文迄未聞有外人阻撓足見加價一事與外交無涉也又江蘇設立禁煙局時刊發關防即稱爲禁煙併稽征官膏總局是稽征一端本禁煙局分內之事其勢不容歧出以撓事權今鈞批但謂該商等章程有礙毋庸再議並未謂本局加價之議萬不可行查省城自十月十五日起本局購土憑照各土店一律遵領之後截至本月二十日止僅三十六日據西關分所發照司事册報省城各店共銷洋土藥一千一百六十一擔五十七斤如照每膏一兩征加價銀三錢六分計算應征洋銀五十八萬零七百八十元折合庫平銀四十一萬八千一百六十兩六錢此尙未滿四十日而應征之款已有此數是故煙膏加價遲辦一日無異失去庫平銀一萬一千餘兩今廣東財

政如是竭蹶憲台力排羣議鹽斤月欲加價招商承辦令善後局乃獨於煙膏加價之議逡廵退阻竊所未解且職道前已一再聲明此議由香港總督來函欲平省港煙價而起凡與外人交涉務在批郤導窾不容膠柱鼓瑟若如善後局所詳亦可謂昧於外交者矣總之目前能早辦一日煙價即早增一日吸戶即早戒一日而抵補稅釐既不虞無著則禁煙號令自必日益加嚴速除沉痼不必待至十年此就今日禁煙全局言之也就廣東行政而論其利益亦有數端度支部迭次電催開辦牌照捐善後局惟以延宕之法應之甚非臣子急公之義如本局開辦加價之後此捐自可擔承按月提解利一善後局膏牌一項委員奸商通同舞弊衆論指斥謂為禁煙一大阻礙現擬開辦加價之後撤去膏牌仍按月解還該局牌費一萬五千兩全年解還一十八萬兩較該局目前所收之數有盈無絀利二現據各州縣稟報戒煙分會艱於經費

地方瘠苦者更難爲無米之炊如開辦加價之後各就本地收得
之數酌量分撥俾各分會得盡力以求公益利三本局既自有收
款則局中經費及會辦薪水此後毋庸再向善後局支領該局月
可省二千二百金全年可省二萬六千四百金又省城河南五處
戒煙所按月用款約三千金不至再向善後局挪借利四統計以
上四款每年約需三百萬元現查海關洋藥及各關卡土藥進口
之數較上年所減無幾恐仍有二萬五六千擔之數今姑照二萬
擔計算扣去商墊各費應收加價洋六百萬元除前各項支用外
尚餘三百萬元恭讀本年二月二十四日　上諭於抵補洋土藥
稅釐既責成度支部仍　諭各省如有抵補良策亦著奏陳備采
此項加價如核實開支尚有餘款屆時似可奏明另候撥用反覆
籌思煙膏加價事在必行稽征公司不容緩設茲本局另擬簡明
章程十條凡善後局所指外交內政窒礙之處業已一概刪除淨

盡謹列摺錄呈是否可行伏候批示祇遵再此禀正在繕寫接到
商人許景新等禀摺一扣大致遵照善後局所指窒礙之處業經
删改並加增按餉至十二萬元惟所擬加價數目核計每膏一兩
僅抽銀二錢八分八釐與本局所擬收數兩兩比較每年短收幾
及二百萬元茲亦鈔禀附呈應否飭令遵照局章試辦南番兩縣
加價之處並乞示遵

本局籌設康和稽征公司簡明章程

一此公司之設宗旨在淸查銷數限制吸食收得款項專備抵補
洋土藥稅釐非他項籌餉之比招商承辦以三年爲期儻屆期
煙未禁絕應再行另議

二現定加重煙價寓禁於征每熟膏一兩抽加價銀三錢六分洋
膏土膏一律並征

三各屬所報吸煙人數大都不實不盡所征加價多寡現尚不能

預定祇可儘收儘解其辦法先從南海番禺兩縣入手承辦此兩縣膏商應繳存擔保銀五萬兩（此照兩縣現辦膏牌一年之數）即行詳准給諭開辦省外各府廳州縣准各商分認開辦一處即繳一處擔保銀兩其數目約計抽數之多寡酌定統於三箇月內一律辦齊不得逾限收數均按月解清開辦之初所有各項布置稽查訪緝等用暫由承充之商籌墊仍令按月造報每屆三箇月一結如數發還收得加價實數除給還商用外八成歸官二成歸商以示體恤

四稽查銷數除海關及內地各卡有册報可憑外尤以巡緝私販為要現由本局會同巡警道飭各分局巡官督同巡士與公司協力稽查如無巡警之處報明該地方官或紳局偵有私煙協同搜查以杜走漏另訂充罰花紅專章津貼協緝之人以資鼓舞

五凡城市繁盛之處由公司分設煮煙公所有煮煙者無論發售
及自行吸食均須到所煮煙不得私自在店內家中開煮違者
查出從重議罰充賞凡到所煮煙者每膏一兩加抽價銀三錢
六分其省外及各府廳州縣均照以上章程辦理
六無論省城四鄉及各府廳州縣凡煮煙發售及自行吸食者均
須領有本局所發購土憑照其憑照由公司大批領出遇店戶
購煮時分別發給並存根繳查悉照定章辦理如無此項憑照
一概作爲私煙緝獲分別議罰充賞
七南番兩縣開辦後即由局札行各府廳州縣所有屬內膏捐無
論從前係由地方官委員及充商承辦一律到公司訂批遵章
辦理不准抗違逾三箇月之限如逾限並不訂批將逾限期內
應征加價之數照新章核算責令賠補
八此項章程爲禁煙起見故辦理不得不嚴如開辦之後各處生

熟膏店或有聯行罷市阻撓挾制情事由局主持懲辦以儆刁抗此係華商貿易與外交無涉

九此項加價原爲實行禁煙以冀銷數日減如半年之後查核煙土來源仍未能銳減該公司聽本局再加重抽收其所加之數臨時酌定

十此公司係官督商辦謹遵光緒三十二年八月初三日　諭旨祛沉痼而蹈康和之訓名曰康和稽征公司歸廣東全省禁煙總局管轄

以上所定係開辦章程祇舉大綱不及細目以後如有更定增減之處隨時呈請核定

上督院說帖駁善後局核議錯誤 宣統元年十二月初八日

竊諮議局原議設立煙膏專煮局加徵膏費一節係就政務處奏定章程摺內限制銷路四字著想此時內地禁種一層業已縮短

期限若不實行禁販則洋藥來源正旺無異爲淵敺魚今諮議局因禁販二字恐與外交有礙但就限制銷路加徵膏費入手又不限土而限膏已屬苦心遷就免起外人交涉查煙臺條約續增專條第五條洋藥拆包零賣之後本可與土藥一律加徵曾惠敏原奏具存可以覆按今善後局並不考求條約原文乃因專煮二字謂與專賣無異望文生解且謂此事應由外務部與各國公使妥商訂有專條方能開辦竊意加徵土稅則涉外交加徵膏費純屬內政查江蘇自光緒三十三年四月即起徵土膏加價現已三年並未請示外務部豈江蘇可行廣東獨不可行乎善後局又謂此事須全國一律方能辦到查自光緒三十二年八月奉　旨禁煙之後各省辦法未必盡同雲貴禁煙最力首請縮短期限令禁種一節業已各省仿行大臣憂時謀國拯救民生固宜若此即憲台在山東任內報紙流傳於禁煙要政極爲認眞今善後局乃以因

循怯懦之請熒惑鈞聽淆亂是非殊出情理之外查該局所似慮因諮議局原案專煮二字而起職道於上月二十七日請設稽征公司稟內另擬簡章第三條聲明南番兩縣及省外各府廳州縣各商分認開辦第五條凡城市繁盛之處由公司分設煮煙公所既明言分認分設即不得謂之專亦可以解善後局之惑矣至該局膏牌種種弊竇實爲禁煙一大障礙遥省輿論既同諮議局爲通省代表所請豁免膏捐之處似應俯察衆議以順民情立予豁除所有每年牌費銀一十七萬七千餘兩俟本局開辦加價之後當按月解還該局決不貽誤要需職道奉委禁煙苟於禁煙有一分之益自當盡一分之心愚昧之見屢次瀆陳伏惟鈞鑒

無錫 許珏

禁煙牘存五

詳督院開辦牌照捐並擬訂簡明章程宣統二年二月十五日

爲詳請立案核示開辦事案奉憲台札開度支部奏定牌照捐辦法固以抵補土藥稅釐亦與禁煙事宜相爲表裏粵省因開辦膏牌在前故此項牌照捐尚未實行近來迭准部電詢催自應照章改辦卽責成該局經理以爲禁煙之助度支部原奏旣聲明不得再有別項征收名目所有善後局原辦膏牌應限年底截止迅由該局按照部定征收牌照捐辦法妥擬詳細章程詳候核明飭遵辦理並咨報備案等因奉此伏查大部原奏係仿照蘇省辦法並無章程當卽札委本局坐辦委員華令蘭馳往甯蘇兩處調查並鈔錄一切章程及詳細辦法業經呈報在案現據華令調查回粵

將鈔錄各件詳加考核查蘇屬牌照係就原有膏捐按兩抽收立限將銷數遞減膏捐遞加已於上年十一月每膏一兩加抽至三百文本年五月又將遞加均已奏咨有案甯屬則將此項牌照捐責成土市公行於批發時按數代收早經開辦此甯蘇兩處辦理之實在情形也司道等詳細研究現本省既奉飭開辦自應妥籌善法如責成各地方官恐散漫難稽轉多延誤似不如援照甯蘇兩處現辦之法冀無窒礙況本省購土憑照業已實行吸戶牌照迭經給領祗須於土行批發及售賣時切實驗明牌照按數抽收派員稽查於銷數既可立限遞減於抵補不致徒託空言於禁煙前途最爲扼要復傳集土店各商詳切妥議在該商不過經理之勞於貿易毫無關涉各商亦深明此義擬請由該商同業公舉身家殷實辦事公正之人設立公所聯絡各商切實辦理司道等詳加體察商情既順輿論亦孚況蘇省業經奏咨有案此項牌照捐

抽自吸戶撥之部文亦無不合省城擬即諭令該商等定期開辦各府廳州縣亦飭該商等一體推行俟開辦後仍隨時體察情形變通擴張以冀早除痼疾所有遵飭開辦牌照捐緣由並擬就簡明章程八條繕具清摺恭呈鈞鑒伏候察核批示咨部立案並飭善後局將原辦膏牌即日停止實爲公便

擬訂開辦牌照捐簡明章程

一蘇省牌照捐每膏一兩現已加抽制錢三百文本省制錢日少通用毫洋現擬每膏一兩收銀圓三毫

一購土憑照現已實行所有進口土數以此核計最能得實現擬設立發照稽查所派綜理委員一人協理委員一人發照委員一人一切發照收款各事責成經理每日收捐若干發照若干分簿詳細塡註不得遺漏錯誤每五日開單呈報本局一次按旬造具清册俾資稽核至塡寫購土憑照等事極紛繁應派司

事開辦時再行酌定

一此項牌照捐既歸各土行代收所有經理一切自宜酌給津貼花紅現擬於所收捐款除本局開支及緝私經費外所餘以十成核計提給二成以示鼓勵

一牌照捐稽查所各委員司事薪脩日用等均由本局開支與商無涉其應需緝私經費及一切不能預定之數准其實用實銷不得浮冒

一查省城土店現共有二十餘家經收此項捐款非有擔保不足以資信用擬飭該商等合繳擔保銀十五萬元專款存儲俟辦理三年後毫無遺誤於尾月捐項內仍如數撥還

一各土店原領有本局營業牌照此次開辦牌照捐後應一律給換新牌各膏店原領有善後局牌照現膏牌既截止限於十日內呈驗舊牌來局換給新牌如逾限不領者勒令閉歇並不准

土膏兼賣以符部章省外各屬一律照辦

一吸戶牌照從前雖詳細調查究難得其實數所發牌照每多不實不盡以致每有無牌挑煙迭被懲罰現既實行牌照捐凡從前隱匿未報及揑造姓名領牌各種寬其既往限於一月內自行報明一概補給庶幾可得吸戶實數以便立限實行減癮儻仍逾限不報一經發覺從重罰辦並勒令入戒煙所戒斷

一所收捐款由各土店存儲各銀行每十日將收數報明核對無誤由本局照數提存除本局及各戒煙所經費並將來擴充各屬辦理禁煙經費外按季批解藩庫聽候撥用

以上八條不過粗具大略所有一切應增應減未盡事宜隨時再行議定請示辦理

呈復督院聲明牌照捐與條約並無違礙宣統二年五月十一日

爲呈覆事宣統二年三月二十九日奉憲台札開接廣州口英國

總領事傑彌遜稱近聞廣東禁煙總局擬於四月初一日開辦煙
膏新捐由廣榮元所謂洋藥生理最大者承抽又聞其安泰土藥
生理最大者不願附和此舉本總領事覺有奇異故請貴部堂將
煙臺條約續增專條爲禁煙總局提明該專條既明示洋藥與土
藥不得歧待又已納進口稅釐貨包未經拆開在通商口岸不准
增抽如有違背本總領事自當駁阻等由前來合就札飭札局即
便遵照現檄事理立速查明分别妥爲辦理勿貽外人口實又於
四月二十一日奉憲台札開接廣州口英總領事函稱抽收煙膏
新捐一事訪聞所擬辦法先向生土商號抽收但如此辦理難免
有礙煙臺條約續增專條所定洋藥權利此次抽捐既爲熟膏而
設似應向熟膏販家抽取以免將來辯駁請札飭禁煙總局知照
辦理等由前來查此事前接英總領事來函業經飭行查明分别
妥爲辦理勿貽外人口實在案現在辦理如何未據具報接函前

由合就札飭札局即便遵照先今札行事理立速查明分別妥辦以免外人藉口別生枝節仍將辦理情形刻日具復察奪各等因到局奉此查本局開辦牌照捐係仿照甯蘇辦法悉遵條約而行今英領事函詢各節自應逐條分析說明呈候核覆如來函所稱近聞廣東禁煙總局擬開辦煙膏新捐由廣榮元承抽又聞其安泰不願附和一節查本局現在籌辦者係大部奏定之牌照捐並無煙膏新捐名目至派廣榮元其安泰兩店代收捐款係就其平日銷售洋土藥之數最多故派為商首其安泰所不願附和者特不肯為商首非謂土藥獨不收捐與洋藥歧異此則英領事之誤會也來函又云煙臺條約續增專條明示洋藥與土藥不得歧待已納進口稅釐貨包未經拆開在通商口岸不准增抽各節查現辦牌照捐每膏一兩抽洋銀三毫調查以土煮膏重量每洋藥一百兩僅熬膏五十兩應收洋銀十五元土藥一百兩可熬膏六十

兩應收洋銀十八元又洋藥價高土藥價賤今不論洋土藥每膏一兩均抽銀三毫是洋藥已占便宜而土藥反喫虧矣惟本局命意重在禁止吸食故不屑屑於此計較又所捐者係熟膏非生土因膏店與吸戶散處各鄉最易走漏故於發給購土憑照時即令認繳捐銀俟煮膏後完納此即仿照江甯辦法且捐項抽自吸戶並限定煮膏日期始令繳費確非貨包未經拆開即行增抽亦無先向生土商號抽收之事與煙臺條約續增專條毫無違背現値煙禁厲行　朝廷除惡務盡各國贊成苟於禁煙有裨者自應嚴行設法以除痼疾各店係屬華商分應盡此義務以期公益斷非外人所能干預所有以上辦理情形前奉函諭業經詳悉稟復在案茲復奉行前因理合詳覆憲台察核俯賜駁覆英總領事查照

詳督院牌照捐定期開辦請咨部立案 宣統二年四月二十七日

爲詳請示遵轉咨立案事竊前奉憲臺檄飭開辦牌照捐電商度

支部覆准試辦當經由局給諭商首廣榮元梁超棠定期開收業已呈報移行在案嗣奉憲函准商務總會咨呈以梁商不饜衆望據土商廣鴻昌等聯名投訴各情飭令會同藩司妥慎遴舉以昭公允并飭暫緩開收本藩司遵即於四月初二日詣局會同職道等傳集各商飭令另行公舉期以多數取決乃是日公舉之廣源盛並非殷實因擬派逢泰號幫同辦理復衆論紛紜致無成議當由本藩司照會商務總會請即開特別會招集土行各商切實開導務期化除意見悉泯異同擇其資本較厚銷數較多而又素能辦事者投票公舉一人或二人承辦由會核定移知以憑諭派而杜競爭去後現准覆稱本月十三日開特別會議傳齊土行各商到者十六家内有全福興其安泰等六家自居中立不願舉人出頭爭執之廣鴻昌廣榮元兩家照公應停其被舉計舉廣源盛承辦者共有九家因令原保各家出具聯保切結以資徵信乃迭詢

各店均有難色惟稱除廣源盛外再無殷實之店可舉迭加開導各家始誘以回店籌商十四日復集各商勉强允保約以翌日繳結由會派人按店蓋章藉昭核實迨十五日接據函送結稿於擔任二字全不相符十六日再傳各店著令換具妥結蓋章繳候核定各店相顧力辭惟稱可添舉福昌和以厚商力不思省城土行現存二十餘家銷數較多除廣榮元不計外以全福興廣福興其安泰爲最其餘各家銷數均遜至廣源盛福昌和兩店雖無召頂歇業字樣訪諸輿論多謂其生意冷淡賣買寥寥以上情形先派會董確查報告無如稍有魄力者徧詢皆不願辦惟此兩店直無貨銷之店私相覬覦敝總會前據投詞因其用同福堂全體名義以爲行中人人可承奚事專徇廣榮元而使全行受抑故未敢過拂商情代爲伸訴今者在上有折服之言在下無正當辦法被舉者既難擔任而可任者偏相約不與此事廣榮元貿易既占優勝

又經禁煙總局選擇在先自有可與承辦之道其廣源盛一店聯舉各商不肯擔保能否肩此鉅餉敝總會實難預斷請煩察酌等因并移知到局准此本司道等伏查粵省積習凡遇商辦之事無不競爭商首以期專利此項牌照捐開辦後收款頗鉅廣源盛福昌和二店生意極微豈本可知各土商舉而不保直是視同兒戲本局籌辦此事冀在掃除積習故擇銷數較多之廣榮元其安泰二店承辦因其安泰一再堅意辭退始專令廣榮元肩承何敢稍涉輕忽并嚴諭該商不得稍染舊習免致物議廣鴻昌多方營求以不遂所欲簽衆投訴既由商務總會一再傳集開導所陳各節自係實情廣榮元既經先繳擔保洋銀四萬元業已給諭擬請飭令再繳洋銀四萬元共八萬元仍准承辦由局責令聯絡各商妥慎辦理以觀後效所有照請商務總會核覆仍責成土商廣榮元梁超棠辦理牌照捐各緣由并擬具章程二十條理合詳請憲台

核明咨部立案是否有當伏候批示祇遵再省城現擬於五月初一日開收省外各屬次第舉行另行呈報本案係禁煙總局主稿合併聲明

呈復督院詳陳辦理牌照捐原委幷聲明並無包攬違約情事 宣統二年五月十二日

爲呈覆事案奉憲台函開頃准外務部佳電開英使面稱廣東現行鴉片新章有每洋藥一兩於提出關棧時征銀三錢之說查洋藥照章每百斤祇完稅釐一百十兩若照此辦則每百斤須另完五百兩請飭按約章稅則辦理再該省廣運公司有包攬洋藥之事與約不符等語查粵省加征洋藥稅銀究係如何辦理幷廣運公司有無包攬情事希飭查明電復等因准此相應函局迅將推廣牌照捐仿辦原委及與約章稅則並不妨礙情形幷按土計膏商人承抽辦法詳細具覆以憑電部等因奉此伏查本局現在籌

辦者乃係遵奉部章之牌照捐並非加征洋藥稅銀亦無所謂現行鴉片新章及每洋藥一兩征銀三錢之事因前項牌照捐疊奉度支部文電飭辦久未實行去歲始決議開辦當以此事造端宏大非審慎周詳難期妥善而度支部奏定辦法係仿照蘇省並無章程經由本局派委專員馳往蘇甯兩處調查並鈔錄一切章程及詳細辦法參酌粵省情形擬定開辦牌照捐簡明章程八條於本年二月十五日詳請憲台察核咨部立案旋奉批示電商度支部覆准試辦遵於四月二十七日將擬辦推廣牌照捐章程二十條暨責成土商廣榮元粱超棠代收捐款定期五月初一日開收各緣由詳蒙憲台批准照辦在案此推廣牌照捐仿辦之原委也至英使所稱約章稅則一節本局當籌辦時即熟慮及此故於擬辦推廣牌照捐章程第四條內有洋藥因有煙膏條約續增專條必須拆包零賣之後方可抽收故現定辦法舍土而專抽膏又商

人於售土時發給憑單與膏店吸戶令煮膏後如數繳捐則此捐係取之成膏以後各等語是本局所辦之牌照捐乃抽之於膏店吸戶煮膏以後並非抽之於洋藥提出關棧之時其界限本極分明既與約章稅則絕無違背更與釐稅之取諸生土者截然不同每膏一兩抽銀三毫洋土藥一律確照約章並無歧待抽收銀數係仿照江蘇省每膏一兩加抽制錢三百文辦法蓋粵省制錢甚少市面通用毫銀以銀折錢數目訖無差忒此為因地便民起見並無征銀三錢之說英使得自傳聞未能深明實際且購土憑照係奉部章飭辦於膏店吸戶領用此項憑照時發給煮膏單不過便於稽查藉以嚴杜走漏迥非出土抽費並無與約不符情事代收商人為廣元公所亦非廣運公司該商廣榮元號梁超棠係經本局諭飭聯商辦理並由總商會開會公酌呈移有案現復詳加訪查開辦以來尚無包攬洋藥情事所有推廣牌照捐仿辦原委

及與約章稅則並無妨礙情形幷商人承抽辦法謹據實呈請憲
台察核電部轉覆英使力杜無理干涉庶於禁煙前途可收速效
是否有當理合詳細具呈伏乞照驗施行

再呈復督院聲明牌照捐並不違約並請電部商減洋藥進口 宣統二年五月二十三日

爲呈覆事案奉憲台函開現准外務部巧電開粵省加征稅銀並
廣運公司包攬洋藥事佳電計達未准見覆茲英使又稱廣東膏
捐章程致令每箱洋藥暗受三百元之損並限令各舖將洋藥三
日內熬化成膏違背約章若任該省如此妄爲印政府必不肯照
原議再行遞減等語速將辦理情形電覆爲要等因前來查佳電
所詢事項業據呈覆各情於嘯日電部正譯發閒接准巧電除於
覆電尾處如敍查明續覆字樣外相應錄電函達希速照電詢事
理再行詳晰聲覆以便據情轉電等因奉此查牌照捐詳定章程

係抽捐於膏店吸戶熬煮成膏以後並非抽之於生土前十二日呈覆已詳細聲明在案今英使所稱每箱洋藥暗受三百元之損不知膏捐係吾國內政既非抽之於生土且洋藥土藥一律辦理並無歧視外人固不得過問將來倘擬按期遞加捐數遞減銷數儻此等內政任令外人干涉於禁煙前途將不免大生障礙至所云限令各舖將洋藥於三日內熬化成膏一節此原爲防商人囤積起見據外間輿論各省辦理禁煙粵省尚稱得力而查海關貿易册洋藥進口之數光緒三十四年較三十三年僅減少百分之三至宣統元年較光緒三十四年則有增無減其銷納之處大抵爲商人囤積者居其多數此次辦理牌照捐欲防偷漏不得不先淸其源淸源之法首以破除商人囤積爲第一要義故特限令各舖於購土三日後將洋土藥熬化成膏再查煙臺條約續增專條首段載有深願聲明於行銷洋藥之事須有限制約束之意一語

是英政府未嘗不顧念邦交思助吾國速除酖害也今限令三日成膏既可破商人囤積之弊而揆之續增專條內所云限制約束之意亦深相闇合英使乃遽以此爲違背約章夫約章固未載有洋藥既入中國商人之手不准中國限令各舖將洋藥於三日內熬化成膏之明文亦既無此不准之明文則此舉即不爲違約且牌照捐係遵奉部章辦理何得謂之妄爲況當日按年遞減之說原係指洋土藥同時並減現各省禁種土藥已減至七八成則洋藥進口數目似應由憲台電商外務部竭力與英使磋商按照原議遞減之數再大加銳減方於禁煙要政多所裨益不能任令以印政府不肯照原議再行遞減之語肆行恫嚇所有遵照外務部電詢事理謹再詳晰聲明呈請憲台察核電部轉覆英使是否有當理合備由具呈伏乞照驗施行

呈督院英領抗阻牌照捐妥議駁復幷變通辦理宣統二年六月初五日

爲呈復事竊本局於五月三十日奉憲台札開接廣州口英國總領事照稱牌照捐一事本總領事報告本國駐京大臣去後現奉札飭駁阻查洋藥到內地行銷地方後中國政府纔可抽收無歧待之捐因此於通商口岸行銷洋土在新開牌照捐章程之外此新辦章程除違背煙臺條約外本總領事尙應駁阻即如勒令膏店限三日內將購土煮膏此章實礙煙土商業因所買之土立刻全行一時煮膏必有爲難此實與加抽生土捐無異蓋買土者待至三日限滿後纔繳此捐較之購土時立刻繳捐並無區別也某膏店五月初四日買生土一隻收單內載明買土時納煙膏捐七元二毫此即可爲顯證矣再接香港總督文稱廣東開辦牌照捐交與廣榮元承辦迹近壟斷因廣榮元現仍業生土生理其餘各家未免向隅等因查以上各節本總領事不得不爲駁阻應請貴部堂將章程內凡違背煙臺條約者迅速設法撤銷蓋中國政府

曾有聲明禁煙十年期限內並無阻礙英商煙土合例生理之說本國商人自有踐言實行之希望也等由前來查此事迭接英總領事來函均經飭行該局分別妥爲辦理在案接文前由合再札飭札局即便遵照迭札事理立速查明情形分別妥議具覆以憑照會領事等因奉此查粵省推廣牌照捐係抽之於膏並非抽之於土並無違背條約及歧待外人之處業經疊次聲敍明晰在案今英領事函稱章程內限令膏店三日內將購土煮膏實礙商業此節原爲預防商人久囤起見如以限期太廹不妨稍予展緩惟斷不能任其拖延日久擬將三日內酌改爲十日以內以示體恤此不得再謂與加抽生土捐無異矣至稱某膏店五月初四日買生土一隻收單內載明買土時繳納煙膏捐七元二毫以爲無異購土時立刻繳捐之顯證不知該土係初一日買入至初四日繳捐有該店數簿及公所號簿可據照章收捐業在三日以後所稱

自非事實函內又據港督來文稱廣榮元承辦牌照捐迹近壟斷其餘各家未免向隅等語明是行商挾爭承不遂之嫌暗中聳聽查本局諭飭土商廣榮元承辦本有務須聯絡各商和衷共濟字樣亦無祇准該商獨辦之事各行棧如能力顧大局湊集認股該商並非不准附入似無庸以向隅爲慮竊維禁煙一事英國亦允協助今本局遵照部章辦理牌照捐稽查銷數限制吸戶係我國內治主權乃英領事一再駁阻枝節橫生當亦非其本意惟既據來函所稱爲難情形業經稍加更訂實已格外變通所有遵札妥議具復緣由理合呈請憲台察核俯賜照覆英總領事查照

呈復督院澳門高沙地方設廠稽征葡官不應干預（宣統二年七月初四日）

爲呈覆事宣統二年六月十八日奉憲台札開接廣州口西洋國宋署總領事照稱現因澳門謠傳貴國抽收洋藥膏釐委員有意在高沙附近關閘之地起棚一所爲收該膏釐之廠澳門總督照

知本署總領事轉致貴部堂迅飭貴屬員勿爲是舉庶免生事蓋因中葡兩國未將分界之事立安之前澳門總督萬不能准人在該處有所建蓋因高沙係附近澳門關閘尙算局外地也等由前來查關閘附近之高沙地方擬設抽收洋藥釐廠是否屬實應飭查明具復核奪等因奉此當經札飭前山同知查明高沙地方是否中國境地設立廠所葡人應否干預與兩國界務有無關礙據實稟覆詳辦去後茲據該同知稟稱伏查廣元公所於六月初十日在前山屬之高沙地方設立稽查牌照分廠該處爲澳門至前山必經之路過關閘後始則經過茶亭由茶亭至拱北關分卡過拱北分卡後尙有第二十六營勇廠一座過勇廠方爲查驗煙膏牌照分所是該廠之前本有中國之關卡及勇營實爲我中國完全之屬地何得謂之尙算局外地現西洋總領事宋無端干涉殊堪詫異查澳門本屬租界光緒十三年因併征洋藥稅釐一案欲

在澳門租界地方稽查洋藥西洋國允爲協助是以專立條約始允葡人永遠居住澳門是中國在澳門稽查洋藥稅釐葡人尚有協助之誼豈有在中國地方稽查煙膏牌照葡人乃反出而阻撓之理況此案係爲禁煙要政與界務毫無干涉今西洋宋領事照稱未將分界之事立妥之前不能准人在該處有所蓋建大約因條約所載未經定界以前一切事宜具照依現時情形勿動而言援引亦屬失當奉札前因理合將高沙地方設立廠所葡人不應干預各緣由據實稟覆等由前來理合據情呈覆察核施行

呈復督院請電外部勿聽英使浮詞阻礙煙禁（宣統二年七月初六日）

爲呈復事宣統二年七月初二日奉憲台函開現准外務部勘電開頃與英使談及煮膏十日期限已屬通融與英商似無妨礙該使仍以英商對於此事意見甚深請電粵督與英領商議妥善了結之策云希飭妥商辦法期於禁煙與售土兩不相妨方免再生

阻礙等因准此希局按照電行事理妥籌辦法務使消融意見免生阻力迅復以遝轉電等因奉此查禁煙既已實行吸食之人數日見其少則售土之銷數自隨以日減此固相因之理似難求兩不相妨之術中立於其間儻任令售土如故倘何禁煙之足云故禁煙之功令愈嚴則妨礙於售土愈甚勢所必至且英商具有資本不難改營他業以與吾國貿易而必欲售土於吾禁煙時期直不啻有意破壞中國禁煙大局當亦非英廷允為中國禁煙助力之初意矣應請憲台電達外務部轉復英使以英之素號文明曾經允助中國禁煙諒決不專顧一二商人之利益致於吾國禁煙前途多生阻力而大負其允助之初心再查英使此次不過隨意談及並非用正式公文來相詰難此在大部儘可當面駁復何須更事電詢似應由憲台一併電部以後英使再有交涉須照會到部方可作為准據否則任舉浮詞無理取鬧實於禁煙要政有礙

所有遵議緣由是否有當理合呈候察核施行

詳督院擬定禁絕洋土藥期限請奏咨立案宣統二年七月二十二日

爲詳請奏咨事案奉憲行廣西撫部院張咨開桂省議分區分期禁售土膏情形陳明立案一摺恭錄　硃批抄錄摺稿行知到局奉此查原奏內稱自宣統二年四月初一日至三年十二月初一日共二十箇月全省土膏各店一律禁絕先行示期與衆咸知俾各預備未至禁期地方能提前禁閉者聽已至禁期地方官紳商民不准藉詞展緩違禁私售店貨充公從嚴懲治各地方禁售不力查照部章分別奏請議處等語司道等查兩廣地既毗連似應同時嚴禁惟查歷年土藥銷數廣西行銷三成廣東行銷七成是廣東之銷土藥已逾廣西一倍而進口洋藥又倍於土藥統計廣東洋土藥兩項銷數視廣西僅銷土藥之數多至七倍有餘勢不能與廣西同時禁絕竊意救時之策貴因地而制宜革弊之方當

迎機而利導自五月初省城開辦牌照捐後洋藥進口之數較前銳減查海關貿易册上年廣東洋藥進口一萬八千五百三十八擔本年西歷正月至六月僅得六千五百八十擔土藥統稅局册報本年春夏兩季廣東行銷土藥之數亦復大減茲擬從本年七月初一日起將現在銷膏之數分作十成每屆三箇月遞減一成計至宣統四年十二月全省土膏各店亦可一律禁絶而於此三十箇月內抽捐之數按期遞增庶幾沈痼可冀廓清而財政亦不無小補除將所有遞減膏數遞增捐數另繕清摺外理合詳請奏咨立案再此件曾於五月二十一日具詳至今未蒙批示現因開辦牌照捐後察度情形所定每期收捐之數與前詳稍有變通之處合併聲明

謹將按期限制膏數遞增捐數列摺呈核

宣統二年七月初一日起至九月底止爲第一期此三箇月內銷

洋土藥膏不得過三百萬兩每兩抽洋銀三毫應收洋銀九十萬元

十月初一日起至十二月底止爲第二期此三箇月內銷洋土藥膏不得過二百七十萬兩每兩抽洋銀五毫應收洋銀一百三十五萬元

三年正月初一日起至三月底止爲第三期此三箇月內銷洋土藥膏不得過二百四十萬兩每兩抽洋銀七毫半應收洋銀一百八十萬元

四月初一日起至六月底止爲第四期此三箇月內銷洋土藥膏不得過二百一十萬兩每兩抽洋銀一元應收洋銀二百一十萬元

閏六月初一日起至八月底止爲第五期此三箇月內銷洋土藥膏不得過一百八十萬兩每兩抽洋銀一元五毫應收洋銀二百

七十萬元

九月初一日起至十一月底止爲第六期此三箇月內銷洋土藥膏不得過一百五十萬兩每兩抽洋銀二元應收洋銀三百萬元

十二月初一日起至四年二月底止爲第七期此三箇月內銷洋土藥膏不得過一百二十萬兩每兩抽洋銀二元五毫應收洋銀三百萬元

三月初一日起至五月底止爲第八期此三箇月內銷洋土藥膏不得過九十萬兩每兩抽洋銀三元應收洋銀二百七十萬元

六月初一日起至八月止爲第九期此三箇月內銷洋土藥膏不得過六十萬兩每兩抽洋銀四元應收洋銀二百四十萬元

九月初一日起至十一月底止爲第十期此三箇月內銷膏逐漸減盡大約不得過三十萬兩每兩抽洋銀五元應收洋銀一百五十萬元

統共三十箇月分爲十期共銷洋土藥膏一千六百五十萬兩收牌照捐洋銀二千一百四十五萬元

呈復督院加稅停捐有礙煙禁請電外部駁復英使（宣統二年七月二十四日）

爲呈復事宣統二年七月十五日奉憲台函開准外務部寒電開膏捐事已據處電告英使查禁一事英使前來照謂中政府若肯將該章程撤回則英政府允將進口統納之稅加增云今洋藥價値較昔已增議加稅項正合以征爲禁之意惟須由尊處查明粵省所抽膏牌捐每年統計進有若干即電復以便商度支部并與英使磋議至膏捐仍須暫停英使乃始允商應照本部歌電酌核辦理等語查現辦膏捐性質按限加抽重在稽查爲刻期禁煙起見此次部電事理亦主以征爲禁利用英使加稅之言雖辦法不同而用意則一相應轉達貴局希將本省膏捐收數通盤籌算詳細見復一面仍就抽膏及加稅兩種問題切實研究推勘利弊熟

審彼我情勢剴切復陳務於煙禁得所維持事實毫無窒礙敝處俟議復到日再行酌核電部可也等因奉此當即札飭辦理牌照捐稽查處詳細禀覆以憑核辦茲據該處禀稱遵查此次辦理牌照捐原因禁煙期限漸迫吸食人數是否確已日少必須認眞稽核以期依限禁絕而稽査之法如何始臻周密必以遵照政務處章程先從牌照捐爲入手凡業生土熟膏者土店必須領營業照始准販土膏店必須領購土煮膏憑照始准其購土煮膏如此層層稽核則吸煙人數不難按圖索驥惟是目前禁吸既尚未能一律從嚴祇有先使膏價擡高庶吸食者不能不減縮煙量逐漸戒斷故酌定抽捐之數分作十期現當開辦伊始每膏一兩先抽銀三毫以後按期遞加計加至末期每膏一兩除原價外抽捐銀數增至五元此注重在禁而不在征之用意也至抽捐之數就現在每膏一兩抽捐銀三毫核算以上年洋藥一萬八千五百餘箱

計應收捐銀四百四十餘萬元查煙臺續增條約洋藥進口每箱收稅釐不過一百一十兩現在英使縱謂英政府允肯倍增亦屬有限而粵省牌照捐辦法係按膏之分量抽捐每土一箱實抽銀洋二百八十八元不特目下所收之數已倍於稅釐以後數年之中尚須按期遞增將來捐數當倍於今以粵東一省計每年牌照捐可收數百萬元推行全國爲數尤屬不貲且抽收膏捐係我國內政我國自有主權可以酌量情形自由增減儻使今日加征關稅重訂新約卽將已經辦成之膏牌捐名目一旦撤銷則完全內政變爲國際交涉處處當受條約之拘束條約未限滿之前萬不能再有變更我國受害不少後悔何窮且粵省現辦牌照捐宗旨在於禁煙並不在乎籌款故前此洋人屢出干涉業經一再據理駁復卒未受其阻撓若今日利其加稅而卽停辦牌照捐卽係自已坐實加收土捐之證據設使英政府以此詰責不特制憲無以

對英領即我外部亦無以謝英使萬不可不加審慎授人以柄況英使照會允將進口統納之稅加增一語細繹語氣是專指進口洋藥一項而言並不包括各項進口貨稅查洋藥進口每箱納稅釐一百一十兩行之多年未聞英國倡議變更今見我創辦牌照捐之後忽行倡此議論其意何居況膏捐係出之我國吸煙之人與中外土商概無關礙今英使反欲豁免膏捐而加增土稅是直使外國之土商加其負擔英使亦何厚於我而薄彼之商人耶此英使之別有用意已可想見度英使之用心不特永欲暢銷其洋土於中國吸我國民之金錢直欲破壞我國禁煙政策以圖他日藉口之地步耳在洋人居心叵測外交陰險以利餌人本爲慣技而我斷不可不加研究致遂其詭謀且十年期限轉瞬即滿若不稽查每年銷土之數使有確實之比較則何以能得禁煙之樞紐若不重征捐稅使煙價高昂則何以能使吸煙之人逐漸減少須

知萬一中國十年限滿鴉片不能禁淨則萬國恥笑何所飾詞設因不實行稽查而結此惡果則誰當其咎說者或謂每年洋土進口有關冊可憑不難按籍而稽殊不知進口洋土固可查考而行銷之地則無一定若不按處稽查則何地銷數暢旺何縣禁煙不力不特無以考成且恐禁煙之令託諸空言難收實效否則亦何庸自為紛擾而必實行稽查牌照之政策哉況現在所抽牌照捐原係暫抵補稅釐及設所戒煙一切禁煙事宜之用並非以此項捐款作為國家經常之收入洋土進口之稅以後正當逐年減少尅期即淨我政府亦早有實行印花稅及整頓田房稅契以為抵補之計斷不能再恃此為餉源總之此事之利害當分別對內對外兩方面而觀就外交一方而論中國若加收關稅而撤銷牌照捐既虞坐實前次英領藉口抽收土捐之嫌且恐限滿煙害難除而授人口實就對內一方而論則　朝廷嚴禁鴉片縮短期限已

屢降　明詔去害務速深望其早日禁絕以塞漏巵而蘇民困今若一旦加收土稅數年之內尚恃爲餉源不特起愚民遲疑觀望之心且恐啓後來洋人干涉內政之漸於大局殊有關礙伏思抽收牌照捐爲我國之內政既係沿用舊來膏捐名目並未絲毫違背約章萬不容外人之干涉稽查煙土銷數爲我實行禁煙必不可免之政策斷無因噎廢食自行撤銷停止之理雖加收進口稅與另征膏捐誠如制憲所言同爲寓禁於征之用意然約章必有定限一經修訂調印即無從隨意變更牌照捐則抽之於膏可酌度情形隨時增損故表面雖同而其實一則束縛於人一則操縱在我利害判然况英使聲稱須將牌照捐停撤始允酌加統稅其意不過誘我裁撤牌照捐然後用其强硬手段磋訂條約使我喫虧尤屬居心叵測顯背公理試問世界各國焉有强迫他國停止現行之內政而改訂約章之理不論遷延時日將來英政府能否

實踐其言倘未可必但國家既萬無此政體即外交亦萬無如此辦法諒亦非英政府曩昔襄助我國禁煙義舉之初心知縣謹將本省收捐之數通盤籌算並就抽膏加稅兩問題悉心研究利弊判若霄壤無待推勘而知此事關係大局殊非淺鮮英使所請務當據理力爭萬不能稍涉遷就貽害將來况洋土進口稅釐統收與其他進口貨物之完稅後仍須在沿途子口加抽稅釐之辦法不同亦不能與裁釐加稅之問題併爲一談深恐英人再逞狡謀誘我政府不可不預籌應付等因前來所陳業經明晰本局更有言者此次遵奉部章辦理牌照捐爲去毒也非籌款也伏讀宣統元年二月二十四日　上諭抵補稅釐一事責之度支部明知籌款誠艱要當權其利害輕重豈恃此鴆酒毒脯以救飢渴而不爲民除害大哉　綸言可以破今日英使加稅之說矣總之粵省現辦之牌照捐係從爲民除害起見其宗旨尤在縮短期限英使加

稅之說直是以利餂我欲我延長禁吸之期其是非得失判若黑白況即就收款而論計牌照捐所收廣東三年之內不下洋銀二千餘萬元沿海各省一律照辦所收當更增兩倍竊揣英使加稅之說決不能逮此數此尤事之顯而易見不待研究而利弊昭然又不獨內政之權萬難聽其干涉也所有一切議復情形理合呈候憲台察核俯懇轉電外務部據理駁復以維禁煙大局實爲公便

呈覆督院洋商領單運洋藥入內地與約不符請飭稅司遵照 宣統二年八月初四日

爲呈覆事案奉憲台札開據粵海關稅務司歐森申稱現有洋商來關請領運洋貨入內地之三聯稅單報運洋藥三箱前往內地查西歷一千八百八十五年中英所訂和約雖有准發三聯單運洋藥入內地之明文惟此項三聯單本關向來似未發過稅務司

現在尚未答復該商究應如何辦理之處理合具文申請察核示復遵行等由到本署督部堂據此查該洋商所請殊於禁煙前途大有障礙惟應如何辦理方杜流弊必須從長計議明示辦法俾有遵守合就札局核明具復以憑察奪劄遵等因奉此遵查稅務司所據西歷一千八百八十五年中英所訂和約有發准三聯單運洋藥入內地之明文卽係光緒十一年煙臺續增專條原約內第三條載貨主請領運貨憑單海關卽當照給不取分文叉此等運貨憑單只准華民持用而洋人牟利於此項洋藥者不許持用憑單運寄洋藥不許押送洋藥同入內地各等語據此約內明載運貨憑單只准華民持用則所謂貨主者自指華民而言故自訂約至今二十餘年從無洋商運洋藥入內地之事該稅務司申稱本關向來似未發過則是該稅務司非不知之乃以究應如何辦理具文申請不免近於嘗試查此項運單卽在平日尚不准發給

洋商何況現當煙禁森嚴遵奉部章推廣牌照捐時該洋商所請顯與約章不符斷難准行爲此核明具覆呈候察核並懇劄飭稅務司按照約章辦理伏祈照驗施行

呈覆督院酌改牌照捐辦法仍請電部維持宣統二年八月十一日

爲遵議呈復事宣統二年八月初七日奉憲台函開頃准外務部歌電開膏捐事卅日電計達茲英使又來言汕頭三水新塘各處違例扣留煙土之案迭經函致而談毫無效果近仍有似此相類之舉七月初四日三水寶豐寶益兩行各被罰三百五十五元係售煙球一百十六枚未報廣榮元總局未向購主索取新捐之故且該兩行出售之煙係在新捐實行以前又肇慶西江佐記行被廣榮元恫嚇非將新章未出之前所售之八箱煙土照納新捐即將撤回執照查封看押竟置已完稅釐於不顧本大臣已將粵省大吏所爲轉報本國政府奉電囑聲明英政府於大局商議之間

惟有力駁華官此類之舉等語查廣東辦法名爲膏捐實則仍是就土抽捐無論如何解說外人斷難折服應飭先將前項扣留各煙土放行並免其罰款另擬辦法以免交涉紛起有礙大局正核辦間又據廣東戒煙總會會長陳基建等電禀粵牌照捐商梁超棠賄串瞞擾走私背章胡行外人屢詰不速撤換必至破壞煙禁餉需無著乞速查辦另選殷商等語可見該商種種辦理不善華洋交怨應再妥籌辦法或查明撤換另任滋擾希速飭遵並電復等因准此除照電指事理函達藩司查籌議復外相應錄電布聞仍希分別籌擬改良妥速見覆以備酌核等因奉此查粵省現辦牌照捐原爲寓禁於征起見且抽自膏店成膏之後非抽自土店購土之時與約章並不相背乃一二奸商因稽查嚴密不便販私遂聳洋人出頭藉端干涉實爲無理取鬧惟既奉飭籌擬辦法自應設法改良俾免外人藉口司道等公同商議計唯有展緩收捐

期限裁撤澳門緝私私貨免予充公三端庶洋人無可詰責而界限亦能分明按原定局章係各膏店吸戶購土領憑照時先行稽查數目限三日內成膏嗣因英使以限期太廹展至十日又展至半箇月為時不為不寛今外人尚不滿意竟再展半箇月統限一箇月後繳捐則膏店購土者斷無一月之久尚未成膏之理庶抽自成膏並非抽自購土更顯而易見英使所謂就土抽捐之說亦可不辯自明此改良展期收捐之一法也省城土店進貨概以洋關數目為憑固無從走漏惟澳門地屬洋界與內地情形不同一經過關則四散無從查考深恐內地膏店吸戶相率赴澳買土潛運私自煮膏所以前經稟請在馬溜洲通利關兩處設立稽查分所並於前山河面添設巡查船隻以便稽查今既英使嘖有煩言現擬由拱北關抄錄洋土出口數目將前山馬溜洲等處分所巡船暫行裁撤不在洋界附近稽查則洋人自無從責難致生交涉

此改良裁撤澳門緝私之一法也政務處定章土店須以營業牌照爲憑無營業照則不准開設售土須以購土牌照爲憑無照私購即係顯違禁令將貨扣留充公現擬除澳門緝私裁撤外內地如遇有查獲私貨姑從寬仍將原土發還但責令販土之人將土轉交領有營業憑照店承受煮膏售賣似此僅令遵章不罰其土洋人亦無從干涉此改良私貨免予充公之一法也以上三端皆爲委曲求全之計免予外人藉口之端可否仰懇據情電達外務部一力維持俾牌照捐完全之內政不致功敗垂成尤爲感紉至前項扣留各煙土均已發還陳基建等所稟商人賄串瞞擾等情業經查明並無實據商人梁超棠辦理捐務不避勞怨收數尙日有起色攻訐之來或由於此合併陳明

上督院稟請照會各領事查禁洋商運洋藥入內地售賣　宣統二年八月十六日

宣統二年八月初六日奉憲台批本局具稟據職商梁超棠稟亨泰洋行購運洋藥五箱回省並未報明入倉請照會法領事轉詢見覆由奉批法商亨泰洋行迭運洋藥入口未赴牌照捐處報明數目自與該局定章不符惟廣州係通商口岸按照煙臺條約本准洋商販運洋藥售賣勢難禁止但洋商入口煙土既無營業牌照又不報明入倉該土售與何人漫無稽考儻各洋商紛紛效尤必致毫無限制殊與禁煙要政大有妨礙應如何嚴定章程洋商販運入口煙土祇准售與領有營業牌照之人不得任意售賣致礙禁煙大局仰即從速妥議詳候核明照會各國領事通飭各洋商遵照等因奉此本應遵照批行妥議洋商販運煙土入口售賣章程詳覆惟查煙臺條約續增專條第三節內載洋藥完納稅釐後貨主拆改包裝請領運貨憑單運往內地無須再完稅捐等項並聲明此等運貨憑單只准華民持用而洋人乍利於此項洋藥

者不許持用憑單運寄洋藥不許押送洋藥同入內地等語是條約既明載只准華民持用字樣則此條所稱貨主自係專指華商而言洋商並不在內且一則曰洋人牟利於此項洋藥者不許持用憑單運寄洋藥再則曰不許押送洋藥同入內地廣州雖係通商口岸而洋藥過關以後即為入內地矣入內地即須領用運貨憑單而此項憑單既聲明不許洋人持用則是洋商販運洋藥一至海關完納稅釐後即應交與華商販賣方為正當辦法條約所載固極詳明並無准洋商販運洋藥售賣之語再查續訂專條在光緒十一年其時並無禁煙之議亦尚未辦膏捐已不許洋商販運洋藥在內地自行售賣何況現當禁煙時期遵奉部章辦理推廣牌照捐即在華商且均須遵照政務處奏定章程領有營業憑照始准購運以資稽查尤不能任聽洋商販運洋藥在內地售賣顯違條約而啟華洋各商紛紛效尤影射之漸致礙禁煙要政前

據職商梁超棠具稟亨泰洋行兩次購運洋藥來省發賣違章不報又無營業購土憑照且該洋行係法人所開法國向無洋藥入口乃該洋行於禁煙辦理牌照捐之時忽違約章販賣洋藥其爲聽受華商買囑出而冒認以圖抗阻已可概見應請照會廣州口法領事嚴行查禁究罰並請申明條約照會各國領事一體禁究以後如有洋商違約販運洋藥者緝獲時應即比照華商走私辦法以杜效尤而維要政再查商人緝獲私土洋人所以屢次駁阻者無非以洋藥已納稅釐任憑售運不能過問不知政務處定章非領有營業憑照不准販賣煙土業經通飭遵行廣東一省自不能獨異即與煙臺續訂專條首段所云於行銷洋藥之事須有限制約束之意亦相脗合總之本局所辦牌照捐係取之成膏以後非取自購土之時現煮膏收捐之期已展至一箇月更與生土無涉不辯自明其無購土憑照即以私土論者亦係遵照政務處定

章洋人決不能藉口應請一併照會各國領事俾知查獲私土係因無購土憑照不便稽查有礙禁煙要政與牌照捐並不相涉勿庸牽混所有查明煙臺續約並無准洋商販土在內地售賣之語仍請照會法領事將亨泰洋行違約販運查禁究罰並照會各國領事一體查禁緣由理合具稟察核分別照會實為公便

詳督院修訂牌照捐章程暨辦事細則請分咨立案宣統二年八月二十二日

為詳請核明分咨立案事竊本局於宣統二年七月十七日奉憲臺函開准度支部元電開貴省變通牌照捐前經本部以所擬辦法如果不致外人干涉即由貴督暫行試辦等因電復在案現在英使對於此事在外務部頗有違言希將貴省現時辦理情形先行電復并將詳細章程從速咨部查核等因准此查牌照捐開抽以來頭緒紛繁情事更變所有煮膏展限試辦改期核與局繳到章程均已不相符合自餘亦多移步換形原章礙難達部應由局

查照來電事理迅就現在辦法將此項章程逐加修訂所收捐數亦照目前抽收情形酌量估計一并更正刻日呈候咨送查核一面先撮概要另摺復院以憑轉電等因奉此遵即於二十日先將現時辦理情形撮要具說摺呈憲鑒轉電度支部立案伏查此案前於四月二十七日具詳開辦牌照捐並擬具章程二十條經於五月初四日蒙批如詳辦理仰即將各項辦事細則連同此次清摺所開籌辦綱要二十條彙訂詳章繕備四分另文詳院以便覆加核明並分咨度支部禁煙大臣民政部立案等因當即遵將摺呈推廣牌照捐章程二十條重加釐定並酌擬牌照捐處委員辦事細則十二條代抽牌照捐商人辦事細則十四條共二十六條附列牌照捐章程二十條之後彙爲一册名曰廣東全省推廣牌照捐詳細章程每册繕備四分於五月二十日詳請憲臺察核分咨度支部禁煙大臣民政部立案並由局將章程多繕一分懇請

轉咨外務部以便外人詰問時有所依據以與之理論庶足杜外人藉口各在案現奉憲臺函開前因自應遵照現在辦法與原繳章程不符之處逐加改正並刪去二條又於辦事細則內增加二條以期完密茲已修訂妥協合遵前次批示繕備四分詳請察核分咨度支部禁煙大臣民政部立案仍由局多繕一分懇請轉咨外務部存案實爲公便

廣東全省禁煙總局籌辦推廣牌照捐章程

第一節　宗旨

第一條　現辦此項捐款用意在禁而不在征目前禁吸之律未能從嚴祗有先使煙價抬高則貧民無力吸食者自思變計戒斷即在中貲之家亦因煙價增高勢必減縮煙量日減日少則沈痼自可廓清矣

第二條　各省煙價高低漲落不一現擬逐漸加增煙價亦須因

地制宜廣東近接香港遠通南洋諸島煙價皆倍蓰於內地查近日香港每膏一兩售洋四元八毫南洋各島有每兩售價十元者今省城膏價洋藥每兩售銀三元有零土藥則僅及二元較之香港南洋價不及半現辦牌照捐先定每膏一兩抽銀三毫以後逐漸加增仿照香港南洋各島辦法庶於煙禁可收速效

第二節　辦法

第三條　粤省各項承餉多由商包以認餉最多者承辦現此項牌照捐重在清查銷數限制吸食自不能沿用商包之法然使官爲經理則收買洋土藥及煮膏銷售其中頭緒紛繁又非官長所能洞悉假手吏胥益滋弊混不若責成商人代收代繳既免隔膜且省繁費

第四條　度支部初定牌照捐係就土藥而言查粤省歷年銷數

洋藥居七成土藥居三成若僅捐土藥不獨收數有限亦恐生奸商弊混之漸惟煙臺條約續增專條洋藥必須拆包零賣之後方可抽收故現定辦法舍土抽膏則洋藥自包括在內商人於售土時給予膏店吸戶憑單令煮膏後如數繳捐則此捐係取之成膏以後自不致外人干涉

第五條　煙土來源洋藥進口之數原有海關貿易冊爲憑土藥行銷之數原有統稅分局呈報冊爲憑惟知其來源而不查其去路捐項仍恐漏匿自應責成商人於發購土憑照後另給予膏店吸戶煮膏憑單即由給予憑單之店按照所煮膏數代收代繳俾免隱漏

第六條　商人代收此項捐款既有擔保之責又有催收之勞且全省設卡置輪選派員司丁役分布緝私一切薪火日用所費甚鉅其省外各屬並有匯解之費通年合計亦爲數不貲非厚

給津貼不足以資辦公而示鼓勵現擬將收到此項捐款以八成歸公以二成歸商俾免竭蹶

第七條　省城選派總商一人以素業土店貿易較大身家殷實辦事公正之人承充令其聯絡土膏各店及省外各府州縣商店一律按照官定章程代收此項捐款省城則按旬呈報省外則按月報解均責成總商派人催收不得稍有逾延致啟侵挪之弊

第八條　洋藥進口以廣州粵海關爲最多南番兩縣各煙店銷數幾居全省十分之四此外九龍拱北江門三水各關悉在廣州界內煙土行銷之地亦距離不遠省城既派有總商幷設總稽查處則附近地方自能呼應一氣惟東路汕頭一埠相去較遠貿易亦盛進口洋藥居全省四分之一近年土藥由汕頭進口者亦占多數除代收捐款仍由總商聯絡該處商人經理外

凡一切派員稽查之事應仿照省城辦法以重公款其西路瓊州北海兩關收數較少無須多派員司以節糜費

第三節　權限

第九條　經收捐款旣責成商人則委員所司者特稽查之事省城應設一牌照捐總稽查處派坐辦委員一人文案支應發照庶務委員各一人司事書記由委員酌量事情繁簡派充至每日所收捐款若干分簿詳細塡注每五日由各土店開單呈報本局一次每十日由稽查處委員造具清册呈報一次俾可互相稽核庶免遺漏錯誤省外各屬視商埠大小銷數多寡分設稽查處酌派員司經理

第十條　委員稽查之事所宜注意者在各店每日洋土藥買進之數及每日賣出之數須抽查該店帳簿逐一比較以防商人銷多報少之弊所有賺土憑照均由該委員管理按日發交各

土店於售土時覈實塡寫

第十一條　凡稽查處委員司事薪脩日用等費均由本局開支與商家無涉

第十二條　本局所派委員專司稽查銷數及應收捐數隨時開單報局其外埠匯兌報解等事仍由商家自行經理惟商家應解捐款委員應就近督催分商按期照繳總商彙解以免延欠

第十三條　外埠各商或因捐項轇轕或與各鋪爭執以及地方痞棍藉端生事自所時有難免有與地方官承接之處本局委員權限所在又未便代爲擔任應由商人稟請另派委員專理其事此項委員薪夫由商家致送與本局無涉

第四節　計數

第十四條　上年洋藥進口一萬八千五百三十八擔土藥行銷七千九百七十二擔共二萬六千五百十擔以五成計實每擔

煮膏八百兩共二千一百二十萬零八千兩以每膏一兩抽銀三毫計之應收銀六百三十六萬二千四百元

第十五條　上年土藥銷數較光緒三十四年已減少一千四百三十擔本年海關貿易冊第一結較上年第一結少四百二十擔第二結少二千二百擔土藥行銷亦日見減少現在試辦牌照捐自五月初一日起至七月底止此三箇月內核計銷膏之數與未辦牌照捐之前不能及半擬從本年七月初一起以三箇月爲一期將現在銷膏之數分作十成按期遞減一成抽捐之數隨時體察情形按期遞加限至三十箇月後所有通省土膏銷數一律減盡

第十六條　此項捐款現既責成商人代收不可無擔保銀兩以資信用茲於試辦期內繳到擔保銀十五萬元俟三十箇月後煙已禁淨仍將擔保銀發還

第五節 支配

第十七條　照上年約計之數收款應得六百餘萬元惟現查本年海關進口洋藥業已銳減土藥來源更絀核計此半年中較之上年祗可得十成之六則此後收捐之數全年亦祗有三百五六十萬元之譜應自本年七月初一日起每三箇月爲一結就所收捐款分作十成以一成爲通省禁煙總分局及省內外牌照捐總分各稽查處並各屬戒煙所經費以二成津貼商人計實存七成捐款除照章抵補洋土藥稅釐外所餘之款聽候本省及大部隨時撥用

第十八條　所收捐款由商人按旬報解本局由本局暫存銀行除支付各款外按季彙解藩庫收儲

牌照捐處委員辦事細則

一現辦牌照捐宗旨在清查銷數限制吸食仿照蘇省辦法立限

定期銷膏之數按期遞減抽收之數按期遞增茲當試辦之初無論洋土藥膏每膏一兩均抽銀三毫

一省城舊有膏牌捐向歸敬信堂承辦凡膏店吸戶購土後均須遵領煮膏單方能熬膏今膏牌捐業經停辦本處現仿此辦法刊發煮膏憑單未領此項憑單者不准煮膏

一此項牌照捐雖係計膏抽收惟膏店與吸戶零星散處難以稽核故設立牌照稽查處於各膏店吸戶購土領憑照時先行稽查數目限半月內成膏一月繳捐由商首按數繳收方能得其要領嚴杜走漏私售諸弊

一凡各膏店購貨熬煮不論多少須到本處及商所報明件數斤兩指明在何處熬煮被購之土店應先立一銷號單持赴本處具報由本處發給購土憑照再由商所塡給煮膏單註明地址限半月內盡數成膏一月內照數繳納捐款但膏店最易瞞匿

非以土店售出之貨核算不可今以土店所報之銷貨單爲憑
俾無隱匿
一現在禁煙之期已迫無論吸戶膏店均不得陸續囤積若不嚴
行限制轉瞬限期已滿而各膏店囤積尚多則斷難遵 旨依
限禁絕今定無論吸戶膏店祇准隨購隨煮不得故違延匿以
清根源而免朦混
一民政部會同度支部奏定章程凡土膏各店所領營業牌照每
年須呈驗換給一次總局自上年四月發給各土店營業牌照
現屆一年期滿應卽遵照更換所有省城內外各土商已領營
業牌照者限開辦十日內一律到局呈換新照此後不得再有
添設開張
一省外未發營業牌照處之各土店俟設立分處亦限十日內一
律向分處領取嗣後不得補領增開

一開辦五日內凡各土店以前存倉之貨亦須來處報名查驗登記以杜取巧省外照辦

一生土店有貨進口清完稅課後須到本處報明入倉件數方准移貨出倉以便稽核如違罰究

一所發牌照數目逐日列一簡明報單先行申送總局逢旬再彙造清摺呈送其收數隨同票根按旬清解除開支一切經費外由總局按季批解藩庫聽候撥用

一擬先於省城潮州北海瓊州新會之江門三水之西南香山之石岐前山之灣仔行銷煙膏最多之處設局派員開辦其餘內地如肇慶南韶各等處察看情形再行稟請設局派委

一外府州縣所設稽查牌照分處均一律照省城辦理其捐項統由商首在省城按月報解以期畫一而免分歧

代抽牌照捐商人辦事細則

一廣東全省牌照捐諭飭廣榮元職商梁超棠設立廣元公所承辦頒發戳記以昭信守

一此項牌照捐以稽查銷數杜絕囤積限制吸戶以期如限禁絕爲宗旨

一土店運貨進口淸完稅課後須到牌照捐處報明生貨入倉數目賣出貨時亦要到牌照捐處報銷出倉數目方准移貨出倉以便稽查銷數

一業膏之家凡買土必須先到牌照捐處報明件數斤兩並具限日熬煮必無私藏久囤及成膏時遵繳牌照捐項覓有妥保後方准發給購土煮膏憑照帶往熬煮

一凡違背定章不到牌照捐處報明入倉出倉件數斤兩及未領有購土煮膏各憑照者概以私土論如被緝獲祇將該販土之人究罰責令將土轉交領有營業憑照膏店煮膏售賣

一洋人牟利於洋藥不許押送及持運單入內地既載在約章儻有奸商串通洋人或洋行包運洋藥抗不遵章報明件數者在洋人既爲違約自應一律以私土論緝獲時卽比照上條辦理

一各土店須要驗明買客領有煮膏購土憑照方准發賣賣出若干隨時到公所報請銷號以便稽核

一計熟膏一兩收捐銀三毫該捐項由廣元公所按數代收此款雖抽自賣膏之家究屬出自吸戶與土膏營業無礙

一凡買生土者限半月內盡數成膏不得私藏久囤破壞禁煙大局

一外府州縣均由廣元公所設立分所照章一律辦理各土膏營業商人不得多生枝節以專責成而歸畫一

一土膏各店已領營業牌照者卽到總局換領未領者限開辦後十日內補領以後祇准閉歇不准增開

一如無購土憑照則不准買土若未領煮膏單則不准煮膏如敢
故違稟候從嚴究辦
一如有奸徒作弊違背章程定即稟請弔銷營業牌照勒令閉歇
重罰示儆
一每生土一兩定以成膏五錢爲率假如據報現在買生土一兩
則將成膏後繳納捐款以熟膏五錢計算有此定率庶知日後
吸食銷膏之數且抽捐時不致有爭論成膏數目多少之弊
一開辦以前各土店存積生土須於開辦日向公所報明以便稽
核日後銷數如違查出究罰
一如有未盡事宜隨時稟請增刪更改俾臻妥協
上督院稟解釋條約洋商不得領單運洋藥入內地仍請電部查
復 宣統二年九月十七日
宣統二年九月初十日奉憲台札開現准外務部電開准税務處

文稱據總稅司面稱潮海關稅司奉粵督劄飭運寄洋藥憑單照煙臺續約只准發給華商不准發給洋商該稅司恐與約不符請示辦法總稅司查該約條款內載如貨主於此時請領運貨憑單海關即當照給各關辦法向無華洋貨主之分今粵督擬改恐係誤會約章意義等語咨請酌核前來本部查煙臺續約雖有運貨憑單只准華民持用洋人不許持用之語而上文明言貨主請領憑單海關即當照給是給單祗認貨主不分華洋持單入內地始限制不許洋人約文本甚明晰今若不准給單與洋商恐啓交涉難以置辯應飭仍照向來辦法辦理希查照等因到本署督部堂承准此合就檄行札局查照轉飭該州禁煙委員遵照辦理等因奉此查煙臺續約第三款於貨主請領憑單一語並未分別華洋惟其下即云凡有此等運貨憑單之洋藥運往內地之際即無須再完稅捐等項是憑單原爲入內地免稅之憑證其義甚明洋人

既不許持用憑單押送洋藥同入內地則上文所云貨主自係專指華民而言蓋惟欲免內地之稅捐所以必請領憑單爲據若不入內地卽無須請領憑單洋人既無准持憑單入內地之約則稅務司自以不發給憑單爲正當辦法且查煙臺會議條約第三端載英商於販運洋藥入口時由新關派人稽查封存棧房或躉船候售賣時洋商則完稅並令買客一併在新關輸納釐稅以免偷漏等語夫入口謂之稅內地謂之釐買客在新關納釐卽爲便於通行內地以免重稅之故參觀互證則憑單係因內地而設固不待煩言而解矣洋藥既因入內地始領用憑單而續約明載洋人不許運寄洋藥同入內地則請領此項憑單果何所用且查本年八月初一日曾奉憲台札據粵海關稅務司歐森申稱現有洋商來關請領運洋貨入內地之三聯稅單報載洋藥三箱前往內地稅務司查西歷一千八百八十五年中英所訂和約雖有准發三

聯單運洋藥入內地之明文惟此項三聯單本關向來似未發過等因到局是該稅務司自稱向來未發過此單尤足爲洋人從無領用此單之實據況當此煙禁森嚴牌照捐開辦伊始該洋商必於向未領用者朦混請領其意何居理合稟請憲台據情電達外務部轉詢稅務處此項憑單是否爲持往內地免納稅釐憑證之據並詢明粵海關於此項運洋藥憑單從前有無給發洋商成案明白答復以便遵辦實爲公便

詳兼院請照牌照捐定章減銷加價並派員赴各屬稽查 宣統二年十月二十一日

爲詳請奏咨事案奉前署憲袁劉行廣西撫部院張咨開桂省議分區分期禁售土膏情形陳明立案一摺恭錄 硃批鈔錄摺稿行知到局奉此查原奏內稱自宣統二年四月初一日至三年十二月初一日共二十箇月全省土膏各店一律禁絕等語司道等

查兩廣地既毗連似應同時嚴禁惟查歷年土藥銷數廣西行銷三成廣東行銷七成是廣東之銷土藥已逾廣西一倍而進口洋藥又倍於土藥勢不能與廣西同時禁絶查本年五月省城開辦牌照捐後洋土藥來源日減因擬從七月初一日起將現在銷膏之數分作十成每屆三箇月遞減一成所抽捐數則按期遞增計至宣統四年十二月全省土膏各店亦可一律禁絶列摺詳請奏咨立案當奉前署憲袁批來詳及清摺均悉寓禁於征計期程效用意極善按照摺開自七月初一日起至九月底止預計銷膏不得過三百萬兩膏捐應抽至九十萬圓轉瞬秋杪第一結即已到期屆時由該局查明三箇月內銷數收數如果與預算大致相符幷表試辦成績再行詳候覆核奏咨辦理可也等因奉此現屆三箇月第一結業已期滿省城共銷洋藥一千零四十八擔七十斤土藥二百十六擔六十二斤每擔煮膏八百兩每兩收洋銀三毫

應收膏捐三十萬零三千六百七十六元八毫現查核省城三個月內收數尙屬相符粵省歷年銷售煙土之數省城占十之四省外各府州縣占十之六今查省外此三個月祇省城附近佛山江門三水石龍石歧前山等處收到捐款八萬三千六百五十元省東則汕頭淡水等處三萬一千五百五十六元省西則肇慶都城陽江水東雷州廉州北海瓊崖等處八千八百零四元省北各屬尙未稟報通計省外僅收十二萬四千零十元以全省現收之數按諸預計之數僅能及半而查海關貿易冊本年西歷秋季粵省洋藥進口二千七百七十六擔土藥統稅局摺開最近三個月行銷來粵一千二百二十七擔合共四千零四擔除去運銷江西福建湖南等省之土約及一成外計本省銷售之土實有三千六百餘擔應煮膏二百八十八萬餘兩合之預計銷膏之數尙不甚遠乃銷數並未見少而收捐之數祇能及半則由省外各屬於此項

牌照捐尚未切實舉辦又自八月中旬遵照外務部來電改良辦法於緝私一層從寬辦理遂令私銷充斥捐數日減查粵省海關八處現祇廣州江門三水等處洋土藥進口後均照章報捐九龍拱北兩關均不受稽查而拱北尤甚查本年春季該關進口洋藥祇一百九十一擔夏季一百零三擔而秋季驟增至六百四十六擔則由於該處報關納過稅釐以後奸商四散分出不問外口內港專以漏捐爲利藪也此外汕頭一埠亦未悉就範圍北海一關數本無多瓊崖孤懸海外自爲風氣如能一律仿照省城辦理所收之款卽不能悉符預計之數當可十得七八查詳定牌照捐章程第十五條自本年七月起以三箇月爲一期將現在銷膏之數分作十期按期遞減一成刻交十月已屆第二期卽應遞減銷數以符定章而減銷之法仍在實行加價之中擬自本月起每膏一兩加抽洋銀一毫合前共四毫現省城各土店已辦定基礎諒不

至再起風潮省外各屬必應派明幹之員前往稽查力求進步俟三箇月後第二期結算與上屆比較實減銷若干能否符一成之數以後再隨時體察酌定遞減遞增之數此於前擬辦法稍爲變通而於立限三十箇月土膏各店一律禁絕之宗旨仍當確守不移或謂　先朝諭旨原限十年禁絕今定三十箇月提前勒限恐勞而無功且慮起外人交涉抑思上年廣西撫部院奏請勒限二十箇月禁絕既奉　俞旨則廣東三十箇月禁絕並不爲速且沈痼已深深恐三十箇月之後屆時尚未必全省肅清善後事宜正需歲月若及今不提前勒限恐延至十年仍是因循敷衍之局貽禍民生何堪設想如有外人藉端干涉亦祇可隨事應付似未便因噎廢食致礙憲政之進行司道等往復會商意見相同用特呈請鑒核應否奏咨立案之處伏候示遵

呈復兼院聲明限制洋藥由粵赴贛緣由宣統二年十一月初五日

爲呈復事宣統二年十月二十二日奉憲台函開准外務部號電開英使節畧稱據駐粵英領電粵省調查鴉片局出示令運往江西之煙土每年減十分之三實屬違章希即電粵將告示內所論註銷免致洋藥貿易有礙此次正在兩國商辦之際粵憲如此行爲不勝詫異等語查本部現正與英使商議洋藥輸入改良稽查辦法以符遞減定額祇須進口確係遞減其進口後由此省運彼省不必另爲限制粵省限制運鄰省洋藥究因何故此舉似無關扼要如可取銷希即飭遵以免藉口並電覆等因相應函局刻日查明原案聲敘理由呈候核飭裁覆等因奉此查贛省土商在港如購土由海道達滬轉運九江與本省無涉自可勿庸過問惟近日贛商在港購土時由粵省內地南韶一帶轉運名爲赴贛實則沿路私售且有甫經出境立即暗中煮膏倒灌回粵沿路偷銷遂至稽查無從於本省禁煙大局大有妨礙故不得不稍加限制俾

防流弊至稽查處所出告示已由局飭令取銷理合將遵飭查明限制煙土由粵赴贛緣由並抄錄示稿一紙及飭令取銷之處呈請憲台察核分別轉電外務部及答復英領事實爲公便

呈兼院派員前往各屬督催禁煙宣統二年十一月二十二日

爲呈報事案照禁煙爲第一要政迭經本局嚴飭各屬認眞查禁所有各地方官署局所內自幕職以至家丁差役沾染嗜好者槪令分別辭退斥革勒限戒除並遵照政務處奏定章程發給各吸戶煙牌經由本局會同巡警道詳定牌式辦法每六箇月淸查換牌一次勒限減癮二成久已通飭遵行在案嗣又札飭各州縣將戒煙分會改爲禁煙分局官督紳辦以期得力乃各屬習於因循相率視爲具文漠不置意卽如換發煙牌一事自本年五月間札發各州縣限以從文到之日起半箇月換發淸楚隨卽造具吸戶姓名淸册連同發過牌根並牌費於一箇月內悉數解局延至七

月杪尚未據一縣具報當即於八月初二日通電各府嚴飭所屬刻日解繳又逾兩旬仍渺無消息遂於八月二十二日再通電各道就近派員守催迄今又逾兩月計通省州縣册報到局者尚未過半數而定章六箇月換牌一次是下屆換牌之期已到而上屆之牌尚未換發竣事且經一再電催尚復如此玩忽其平日對於禁煙要政漠視可知溯自奉 先朝諭旨十年戒禁以來瞬已五載儻長此敷衍因循恐至蹈貽誤憲政之咎似非派委專員辦理不足以收實效現擬以十一月爲下屆換牌之期所有通省各州縣均由局派員督催換發煙牌事宜每牌一張收牌費銀二毫不准再行補領並查明以前册報之數是否確實兼就近查勘開燈煙館及向來種煙地畝是否一律禁絕以防毒卉復萌又各屬禁煙分局及戒煙會社禀報成立有案者是否辦理切實得法及衙署局所內幕友員司家丁差役向有嗜好之人是否均已戒除淨

盡概應由委員詳細調查會同各州縣禀報以昭核實而收速效至各屬往來渡船往往開燈供人吸食亦應由該委員會同各州縣商酌妥善查禁辦法以肅功令其各委員薪夫銀兩擬即在所收煙牌費項下開支不另動公款除由局選擇妥員酌定薪夫數目按縣派往外理合備由具摺呈請憲台察核施行

派員前往各屬換發煙牌並調查禁煙事宜簡章

一政務處奏定章程煙牌係分甲乙二種久經通飭遵照惟各屬繳來清册多有未分別甲乙者殊不便於稽核此次委員換發煙牌應按甲乙各立一册以免混淆並照局定格式註明新牌及舊牌號數吸戶姓名年歲籍貫住址門牌號數原量及減量數目向購某店煙膏均一一詳細開列清册具報並查明以前册報之數是否確實以後應由該州縣嚴飭禁煙分局及巡警防勇隨時稽查如有違章私購私售即按照禁煙條例罰辦

一開燈煙館及製販煙具久已懸爲厲禁而向來種煙地畝前於
光緒三十四年即一體奏報禁絕特恐無知愚民及牟利奸徒
或不免試法嘗試此次發牌委員應就近切實查勘如有違犯
禁令者即會同州縣官立予查封變價充公以防毒卉復萌
一各屬禁煙分局及戒煙會社已經成立報局有案者此次發牌
委員應就近切實調查辦理是否得法有無徒務虛名之弊其
未經設立者應會同州縣官邀集紳董速行籌設以便窮苦人
入所戒癮查省城戒煙所內所用戒煙藥方收效甚速現抄交
委員帶往各屬轉交官紳照方配製施戒以後並由該州縣官
將戒斷人數按月造具姓名年歲籍貫清册繳局以定考成
一官署局所爲民間表率尤宜特嚴禁令上年曾通飭各屬將官
署局所吸煙人查明分別辭退撤換斥革勒戒在案此次發牌
委員應就近查訪衙署內官親幕友家丁差役以及局所內紳

董員司是否一律戒除淨盡儻有沾染嗜好該州縣官仍行姑容使之逗留者應由該委員據實稟局照章處罰儻該委員有意徇隱查出一併處罰以肅禁令

一查民政部奏定管理售賣膏土章程摺內聲明膏土店成本不及一千兩者令其改業又民政部與度支部會奏稽核禁煙章程第七條內開膏土各店應將每月銷售實數按月向該管衙門呈報一次不得隱漏或售與未領牌照之人該管衙門於年終彙計造册申由各該督撫分咨報部備查各等因現在各州縣膏土店資本概屬無多雖未能遵章遽令改業不可不嚴示限制此次發牌委員應就近會商各州縣官設法將膏店竭力歸併合數家或數十家爲一家以期便於稽查並由該州縣官發給膏土店煮膏及銷膏印簿各一册飭令每次煮膏若干兩報明禁煙分局紳董或巡警局到該店秤過分量登記煮膏印

簿內而每日售膏若干兩即逐一記於錙膏印簿任憑紳董隨時調查如查出二印簿數目不相符合定係違章隱漏應按照禁煙條例處罰以示懲儆該州縣官宜即據印簿登記數目按季册報到局以便年終由局彙計造册申報咨部備查

一各屬往來渡船往往一經開船即出賃煙具供人吸食實於禁煙有礙此次發牌委員應就近會商州縣官設法嚴行查禁如該渡夫實有煙癮即發給煙牌收執惟須取具向不供人吸食甘結保結二紙儻無人敢出保結即不准發給以示限制並查明該屬共有若干渡船人夫吸煙者共有若干人將該渡夫姓名年歲籍貫每日吸煙分量及所居之渡船名均一一另列清册繳局以後仍由該州縣官隨派司捕或禁煙分局紳董及巡警防勇等嚴密訪查如查有違章聚衆吸食情事嚴行罰辦

上兼院稟英領事干預禁煙內政請據情駁復 宣統二年十二月初一日

宣統二年十一月十八日奉憲台札開十一月初六日接廣州口英總領事照稱案照煙膏牌照捐一事近聞所發膏店與吸戶之牌照有歧視苛待之辦法吸戶祇准在牌照內所定之店買膏不得另向別家且有膏店數家均為牌照內所不列者又聞此事原因廣元公所串同某某膏店欲為壟斷之計此事若確自屬違背約章亟應竭力駁阻並請貴部堂立飭將此項煩擾章程即行撤銷廣元公所利令智昏擅自把持權力以致違約及兩國互訂之合同深望貴部堂迅為設法取締遏制是禱等由前來查所稱給發牌照祇准吸戶在照內所定之店買膏不得另向別家且有膏店數家均為牌照所不列等語究竟如何情形未據具報合就札飭札到該局即便遵照刻速詳查稟復等因奉此查今年秋季換發煙牌本局以禁煙期限日迫擬先從省城地方切實整頓逐漸加緊當經改訂章程七條其第一條內首先聲明凡吸煙人必須

領此牌照方可持牌到指定某膏店購煙吸食於九月二十八日詳請憲台察核立案嗣於十月二十日奉批詳摺均悉應准立案施行仰卽遵照認眞辦理不得稍涉鬆懈等因在案是吸戶祇准在牌照內所定之店買膏不得另向別家係遵照詳定章程辦理而本局當日所以首先規定此條之故則由於從前吸戶領有煙牌可隨意到各店購煙以致一日之間往往一牌而重購數次或方至此店購買之後又持往彼店購買在吸戶旣恃牌照爲護符盡量吸食兼以供他人借牌購煙之用而膏店則更藉此以廣招徠希圖厚利種種影射弊混不可勝言於禁煙前途實多障礙故特定此條以示限制而便稽查庶可漸收勒限減癮之效至所云有膏店數家均爲牌照內所不列者係因該數家前曾違章賣煙經已勒令閉歇改營別業故不能再列入牌照之內英總領事所稱此事原因廣元公所串同某某膏店欲爲壟斷之計均屬臆揣

之詞且此事與煙膏牌照捐並不相涉英總領事乃牽混爲一覚謂違背約章亟應竭力駁阻尤爲無理取鬧蓋按照約章所載凡洋藥入內地一經拆包零賣之後外人即不能再事干涉何況由土成膏則純爲中國貨物而限制膏店吸戶又純爲國內行政無論如何彼均不得過問尚復何約章之足云設英領事於此中實情猶未明悉即不應以捕風捉影之談來相詰責如已經明悉而爲此照稱則是有意干預我內政侵奪我權限尤不免越俎之嫌似此輕舉妄動兩無所可應請憲台據情駁復嗣後勿動以違約遽有責言實爲公便是否有當理合稟候察核批示祗遵

上督院說帖詳陳牌照捐不可撥抵賭餉 宣統二年十二月二十二日

竊本局開辦牌照捐用意原係寓禁於征故於詳定咨部章程第一條首先聲明此語並非重在籌款當日所定辦法不用商包而用商人代收代繳由局設稽查處派委專員稽核銷數以防偷漏

亦謂一涉商包其流弊必至於專顧餉源日冀收數暢旺以爲加多捐款之計而於禁煙宗旨適成反對職道早慮及此始決意用商人代收代繳俾不至專顧餉源而局中亦得體察情形隨時操縱以期於禁煙前途無所阻礙及開辦後外人不明內情疑此舉爲注重收捐係籌款問題非禁煙政策迭次執煙臺條約以相詰難幾經舌焦筆禿據約辯明方能疑團漸釋今一旦撥抵賭餉又改換商包是意在征而不在禁不獨與當初開辦之宗旨大相剌謬亦恐外人反脣相稽我且無詞自解方今時局艱難人情變幻凡辦一事不能不並顧兼籌求其利多弊少計今年迭奉　明詔嚴切禁煙三令五申自不能置爲緩圖而邇者粵省紳商士庶企望禁賭巽口同聲苟有可以籌抵賭餉之處亦不能不曲徇其請冀以稍慰輿情惟外人抵隙蹈瑕儻予以藉口之端必至橫生阻力恐籌抵之賭款未收實效而禁煙之障礙轉事補苴是亦不可

不慎之於始也昨藩司送來會詳稿職道細心查閱新商所擬辦法重在遞加捐數並非別有把握雖原定局章有膏數遞減捐數遞加之語但體察情形在禁煙範圍之內洋人尚執而有詞若撥抵賭餉歸入籌款問題則執約相爭更恐非筆舌所能折服伏思牌照捐開辦伊始原因上年五月港督來文有惟有將中國煙價擡高使與香港劃一俾私煙入港無利可圖等語職道以機有可乘遂擬辦牌照捐爲禁煙之助當時議者均以事必無成從旁非笑幸數月以來捐數已近百萬元左右而洋人之干涉與商情之抵抗均就範圍私衷循省差可自慰今以禁煙之舉而改爲籌餉方鍼且以代收之名而變爲商包性質將來該商有挾而求太阿倒持雖欲稽查亦無從操縱矣大局所關職道不敢固執己見以矯同亦不敢隨聲附和以貽誤一得之愚瀆陳縷縷幸垂鑒焉

上督院稟交卸禁煙局差幷請赴江蘇將牌照捐聯絡開辦宣統三

年正月二十五日

竊職道於光緒三十四年十二月奉前憲張委辦全省禁煙總稽查事宜當具說帖陳禁煙大概辦法分限制吸食販賣各條請諭撥辦公之地並刊發關防酌撥經費准設員司幫同料理旋奉前憲札設廣東全省禁煙總局以藩學臬三司巡警道爲總辦職道爲會辦駐局經畫以專責成於宣統元年正月初九日開局閏二月初六日經前憲附片奏陳在案受事以來倏忽二年才短慮疏愧無成績本年正月初九日奉憲台札飭調充地方自治籌辦處差當以事關憲政素未講求懼弗勝任并以夙昔微尚務在袪沉痼而塞漏卮蓄志十年未便灰心一旦昨已詳晰面陳荷蒙鈞諾並諭以到差後准即禀假仰見樂取人善委曲成全之至意無任感荷查上年五月粵省開辦土膏牌照捐計至年終共收捐款洋銀一百零八萬元有奇而洋土藥進口數目與宣統元年比較洋

藥減少六千七百一十六擔土藥至九月底已減少四千零二十六擔十冬臘三月尙未據報即此銷數銳減足證吸食者逐漸戒除之效而籌款一節特其餘事遞來迭奉　諭旨禁令加嚴內地各省已一律禁種而沿海省分吸食洋藥如故查向來洋藥銷數廣東與江蘇爲最多閩浙次之沿江皖贛各省又次之現粵省籌辦此捐既著成效如沿海各省不同時舉辦則此張彼弛終難收指日廓淸之績職道擬請假兩月赴江蘇一行稟商兩江督部堂江蘇撫部院及時開辦幷與沿海沿江各省聯爲一氣務使洋藥來源與土藥同時禁絕庶幾速除痼疾共蹈康和職道昨已稟銷禁煙局差所有牌照捐收支款項另具摺陳地方自治籌辦處甫經到差並無經手未完事件伏祈俯鑒下情據稟咨會兩江督部堂江蘇撫部院俾得早日束裝就道感激私衷曷其有極

無錫　許珏

禁煙牘存六

上外務部說帖詳陳洋藥加稅停捐利害 宣統三年四月初一日

竊職道前在粵省奉兩廣督憲札委辦理禁煙事務上年五月開辦土膏牌照捐以就膏抽捐爲禁吸之原以分期遞減爲禁淨之計自五月起至十二月止洋土藥銷數較宣統元年減少一萬一千餘擔計收捐款銀圓一百零八萬四千餘元其抽捐章程於上年八月經稟請兩廣督憲咨呈大部在案原定限期以三十箇月通省土膏各店一律禁絕蓋宗旨在於去毒並非在於籌款乃英使屢向大部抗議指爲違約要求停辦尋又願加徵洋藥進口稅以爲嘗試職道曾於上年七月將抽膏捐及加土稅是非利害剴切詳呈兩廣督憲電達大部本年二月奉兩廣督憲札飭赴江甯

江蘇等處調查近年洋土藥銷數並籌商推廣粤捐辦法適聞英使仍執加稅停捐之議在大部曉瀆竊思此事於禁煙大局關係至鉅非到京面陳不能詳盡因於上月來京謹就一得之愚瀆陳鈞聽惟垂察焉恭讀宣統元年二月二十四日　諭旨抵補稅釐一事明知籌款誠艱要當權其利害輕重豈恃此鴆酒毒脯以救飢渴而不爲民除害　聖諭煌煌必應恪守今各省嚴禁種煙土藥統稅各局業已裁撤而一面議加徵洋藥進口稅以爲持久延長之計捐棄千餘萬之土藥統稅而斤斤計較於六七百萬之洋藥稅釐禁煙政策自相矛盾外人必謂我意在籌款並無實行禁絕之意其害一且一經加稅卽不能限制販運之期既不禁運何從禁吸譬之勦除流寇不堅壁清野以絕其接濟反藉兵資糧而責以自新此理勢之所必無亦中外之所竊笑其害二洋藥銷售後必煮膏方能吸食按膏抽捐增減輕重權自我操既議加稅則

一切抽捐之法彼皆可指爲違約我必致受其束縛而禁煙愈不易其害三即使加稅以後收數日旺度支日贏亦 諭旨所謂恃鴆酒毒脯以救飢渴況此次所議辦法洋藥進口分七年禁絕又將業已進口尚未出售之二萬餘箱分年扣算則是加稅所益不過數年每年所益亦無確數爲利至微而爲禍至鉅其害四英人志在貿利雖議逐年遞減現仍逾額販運前此訂十年遞減之約近查海關貿易冊洋藥進口惟第一年減少二千六百餘擔至第二年則不惟不減反見加增是其明證其害五有此五害則加稅之約萬不可訂皦然甚明推英使之意必以廣東牌照捐爲意在籌款故以加稅之說餌我不知廣東定章本限三十箇月禁絕其非爲籌款起見可知現在此項捐款抵補賭餉亦經度支部奏明難恃爲經常之款當妥籌經久款項乃爲根本之圖奉 旨俞允欽遵在案是始終重在禁煙並不恃爲的款以此明告英使當可

間執其口伏祈大部撤銷加稅之議縮短進口年限俾煙害早日廓清償已有成言萬難作罷則請與英使聲明此次加稅以後各省從前籌辦之膏捐牌照捐及此後續收各種捐項但係洋藥已入華商之手無論如何抽收中國均可自由英國不能過問似此劃清界限庶各省禁煙尚可措手總之因禁煙而議及加稅斷不可因加稅而妨礙禁煙必於條約中寬留餘地乃可收實行禁絕之效大部統籌全局必有以澹薄海之災而慰羣黎之望冒昧瀆陳無任激切之至

上民政部說帖請縮短禁吸期限 宣統三年閏六月二十六日

自光緒三十二年八月奉　詔禁煙之後定限十年以內洋土藥之害一律革除淨盡嗣因中外臣工請改縮期限以圖進步經會議政務處議奏奉　旨俞允惟歷年章奏大率言縮限禁種未言縮限禁吸迄今禁種已逾十之七八禁吸猶未及十之二三至於

縮限禁運一事各省章奏間及土藥而於洋藥則絕未提議蓋慮外交牽涉應付不易故也上年二月間兩廣總督電商度支部變通牌照捐辦法寓禁於徵意在遏減來源並非專重籌款計至年終廣東各海關洋藥進口減少六千七百一十六擔煙價既昂影響所及江蘇一省減少三千二百八十八擔此外沿海如奉直東閩浙沿江如皖贛鄂湘各省共減少三千四百一十七擔通計進口總數比較宣統元年減少一萬三千四百二十九擔方謂禁運漸有進步則禁吸不難加嚴乃英使遽以停捐加稅之說餂我外務部顧念邦交允其所請此次續訂條件外益以附件闡此兩月內上海廣州二處洋藥進口驟增二萬餘擔隄防既潰畚築安施是禁運一事此後更難著手惟有就禁吸一事縮限加緊但使吸食之數日減卽販運之途自窮職道輾轉籌思因就續訂條件範圍之內謹擬辦法數端於五月十四日呈請都察院代奏留中未

下疏遜小臣未敢再瀆竊念政務處奏定章程本有勒限減癮之條今擬按月勒減則吸食之期約計一年可以淨盡至新增稅釐

諭旨明言亟欲與民更始決不顧惜此宗進款但使禁吸能尅期收效則禁運自不必另與磋商茲謹成芻議二篇幷將勒限減癮及按年減運勒限禁吸各列一表所有勒減辦法及洋藥價値稅釐公私損益之數一一詳載表中謹呈鈞覽如蒙采納奏請縮限禁吸但求

諭旨明發以宣統四年十二月爲禁吸淨盡之期使億兆編氓早除痼疾而登仁壽則

聖主之恩亦莫非大部之賜也

禁煙最近芻議一 宣統三年六月

禁種　自光緒三十二年八月奉

詔禁煙以來迄今五載所有禁種禁吸禁運三端惟禁種成效已著宣統元年五月經度支部奏明除陝西甘肅四川貴州等四省外各省悉限宣統元年年底

爲禁絕之期現四川一省亦已禁種淨盡陝甘貴州等省奏報禁種事宜亦甚認眞特尚未肅清耳總之目前內地毒卉剗除已十之八九縱有餘孽未盡各省疆吏及地方官自能隨時懲辦現所亟應注意者祇有禁吸與禁運兩事耳

禁吸　禁吸之要自以勒限減癮爲一定不易之法近來煙價日昂購食不易吸煙之人癮量多者吸食不過三錢少者僅一錢或幾分不等現擬以六箇月爲限如煙癮三錢者第一次給與牌照注明三錢第二月換牌減爲二錢五分（須逐月換牌以期迅速）以後換牌按月遞減五分至第六箇月減完煙癮二錢者第一次給照注明二錢以後每月減五分至第四箇月減完如煙癮在一錢以內至第二箇月卽減完其年在六十以外者以一年爲限每兩月換牌一次遞減之法亦同其因病不能減者准其報明注名煙籍假如一鄉之中有一百人各吸煙三錢日需膏三十兩又一百人各吸二

錢日需二十兩又一百人各吸一錢日需膏十兩共計需膏六十兩第一月應准該處膏店賣膏一千八百兩至第二月祇准賣一千三百五十兩以後按此遞減至六箇月爲止在此期內不准踰量多賣致吸戶得以積儲屆六箇月後減除未盡其年在六十以外者報名給牌時即另示區別所有膏店按期遞減辦法亦同減癮至一錢以下屆換牌時如有自願早日斷戒者即停給挑膏牌照改給領戒煙丸藥照赴公家所設戒煙局備價領藥貧苦者祇取半價

照此勒限減癮在吸煙之人並無大苦且今日煙價既昂吸量能減則耗財自少貧者省此爲事畜之資富者移此爲施濟之用即有沈溺煙海之匪徒當不致造謠滋事公然反對

禁運　印度生土現續訂條件加徵稅釐後所有以前各項限制及徵收稅捐均已停止於大宗禁運已無可著手此後所謂禁運

者祇有稽察整頓土膏各店零賣事宜而已土店貿易除批發外大抵躉買零賣膏店則純屬零賣查光緒三十四年民政部度支部奏定章程凡土膏各店令逐漸改業每年須減十分之三如果遵章實行則三年以來土膏各店當已十去八九現此項貿易改業者尚未及半則由以前各省於禁吸事宜並未切實勒限故土膏各店遂觀望不思變計現定禁吸既以一年爲期則准煙土零賣亦祇在一年之內屆時零賣既絕即大宗販運又將焉往此所謂不戰而詘人之兵者是也

勒限減癮表

第一月	吸三錢者一百人 每日三十兩 需膏九百兩	吸二錢者一百人 每日二十兩 需膏六百兩	吸一錢者一百人 每日十兩 需膏三百兩	共三百人 每日六十兩 共膏一千八百兩
第二月	吸二錢五分者一百人 每日二十五兩 需膏七百五十兩	吸一錢五分者一百人 每日十五兩 需膏四百五十兩	吸五分者一百人 每日五兩 需膏一百五十兩	共三百人 每日四十五兩 共膏一千三百五十兩

第三月	吸二錢者一百人 每日二十兩 需膏六百兩	吸一錢者一百人 每日十兩 需膏三百兩	已斷癮 不需膏	共二百人 每日三十兩 共膏九百兩
第四月	吸一錢五分者一百人 每日十五兩 需膏四百五十兩	吸五分者一百人 每日五兩 需膏一百五十兩		共二百人 每日二十兩 共膏六百兩
第五月	吸一錢者一百人 每日十兩 需膏三百兩	已斷癮 不需膏		共一百人 每日十兩 共膏三百兩
第六月	吸五分者一百人 每日五兩 需膏一百五十兩			共一百人 每日五兩 共膏一百五十兩

右表約舉大數如癮不及三錢而又不止二錢則第一箇月給牌即注二錢五分餘可類推

以上六箇月共需膏五千一百兩假令此三百人不勒限遞減聽其照常吸食則每月需膏一千八百兩積六箇月共應需膏一萬零八百兩而其人長此沈迷至死方休今自勒限遞減之後需膏

未及其半三百人已盡離黑籍復享生人之樂兩兩相較孰得孰失惟是流俗滔滔能自振拔者少所願閱此表者共體爲民除害之心於强迫之中用循序之法俾海內之民同除痼疾而登仁壽則國家轉弱爲强之基於是乎在

查宣統二年海關貿易册進口洋藥三萬五千四百四十六擔按十二箇月勻派每月不及三千擔以三百人八月需膏一千八百兩推之約計通國吸食洋藥者不過四十萬人內江蘇一省（上年進口一萬四千一百六十八擔）約十五六萬人廣東一省（上年進口一萬千八百三十二擔）約十三四萬人此外各省（上年進口共九千四百四十六擔）共十萬餘人如果認眞整頓按照此表勒限減戒六箇月後必能十去八九再加六箇月老者病者又當減除其半其萬不能減者至宣統四年年底另編煙籍屆時計數度祇一二萬人而已至吸食土藥之人各省禁種禁運之後來源已絕斷戒較易惟老病之人祇能聽其改吸洋藥然爲數

亦無幾矣

禁煙最近芻議二 宣統三年閏六月

外務部與英使續訂條件第三條無論何省土藥已經絕種他省土藥亦禁運入則洋藥亦不准運入該省此於洋土藥兩項辦法似極持平惟上海廣州二口訂明爲最後之結束則江蘇廣東兩省之民受禍已不淺矣蓋此兩省土藥種者本少即他省運入土藥亦爲數無幾向來被洋藥之毒最深如照各省土藥禁絕洋藥亦不准運入一律辦理則兩省之民即可速離煙禍今既訂爲最後結束則方其未結束之前爲兩省計祇有於禁吸一事實行勒限減癮之法提前強迫袪此沈痼則洋藥之來不禁自止否則七年中雖按約遞減其輸出銀數尚有二百四十五兆之多以有用之貲財擲諸無窮之陷阱且爲日方長事變難料亦非懍遵諭旨認眞整頓早絕根株之意也茲將按年減運及勒限禁吸兩

事所需洋藥價值釐稅銀兩各列一表如下

續訂按年減運洋藥箱數擔數價值稅釐表

年分	箱數	擔數	價值（遞年漲落無定現均照本年算）	稅釐
宣統三年七月至年底	一萬五千三百箱 照本年三萬零六百箱折半算	一萬七千七百四十八擔 每箱輕重不等茲定以一百十六斤爲率	三千五百四十九萬六千兩 照目前市價每擔庫平銀二千兩	六百二十一萬一千八百兩 照新定稅釐每擔三百五十兩
四年	二萬五千五百箱	二萬九千五百八十擔	五千九百十六萬兩	一千零三十五萬三千兩
五年	二萬零四百箱	二萬三千六百六十四擔	四千七百三十二萬八千兩	八百二十八萬二千四百兩
六年	一萬五千三百箱	一萬七千七百四十八擔	三千五百四十九萬六千兩	六百二十一萬一千八百兩
七年	一萬零二百箱	一萬一千八百三十二擔	二千三百六十六萬四千兩	四百十四萬一千二百兩
八年	五千一百箱	五千九百十六擔	一千一百八十三萬二千兩	二百零七萬零六百兩
九年	無	無	無	無
	共九萬一千八百箱	十萬零六千四百八十八擔	二百十二兆九十七萬六千兩	三十七兆二十七萬零八百兩內有

存放關棧之二萬箱仍照一百十兩算應除去五兆六十六萬四千兩

現擬勒限禁吸洋藥箱數擔數價值稅釐表

月分	箱數	擔數	價值	稅釐
宣統三年七月	二千五百五十箱 照本年三萬零六百箱十二分之一算	二千九百五十八擔 每箱以一百十六斤為率	五百九十一萬六千兩 照月前市價每擔庫平銀二千兩	三十二萬五千三百八十兩 照續訂附件存放關棧之洋藥仍完釐一百十兩
八月	一千九百十二箱半	二千二百十八擔五十斤	四百四十三萬七千兩	二十四萬四千零三十五兩
九月	一千二百七十五箱	一千四百七十九擔	二百九十五萬八千兩	十六萬二千六百九十兩
十月	八百五十箱	九百八十六擔	一百九十七萬二千兩	十萬零八千四百六十兩
十一月	四百二十五箱	四百九十三擔	九十八萬六千兩	五萬四千二百三十兩
十二月	二百十二箱半	二百四十六擔五十斤	四十九萬三千兩	二萬七千一百十五兩
四年正月至六月	一千四百四十五箱	一千六百七十六擔五十斤	三百三十五萬二千四百兩	十八萬四千三百八十二兩

四年七月			
無	共八千六百七十箱		老病之人不能依限勒減准展至明年六月夠此項人不過十分之一今姑從寬作十分之二算添加一千四百四十五箱
無	一萬零五十七擔二十斤		
無	二十兆零十一萬四千四百兩		
無	一兆十萬零六千二百九十二兩		

如照續訂條件洋藥按年減運至宣統八年十二月爲止民間應耗費價值稅釐銀共二百四十四兆五十八萬二千八百兩如勒限禁吸至宣統四年六月底止祇耗費銀二十一兆二十二萬零六百九十二兩尚不及十分之一當怙不乏有心人但就此兩表觀之可以知所從事矣

或謂照按年減運之數此六年六箇月內公家可收稅釐銀三十一兆六十萬零六千八百兩照勒限禁吸之數公家祇收稅釐銀一兆十萬零六千二百九十二兩二者相衡雖提前五年六箇月

禁絕而公家實少得稅釐銀三十兆零五十萬零零五百零八兩此係有著之款與其強迫禁吸不如聽民自由遞年減戒為得方今財政困難料度支部必不肯捐去此三十兆以從一年禁絕之議也不知海關雖多得三十兆稅釐而民間所耗乃至二百四十四兆較所入稅釐多至八倍有餘恭讀宣統元年二月二十四日

諭旨抵補稅釐一事明知籌款誠艱要當權其利害輕重豈特此鴆酒毒脯以救飢渴而不為民除害本年四月十一日 諭旨新增稅釐不過暫資彌補朝廷亟欲與民更始財力雖絀決不顧惜此宗進款此時惟有嚴申禁令務期早絕根株大哉 綸言凡中外臣工又何疑何懼而不併心壹志冀早收摧陷廓清之效乎或又謂英使因廣東上年辦理牌照捐尚至外務部曉瀆謂其於英商貿易有礙今勒限禁吸以一年為期則外人之受損更甚雖保不又生枝節不知廣東之事命意原在限滅販運或可藉口涉

及外交現擬勒限減癮則純屬內政與外交無涉且續訂條件第九條載明此條件已後兩國考驗若有他故於七年限內或將該條件全行刪改或但改數款均可隨時由兩國政府互相商酌辦理詞義甚明早留後日地步尤無庸疑慮也

上民政部林侍郎書宣統三年八月十四日

前叩崇階並呈說帖仰蒙誨示以洋土藥稅釐事屬度支部須與協商當即具說帖呈度支部請會同大部入告月餘以來未聞後命大部統籌全局自不得不審慎周詳惟職道輾轉籌思尚有瀆陳於大部者查上年各海關洋藥進口總數較宣統元年雖減少一萬三千四百餘擔而各省輸出購買洋藥銀圓較元年反增多三千一百萬元蓋自上年七月以後洋藥之值愈昂故進口之土數雖減而輸出之銀數倍增頃閱上海報紙四月以前洋藥每箱價值銀二千零七十二兩自續訂條件之後由五月杪迄七月初

繼長增高現每箱價值銀已四千零九十兩閏時甫及四月所增已有此數循此以往洋藥即云按年遞減而輸出之銀實按年遞增沉痼未除漏卮轉鉅近接粵信英商自訂約加稅以後另用詭謀由印度運鴉片至新加坡復由新加坡運至香港澳門廣州灣較逕由印度運入中國之貨連稅及價每箱約減少一千七百元近日港澳廣灣私土運入內地極多粵關收稅因之短減是則加稅之舉不獨有礙禁煙抑且妨及稅款矣或謂煙價愈昂吸者愈少於我禁煙宗旨仍不相妨不知目前民窮至此若不縮限禁吸必照續訂條件待至宣統八年年底爲止則民間拖延日久元氣益傷竊思續訂條件重在停止捐項於查禁吸戶一層本留餘地且政務處奏定章程本有勒限減癮之條現值東南各省水災極重之候貧下之戶一飽難謀乘此嚴禁吸食既與條約章程兩不相妨而因勢利導必收事半功倍之效此與洋土藥稅釐另爲一

事度支部當無不贊成鈞座慈惠公忠素深欽佩可否會商列堂將此中實情上達　宸聽但求　諭旨明發專以禁吸爲主務於宣統五年開國會以前一律禁止淨盡則名正言順外人自不能藉條件以爲阻止儻以茲事體大未便率行入奏則或懇大部通咨各省由各督撫察酌辦理總期煙禍早除一日即中國貧弱之患早免一日茲謹呈芻議三十册即前此賫呈大部之稿以備咨行各省惟職道管見條件有上海廣州留爲最後結束之語江蘇廣東二省必應加緊籌辦方足杜觀望而樹風聲可否於通咨各省以外另文咨江粵兩督迅速切實辦理之處伏候鈞裁

復庵遺集卷十二